小学德育原理与实践

主　编　潘炳超
副主编　康　米

南京大学出版社

图书在版编目(CIP)数据

小学德育原理与实践 / 潘炳超主编. —— 南京：南京大学出版社，2021.7(2022.9 重印)
　ISBN 978-7-305-24778-1

　Ⅰ.①小… Ⅱ.①潘… Ⅲ.①德育－高等学校－教材 Ⅳ.①G41

中国版本图书馆 CIP 数据核字(2021)第 146273 号

出版发行	南京大学出版社
社　　址	南京市汉口路 22 号　　邮　编　210093
出 版 人	金鑫荣
书　　名	小学德育原理与实践
主　　编	潘炳超
责任编辑	钱梦菊　　编辑热线　025-83592146
照　　排	南京南琳图文制作有限公司
印　　刷	南京京新印刷有限公司
开　　本	787×1092　1/16　印张 13　字数 290 千
版　　次	2021 年 7 月第 1 版　2022 年 9 月第 2 次印刷
ISBN 978-7-305-24778-1	
定　　价	39.00 元

网址：http://www.njupco.com
官方微博：http://weibo.com/njupco
官方微信号：njupress
销售咨询热线：(025) 83594756

＊ 版权所有，侵权必究
＊ 凡购买南大版图书，如有印装质量问题，请与所购
　图书销售部门联系调换

前　言

《小学德育原理与实践》是陕西省"一流专业"建设项目之陕西学前师范学院小学教育专业建设的重要成果，由小学教育专业"德育原理"课程团队在长期的教学实践经验基础上编写完成。

党的十八大以来，我国明确把"立德树人"作为教育的根本任务。在新时代经济社会高质量发展的背景下，"立德树人"这一高度概括的政策用词，不仅是对青少年学生的思想品德发展提出的基本要求，也是对学校教育回归育人本质提出的直接要求。显而易见，这样的要求迫使高校在培养师范生的工作上，不得不重新思考新的目标定位和人才质量规格。

长期以来，我国师范生培养存在着技术至上主义的思想，重视培养师范生掌握学科教学的知识和技能，忽视培养师范生从事中小学生品德教育所需的能力。当前，我国教师队伍建设十分强调教师要"以德立身、以德立学、以德施教、以德育德"，师范生培养中的"德育原理"课程地位逐渐凸显出来。

《小学德育原理与实践》这本书是为小学教育专业学生编写的核心课程特色教材，服务于职前小学教师的德育学科素质培养。本书的知识体系沿袭了大家已经达成共识的德育原理知识框架，同时吸收了近年来党和国家最新的相关教育政策和指导思想，并融合了"德育原理"课程团队教师多年的教学经验和心得。全书共分三个部分九章内容，即通识德育原理（第一、二、三章），小学德育实践（第四、五、六、七、八章）和小学德育工作专题（第九章）。

第一部分，通识德育原理。本部分高度凝结德育原理的基础知识，包括德育概述、德育功能和德育目的等内容。第二部分，小学德育实践。本部分从小学德育主体、课程与教学、原则与方法、过程与模式、德育环境等方面，分别介绍小学德育实践诸要素。第三部分，小学德育工作专题。本部分聚焦校园生活、家校合作和网络社会中的德育问题，并探讨相应的对策。希望通过一些典型性案例，为小学教育专业学生提供一个全面、立体的小学德育工作范本，从而勾勒出小学德育工作实践的整体轮廓。全书各章内容以"知识导图""本章要点""本章导读"为先导，以理论知识为主体，以"拓展阅读""自主学习""小组讨论"等教学环节为补充。同时，每章设置二维码链接教学视频以丰富教材资源。

《小学德育原理与实践》这本书具有"理论简明""理实交融""方便教学""指导实践"等四个鲜明特点。第一，理论简明。就是要求教材的难度适中，编写语言要适合地方师范院校的水平，既不能十分晦涩抽象，又不能过于通俗。教材传授德育原理知识以学生够用为原则，更加专注于为师范生从事小学德育工作，打下一个比较扎实的理论基础。第二，理实交融。就是教材在讲理论的同时，要紧密结合实践案例、资源，做到理论和实践互相照应，理论和实践不脱节。第三，方便教学。教材就是为教学而生，不便于教学实用的教材一定不是好教材。本书从编者长期教学的经验出发，总结了教学过程的关键环节，转化成教材编写体例的特色条目，如拓展阅读、自主学习、小组讨论等。第四，指导实践。本书的一个编写特色是，充分吸收小学德育教师的工作经验，将小学德育工作实践案例有机融于教材各章节，努力发挥本教材在理论指导实践上的作用。

《小学德育原理与实践》这本书可以供全国地方师范院校小学教育专业学生选用，对应用型师范院校人才培养具有较强的针对性。本书还可以供一线小学教研员、德育教师参阅，对小学德育领域的系统透视，具有一定的实践关照价值。

本书由潘炳超副教授统筹，由康米博士完善书稿，课程团队教师共同参与编写完成。具体写作分工如下：潘炳超，第一章、第二章、第三章、第四章；王碧梅和康米，第五章；康米，第六章、第七章、第九章；王卓和康米，第八章。

本书在编写过程中参考了大量相关文献资料以及网络上的佚名资源，在此向原作者们致以诚挚谢意。本书在编辑校对的过程中，得到了南京大学出版社的大力支持，特别是钱梦菊编辑为此付出的巨大努力，我们深表感谢。

由于编者学识所限，本书难免存在不足之处，恳请同行和读者批评指正。

编者

2021 年 7 月 15 日于西安

目录 CONTENTS

第一章 德育概述 ··· 1
    第一节 德育相关概念 ·· 2
    第二节 我国学校德育的历史发展 ··· 14
    第三节 我国学校德育的现状与挑战 ·· 18

第二章 德育功能 ··· 22
    第一节 德育功能概述 ·· 23
    第二节 德育功能的类型 ··· 28
    第三节 德育功能的有效实现 ··· 37

第三章 德育目的 ··· 41
    第一节 德育目的概述 ·· 42
    第二节 德育目标 ·· 55

第四章 小学德育主体 ·· 60
    第一节 作为德育主体的小学教师 ·· 61
    第二节 作为德育主体的小学生 ··· 69
    第三节 小学德育中的师生关系 ··· 78

第五章 小学德育课程与教学 ··· 82
    第一节 小学德育课程 ·· 83
    第二节 小学德育内容 ·· 87
    第三节 小学德育教学 ·· 96

第六章　小学德育原则与方法……108
第一节　小学德育原则……109
第二节　小学德育方法……121
第三节　小学德育原则与方法的应用举例……135

第七章　小学德育过程与模式……142
第一节　小学德育过程……143
第二节　小学德育常见模式……152
第三节　小学德育模式的应用举例……164

第八章　小学德育环境……169
第一节　小学德育的学校环境……171
第二节　小学德育的家庭环境……174
第三节　小学德育的社会环境……177

第九章　小学德育工作专题……183
专题一：校园生活中的德育问题与对策……183
专题二：家校合作中的德育问题与对策……187
专题三：网络社会中的德育问题与对策……194

参考文献……199

第一章
德育概述

配套数字资源

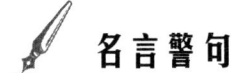

德不孤,必有邻。

——孔子

国无德不兴,人无德不立。

——习近平

道德教育成功的"秘诀"在于,当一个人还在少年时代的时候,就应该在宏伟的社会生活背景上给他展示整个世界、个人生活的前景。

——苏霍姆林斯基

 知识导图

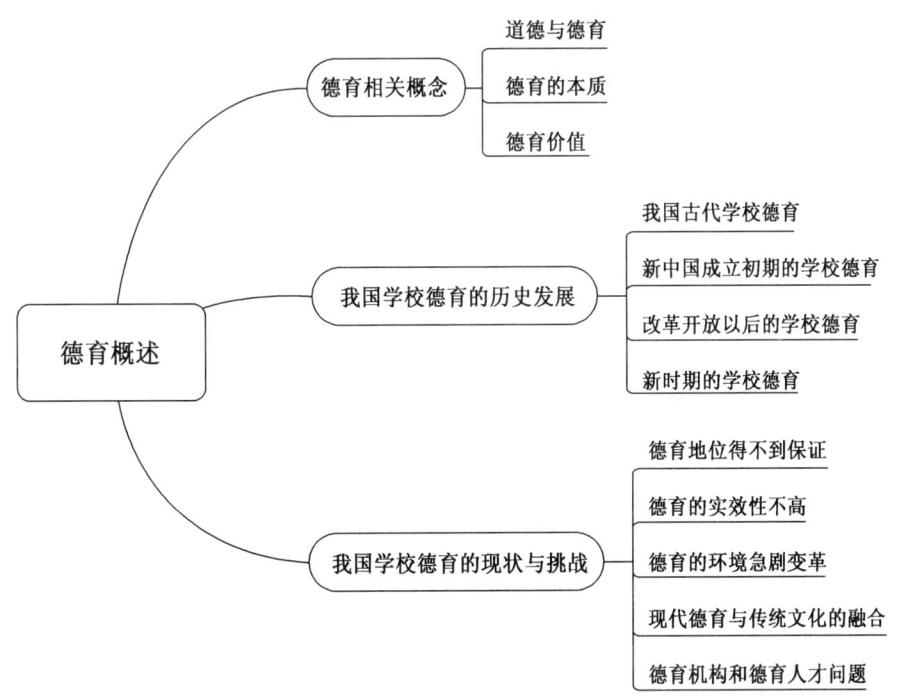

本章要点

1. 道德和学校德育的含义。
2. 德育的本质、价值以及大德育观和小德育观。
3. 我国学校德育的历史发展脉络。
4. 我国学校德育的现状与挑战。

本章导读

本章德育概述主要包括德育的相关概念、我国学校德育的历史发展,以及我国学校德育的现状与挑战三部分内容。关于德育相关概念的介绍,本章从对"道德"概念的讨论出发,提出道德的一般含义,并在此基础上引申出德育的概念,进而探讨了"大德育"与"小德育"的概念内涵之别。同时,本章还介绍了德育本质和德育价值的相关知识。在我国学校德育的历史发展问题上,本章回顾了我国古代学校德育、新中国成立初的学校德育、改革开放以后的学校德育,以及新时期的学校德育。最后本章还从五个方面归纳了我国学校德育的现状与挑战。

第一节　德育相关概念

一、道德与德育

(一) 道德的含义

1. 词源分析

(1) 汉语词源

在古代汉语中,"道德"一词可追溯到先秦思想家老子所著的《道德经》一书。道,是世界万物运行变化的根本规律;德,是顺应自然、社会根本规律去做事的行为方式和要求。也就是说,道是承载一切的抽象力量,而德是人的行为符合道的要求并昭示道的具体表现。老子说:"道生之,德畜之,物形之,势成之。是以万物莫不尊道而贵德。道之尊,德之贵,夫莫之命而常自然。"可见,中国古代的人们是从自然和社会发展变化之道的高度审视人的行为,从而形成了关于人类社会应当遵循的道德规范的认识,彰显了"天人合一"的道德智慧。我国古代文化一个鲜明的特征,就是十分重视"德"在人的立世处事中的价值,又往往把"德"上升到哲学的高度去认识,比如儒家讲"仁"的概念,就是用以衡量和引导君子贤人治理国家、处事为人的各种行为活动,集中体现了儒家主张的仁政和德治思想。在古代教育方面,要求人们遵守的行为规范同样是高度抽象的,而且形成了体系化的道德原则。古代童蒙读物《三字经》有"曰水火,木金土,此五行,本乎数;曰仁义,礼智信,此五常,人之伦"的说法,用以教育小孩子万事万物都遵循一定的规律,人的行为规范也要恪守人伦法则。

在现代汉语中,道德一般是指衡量行为正当性的观念标准,是指一定社会用以调整人们之间以及个人和社会之间关系的行为规范的总和。衡量个体行为的道德观念标准是在特定生产力、生产关系和生活形态下自然形成的。一定社会之内一般都有大家公认的道德行为规范,其中包括只涉及个人、个人之间、家庭等的私人关系的道德,因而称为"私德"规范。此外,还包括涉及社会公共部分的道德,称为"社会公德"规范。值得注意的是,随着社会行业职业的发展和成熟,很多行业职业都形成了特定的职业道德规范,以对从业人员在职业行为范围内进行道德约束。例如,教师职业道德规范。

(2) 英语词源

英语"morality"一词源于拉丁语的"mores",后在此基础上演变成为"moralis",直至最后形成"道德"一词,即"morality"。"morality"的词源"mores"原为习俗、习惯之义,而西方古代社会的习俗与习惯通常产生于宗教禁忌、风俗、礼仪等社会行为规范。因此,英语单词"morality"的本义是从个体的视角去衡量人的行为,判断个体行为是否符合大多数人遵循的社会习俗。

概言之,不论是中国的"道德"概念,还是西方的"morality"一词,都是指人们在处理个人与他人或社会整体的关系时需要遵守的行为规范,这种行为规范本质上是为了调节人与人之间的利益,以维护社会秩序的健康稳定。所不同的是,古代中国和古代西方的道德规范的来源和表现形式存在差异。古代中国的道德规范是由抽象的自然社会运行之道所统摄,表现为一个完整的系统化规范体系,在几千年的封建社会时期主要以儒家思想文化的形式传播和演化。古代西方的道德规范则是从宗教信仰出发,以上帝之名制定道德正确的前提,并假上帝之名进行强力推行,如果宗教道德信仰遭到拒绝则常常诉诸武力。

2. 道德的定义

由于视角的不同,人们对于"道德是什么"的认识仍然众说纷纭。但是,对于道德在本质上是一种意识形态,在实践中表现为人们对社会行为的自我意识的规范,并受到社会文化的深刻影响,这几点几乎没有争议。例如《辞海》中对道德的定义:道德是社会意识形态之一,是一定社会通过各种形式的教育和社会舆论的力量使人们逐渐形成一定的信念、习惯、传统,从而调整人们之间的相互关系的行为规范的总和。

通俗地讲,道德就是基于一定社会的观念标准,人们普遍认同的社会行为规范体系。这种规范体系不是一成不变的,而是随着社会发展动态演化的。道德规范的传播,既通过人与人之间无意识的相互影响,又通过学校等机构有意识地对学生施加教育影响来进行。

道德规范与法律规范有所不同,道德是维护一定社会秩序的柔性规范,需要每个社会成员个体自觉地意识、践行和发扬,并不断提高自己的德性修养。社会道德建设对个体提出的德性发展要求,反映在教育活动中,就是德育工作的出发点。学校德育通过引导学生养成遵守道德规范的习惯、素质,进而促进社会的道德发展。

从马克思主义哲学的观点来看，道德是一种社会意识形态，是调整人们之间以及个人和社会之间关系的行为准则和规范的总和。道德没有强制性，它依靠社会舆论、人们的信念与习惯、传统和教育来起作用。道德是在人类社会的一定的生产方式中产生，受人们的经济关系的制约，并随着社会经济关系的变化而变化。

此外，道德还具有历史性。和原始社会所有制相适应的是原始社会的共同道德，它以氏族成员之间平等互助的关系和对民族的整体责任感为其行为的规范。在阶级社会里，道德具有阶级性，统一的共同道德分裂为阶级的道德。和生产资料私有制相适应，剥削阶级的道德成为各社会形态中占统治地位的道德，其共同的道德信条是"剥削有理""压迫有理""人不为己，天诛地灭"。与之相对立的是各社会的劳动者阶级的道德，它们提倡勤劳、勇敢、团结互助、反对剥削和压迫。以利己主义和拜金主义为行为准则的资产阶级道德是剥削阶级道德的典型。以集体主义为核心的无产阶级道德即共产主义道德是劳动者道德的最高类型，它根源于无产阶级的阶级地位和经济条件，反映了无产阶级和劳动人民的根本利益。道德还具有历史继承性。一般而言，剥削阶级的道德观念为以后的剥削阶级所继承，而劳动人民的高尚品德在劳动人民中世代相传。历史上先进阶级（包括一定历史条件下的剥削阶级）道德中的某些积极内容，也可为后来的劳动人民所批判改造而加以吸收，并赋予新的阶级内容。

从总体上看，道德具有历史性和阶级性，永恒的道德、超阶级的道德是没有的。但是，为了保证人们之间的正常交往，维护正常的社会秩序，需要有一些大家都能接受并共同遵守的道德准则，如遵守公共秩序，爱护儿童，尊敬长辈，讲究卫生，反对流氓、盗窃行为等。尽管这些道德准则并非道德中最本质的方面，而且在阶级社会中也打上了阶级的烙印，但毕竟起着约束不同阶级人们行为的作用。

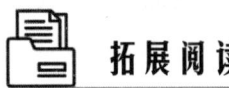

全国道德模范评选

为了充分展示社会主义思想道德建设丰硕成果，充分展现我国人民昂扬向上的精神风貌，凝聚全国各族人民团结奋进的力量，自2007年开始，由中央宣传部、中央文明办、解放军总政治部、全国总工会、共青团中央、全国妇联共同主办全国道德模范评选活动。2007年举办第一届全国道德模范评选，此后每两年举办一次。全国道德模范评选结果在当年9月20日——"公民道德日"这一天隆重揭晓。

道德模范就是具有牺牲小我的利益（或幸福），而维护大我的利益（或幸福）的言行，且事迹典型和突出的人或集体。或者说，道德模范要做出符合道德且对人民有益的事或行为。全国道德模范分为"助人为乐""见义勇为""诚实守信""敬业奉献""孝老爱亲"五个类型，每届每个类型的全国道德模范评选都会从各行各业评出10位或更多的道德模范人物或集体。

2007年评选的全国见义勇为道德模范，有江苏省金坛市城南小学教师殷雪梅。

2005年3月31日中午,江苏省金坛市城南小学组织学生观看革命传统教育影片。在学生队伍过马路时,一辆小轿车飞驰而来。危急中,52岁的女教师殷雪梅张开双臂,奋力将走在马路中央的6名学生推到路边,而自己却被车子撞飞到25米外……孩子得救了,但殷雪梅却永远地走了。作为一名普通的小学教师,殷雪梅用爱心教书育人,以真情关爱学生,更在危急关头用生命铸就了一座不朽的道德丰碑。

3. 儿童道德观

无论道德的含义是什么,人们更加关心儿童的道德是怎样形成和发展的。对于这个问题,西方思想理论中隐含着两种基本的儿童道德观,即儿童道德的白板论观点和儿童道德的先验论观点。

儿童道德的白板论观点认为,孩子出生来到世上就像一张白纸,因而儿童是没有道德或者无所谓道德的。也就是说,他们并不知道是非善恶的标准。道德纯粹是社会本位和成人中心的,对儿童来说是外在的社会规范,是他们为了适应社会环境的要求必须学习并遵循的行为准则。

儿童道德的先验论观点则认为,孩子的人性是向善的,他们与生俱来就有道德的种子。但是,儿童的道德种子需要一定的环境条件,才能得以生发获得向善的道德动力。因此,不需要通过强迫儿童学习道德规范。道德蕴藏在孩子的内心,可以从生活教育中自然地生发出来。

这两种儿童道德观截然对立,代表了儿童道德形成发展论的不同主张,对我国学校德育的理论研究和实践都具有一定的参考价值。

(二) 德育的含义

道德是一定社会为了保持平稳健康发展的需要,也是社会成员需要共同遵守的行为规范。人们为了通过教育更好地向下一代传递道德价值和规范,这就提出了德育的问题。那么,德育到底是什么呢?简言之,德育就是学生思想品德的教育。但是,学生思想品德的内涵到底包含什么,却又存在争议。一方面,有学者认为德育仅指道德教育,即所谓的"小德育"观。另一方面,还有学者坚持德育应该包括道德教育、思想教育、政治教育,甚至还包括公民教育、法制教育、心理健康教育等内容,即所谓的"大德育"观。

从现实的学校德育实践角度来看,"小德育"观对德育概念的界定,限制了道德教育与其他相关教育活动的关联,有窄化德育活动的弊端,容易陷入为德育而德育的封闭境地,不利于德育实践紧密联系社会现实,也不利于有效地培养学生的思想品德。

新中国成立70多年来,党的教育方针始终重视学生的德智体美劳全面发展,并坚持以德育为统领,越来越突出强调立德树人。"立德树人"事关我们党和国家培养什么人、怎样培养人以及为谁培养人的根本问题。这里的"立德"绝不只是涉及对学生进行狭隘的个体道德观念和道德行为的教育,更加涵盖了对学生进行理想信念、爱国守法、敬业奉献等精神品质的教育。

此外,"大德育"观则导致德育概念泛化的问题。大德育实质上是将除了智育、体育、美育、劳动教育以外的教育活动悉数归为德育，诸如法制教育、安全教育、心理健康教育、生命教育、环境教育、公民教育等内容都是德育工作的内容范畴。"大德育"观将学校德育置于无所不包，而又无所实指的地位，容易使学校德育视同于行政性工作，忽视了其育人的本来价值。"大德育"观导致的学校德育实践结果是德育目的丧失、德育内容繁杂、德育过程离散，以及德育活动的低效。

我国各级各类学校坚持实施全面发展教育，开展德育、智育、体育、美育和劳动教育等工作，并强调五育并举和五育融合，在理论和实践上都要求德育工作不能独立和孤立地进行，避免陷入"小德育"或"大德育"的绝对化境地。因此，真正处理好这两种德育观的关系，对于正确认识德育的内涵，科学地实施学校德育都具有重要意义。

为了科学准确地把握德育的含义，我们从实践的角度折中地对待两种极端的德育观，认为界定德育的概念，既应该以学生思想品德教育为立足点，并将思想品德教育作为德育的根本任务，同时又应该满足一定社会现实的需要，将学校德育与社会环境紧密结合起来。例如顾明远主编的《教育大辞典》对德育的定义是"德育旨在形成受教育者一定思想品德的教育。在社会主义中国包括思想教育、政治教育和道德教育。在西方，一般指伦理道德教育以及有关的价值观教育。"①

事实上，随着我国经济社会在不同时代的发展进步，人们对德育概念的内涵理解存在一个动态深化认识的过程。在 20 世纪 80 年代，《中国大百科全书·教育卷》(1985年)将德育定义为：教育者根据一定社会或阶级的要求，有目的、有计划、有组织地对受教育者施加系统的影响，把一定的社会思想和道德转化为个体思想意识和道德品质的教育。可见，改革开放初期，人们仍然延续对德育概念认识的社会本位论视角，主要考虑社会需要对受教育者个体的思想品德发展提出的要求。

世纪之交，鲁洁和王逢贤(2000 年)认为：德育是教育者根据一定社会和受教育者的需要，遵循品德形成规律，采用言教、身教等有效手段，在受教育者自觉积极参与的互动中，通过内化与外化，发展受教育者的思想、政治、法制和道德几个方面素质的系统活动过程。同时，檀传宝(2000 年)认为，学校德育是教育工作者组织适合德育对象品德成长的价值环境，促进他们在道德价值的理解和实践能力等方面不断建构和提升的教育活动。这些认识吸收了教育教学研究中的个体性、交互性、建构性等先进理论思想，反映了人们对德育概念认识深化的结果。

班华(2004 年)则对德育概念进行简化认识，德育即育德，也就是有意识地实现社会思想道德的个体内化，或者说有目的地促进个体思想品德社会化。刘济良(2010 年)立足中国文化传统并经过广泛借鉴指出，德育是通过一定教育内容，采取引导、体验、实践等方式，促进教育对象思想觉悟、素质提升、生命发展，正确处理天、地、人、物、心等关系，知情意行合一，旨在促进德性成长、境界提升、生命完善的活动。可见，学者们对德育概念的认识逐渐呈现多元和深化的趋势。

随着新时代我国经济社会发展的不断进步，人们对德育概念的内涵认识还将与时

---

① 顾明远.教育大辞典(增订合编本)[M].上海：上海教育出版社，1998：249.

俱进，为学校德育积极回应时代要求，发挥理论引领作用。

新时代我国基础教育的改革发展，要求学校德育回归思想品德教育的主线，致力于"立德树人"的教育本真，为社会主义建设事业培养德才兼备的建设者和接班人。同时，我们也应该看到，我国社会精神文明的建设和发展任务艰巨，公民的现代文明素质有待进一步提升。人在经济社会快速演变环境中的精神健康问题日益凸显，漠视生命价值的社会现象时有发生。此外，我国传统的道德文化受到外来文化的冲击，对青少年道德观念发展所发挥的促进作用不够。这种学校教育的外部环境改变，对学校德育提出了新的挑战，德育工作者不能对此视而不见，而要做到客观对待，理性分析，积极应对。也就是说，我国德育应在新时期独特的社会和文化环境中，为克服社会、生活中的不良道德现象，坚持以学生思想品德教育为主线，兼顾社会、生活健康发展的需要，充分发挥我国优良传统道德文化的作用，积极有效地开展"立德树人"工作。

总之，学校德育是在一定的社会文化环境中，为了促进社会文明进步和人的道德修养发展，以培养学生思想品德为主要任务，并通过学生的学校活动、生活实践和社会参与进行的教育活动。

自主学习

阅读材料，思考以下问题：
1. 如何正确看待道德教育、思想教育、政治教育的关系？
2. 新时代，我国小学德育工作应如何开展？

陈桂生：为"德育"正名

"德育"原是"道德教育"的简称。道德教育同人生观教育、政治教育并行也适合时宜，唯我国长期以来用"德育"涵盖道德教育、人生观教育、政治教育，一直引起争议，颇值得商榷。

1. 我国以往曾经用"思想政治教育"（或"政治思想教育"）或"德育"涵盖社会意识形态方面的各种教育，虽然概念的内涵并非一成不变，概念的含义常常约定成俗，不过，多年来教育理论界对这样扩大"德育"概念的外延一直存疑，时常就此争议不休，证明并未约定俗成。事实上这是一个人为地赋予含义的概念。人们之所以接受这个概念，系出于承认这几种教育都不可少。况且文件上一般都做如此规定，不得不承认这个"既成事实"。

2. 在"德育"目标与内容上包容各项教育并不困难，问题在于个人品德的形成、人生观的形成，特别是政治觉悟的提高，属于不同层面的问题。其形成过程各有不同的规律，形成的途径差别甚大，很难以统一的模式实现不同的目标。如今一般"德育原理"之类著作中所列德育原则、方法与组织形式大抵是把国外的"道德教育"的一套见解，同国内长期积累的"政治教育"经验拼凑在一起。其实，国外所谓"道德教育"同政治教育不是一回事，而促进品德形成的措施，并不都适合于政治觉悟的提高。

3. "德育"之"德"，很难使人不致想到"道德"。人们若循名责实，便可能把理应实

施的"政治教育",作为"德育"中的"附加成分",导致对政治教育的忽视;反之,若统称"思想政治教育",又可能导致对"品德教育"的忽视。这并非过虑。以往这类倾向反复交替出现,是人所共知的。若冠以"思想品德教育",仍未包括"政治教育";若添上"政治",称其为"政治思想品德教育",岂非又有沉重累赘之嫌?

4. 把道德、人生观、政治思想列入教育内容,确乎不成问题,而把政治思想方面的问题归结为"道德问题",或把道德问题提升为"政治问题",是政策所不能容许的;这类概念的混淆在哲学、伦理学、政治学、法学上也不可思议。

5. 西方国家自近代以来一般把"道德教育""公民教育"(属政治教育范围)各自独立实施,而我国统称"德育",实同中西文化传统的差别相关。人类最初的道德规范同其他各种社会意识原本混为一体,融于习俗之中。中国古代的"道德教育"与西方古代的"宗教教育"都属范围广泛的思想教育,或社会意识教育,早在古希腊时代,即有"政治学""伦理学""逻辑学"的分化,虽然那种分化并不很严格;到了近代,随着生产领域与社会生活领域的分化,社会关系复杂化,浑然一体的社会意识逐渐分化,道德也从宗教中分化出来,成为独立的社会意识形态,进而伦理学渐次从哲学中脱颖而出,成为独立的学科领域,相应地教育领域中"道德教育""公民教育""宗教教育"也逐步分野。由于中国近代落伍,社会生活领域分化的程度不高,科学观念不强,更由于自古以来以非宗教的"道德教育"囊括了整个社会意识教育,以致至今仍易于接受这种模糊概念。初看起来,像西方那样把几种教育独立实施并不困难,其实事情并不那么简单。这是由于最近几十年间,我国一直以所谓"德智体全面发展"为教育目的,并把此种教育目的表述作为"教育方针",而这个"教育方针"又像是出于毛泽东的倡议,从现象上看来又似乎符合实际;为同教育目的上的"德"相应,遂把"政治教育""人生观教育"归入"德育"。这似也顺理成章。所以,"大德育"观念不易改变。

6. 其实,把教育目的定为"德智体全面发展",其意义原本有限。这种提法既同马克思主义的人的全面发展概念不一致,也不见得出于毛泽东的倡议。早在19世纪初,裴斯泰洛齐就提出:依照自然法则,发展儿童道德、智慧和身体各方面的能力,而这些能力的发展,又必须顾到它们的完全平衡。所谓"完全平衡"的发展,系指协调的或和谐的发展。大抵从那时起,所谓"一切能力的和谐发展",或"德智体美和谐发展",作为西方教育的传统相沿成习。至少作为近代教育的理想长期未变。在人民共和国诞生以前,早就成为健全的常识;苏联教育理论界并不讳言裴斯泰洛齐以来西方教育中的这个进步思想的传统,却把这个口号同马克思主义的人的全面发展的学说机械地混合在一起。人民共和国诞生后,在苏联教育理论的影响下,强化了"德智体美全面发展"的意识。多年来,被忽视的事实是:正是由于参照苏联经验,把所谓的"德智体美全面发展"作为教育目的,在实践上产生一些片面性,才在20世纪50年代中期开展"关于人的全面发展问题"的讨论,而毛泽东的表述正是由那场讨论引发而来;问题更在于毛泽东在他的表述中,明明避免了"全面发展"的提法,并未妨碍人们把毛泽东的表述简括为"德智体全面发展"(毛泽东并未提出异议)。足见苏联经验影响之深。

7. 其实,西方所谓"一切能力和谐发展"的提法,早在20世纪初引起质疑。迪尔凯姆指出,这个提法与人们必须同样遵循的另一个行动准则存在矛盾,"这个行动准则规定,我们必须献身于某一特定而有限的任务",而杜威的批评更加中肯:教育目的据说是一个人的全部能力的和谐发展,"这里没有明显提到社会生活或社会身份","假如离开社会关系而下这个定义,我们便无法说明任何一个所用的名词意义是什么。我们不知道能力是什么,我们不知道发展是什么,我们不知道和谐是什么","能力只有根据它所能派的用场,必须为某项功能服务,才是一个能力"。我国老一辈教育学家孟宪承在论及教育目的问题时亦有见及此:"凡离开社会的组织和活动,而提出的个人发展一类的目的,就全是一种过程的抽象名词,而非行为变化所期达的具体结果";毛泽东关于教育目的的表述,其意义不在于所谓"德智体全面发展",而恰恰在于他未脱离社会关系,而以"有社会主义觉悟的有文化的劳动者"这样一种社会角色的定义,赋"德、智、体几方面发展"以特定的历史内容。

8. 我国流行已久的"教育目的"观念、"德育"观念曾经受到苏联教育理论的影响,其实,苏联"德育"观念同我国不尽相同。至少在我们相当熟悉的由凯洛夫主编的《教育学》(1948年版)中,"道德教育"是同"辩证唯物主义世界观基础教育""爱国主义教育""劳动教育""自觉纪律教育",以及"意志与性格教育"并列的概念,这些不同的教育各以不同的方法与手段实施,而统一的"大德育观念"可算是我们祖宗的厚赠。由此看来,以往搬用凯洛夫《教育学》,并不地道。

9. 固然,陈陈相因的"大德育"观念既有深厚的历史渊源,不妨继续发扬光大;问题在于处在如今这种开放的时代,少不得同国外教育界开展学术交流,也不免要借鉴国外德育研究成果。由于中国"德育"概念的外延与外国不一致,涉及国外德育文献,若无意偷换概念,几乎每次都得考较一番,而认真考较的能有几人?①

二、德育的本质

为了更深刻地认识德育现象,我们有必要对德育的本质进行以下探讨。

从德育与教育的关系来看,德育既是教育的重要组成部分,又是教育的根本所在。我国教育方针始终坚持培养德智体美劳全面发展的社会主义建设者和接班人。德育为先,成为贯穿新中国教育事业发展思想红线。

改革开放以来,由于多种因素的综合影响,我国基础教育逐渐走上了应试教育的畸形发展道路,其弊端之一就在于忽视德育的地位和价值。伴随着商品经济快速发展,我国经济社会发展中人们道德失范现象日益突出。在这种背景下,党的十八大报告把我国的教育方针表述为"坚持教育为社会主义现代化建设服务、为人民服务,把立德树人作为教育的根本任务,培养德智体美全面发展的社会主义建设者和接班人"。这一教育方针强调把德育工作摆在教育工作的突出位置。

"立德树人"已经成为新时期我国学校德育的根本任务。如何完成这一历史任务,

---

① 陈桂生.为"德育"正名:关于"德育"概念规范化的思考[J].上海教育科研,1997(7):1-8.

在扭转我国教育从应试模式向素质教育转变的同时,着力提升人的品德修养,促进社会健康和谐发展,是摆在所有教育工作者面前的一个紧迫课题。

德育作为教育工作的一部分,要做到"立德树人"培养德才兼备的社会主义事业建设者和接班人,需要正确处理二者之间深层次的矛盾关系。

首先,把"德育为先"落实到工作实践中。这就要求所有教育工作者扭转观念,树立正确的人才观。只有品德优良的人才可能为社会发展进步贡献力量。反之,品德不良的人即使才华超群,要么只会利己,要么还会害人。教育工作者应把很大一部分精力投入德育工作中,思考德育问题,总结德育经验,研究德育课题,把德育工作摆在其他教育工作的前面。

其次,以德育工作引导教育全面工作。学校办学和学校管理都要树立以德育为引领的思想理念。评价学校教育的质量,首先应该评价德育工作的质量。学校办学的质量水平和特色文化,也应该首先体现在其德育工作上。学校德育工作开展良好,形成了积极健康的道德校园文化环境,可以有效地带动学校智育、体育、美育、劳动教育等工作成效的提升。

最后,要在教育的各方面工作中渗透德育。德育工作不仅是独立实施的一项专门工作,还应该是一项渗透和贯穿于青少年学生学习、生活每个环节的工作。因此,教育的各方面工作都应该有意识、有计划地将德育内容渗透其中,把德育工作化整为零,利用一切教育时机,对学生实施全方位、全过程的德育。

拓展阅读

中小学德育工作指南

2017年8月,教育部发布了《中小学德育工作指南》,指出为深入贯彻落实立德树人根本任务,加强对中小学德育工作的指导,切实将党和国家关于中小学德育工作的要求落细、落小、落实,着力构建方向正确、内容完善、学段衔接、载体丰富、常态开展的德育工作体系,大力促进德育工作专业化、规范化、实效化,努力形成全员育人、全程育人、全方位育人的德育工作格局,必须始终坚持育人为本、德育为先,大力培育和践行社会主义核心价值观,以培养学生良好思想品德和健全人格为根本,以促进学生形成良好行为习惯为重点,以落实《中小学生守则(2015年修订)》为抓手,坚持教育与生产劳动、社会实践相结合,坚持学校教育与家庭教育、社会教育相结合,不断完善中小学德育工作长效机制,全面提高中小学德育工作水平,为中国特色社会主义事业培养合格建设者和可靠接班人。

《指南》还提出了中小学德育工作的基本原则:

(一)坚持正确方向。加强党对中小学校的领导,全面贯彻党的教育方针,坚持社会主义办学方向,牢牢把握中小学思想政治和德育工作主导权,保证中小学校成为坚持党的领导的坚强阵地。

（二）坚持遵循规律。符合中小学生年龄特点、认知规律和教育规律，注重学段衔接和知行统一，强化道德实践、情感培育和行为习惯养成，努力增强德育工作的吸引力、感染力和针对性、实效性。

（三）坚持协同配合。发挥学校主导作用，引导家庭、社会增强育人责任意识，提高对学生道德发展、成长成人的重视程度和参与度，形成学校、家庭、社会协调一致的育人合力。

（四）坚持常态开展。推进德育工作制度化常态化，创新途径和载体，将中小学德育工作要求贯穿融入学校各项日常工作中，努力形成一以贯之、久久为功的德育工作长效机制。

对于德育本质问题的研究，我国学者李道仁在20世纪80年代就从事物内部矛盾运动的规律出发，提出德育的本质即德育过程的特殊的矛盾运动，它是教育者、思想言行规范、受教育者三要素之间的相互联系的矛盾运动的统一体，是教育者将社会提出的思想言行规范转化为受教育者个人品德的矛盾运动过程，只要德育过程存在，这个矛盾运动就始终存在。后来，对于德育本质的其他观点形成了"转化论""主体—发展论""适应论与超越论"为代表的德育本质论。

转化论是普遍认同的一种德育本质论。转化的意思是指社会道德规范与个体品德结构之间的相互转化，一般包含社会道德个体化、个体品德社会化两个过程。社会道德个体化是指社会政治思想、道德规范向个体内部转化的过程。个体品德社会化是指个体内化的思想、观念和信念，再外化为个体的品德行为，使之符合社会道德规范，再现社会道德规范，这是外化过程。德育本质就是社会道德个体化和个体品德社会化的统一过程。可见，这种德育本质观在客观上揭示了德育过程是一种社会道德规范的继承性过程，受教育者在这个过程中只是一个"中介"，一方面内化、继承既定的社会道德规范，另一方面把内化的道德规范在实践中再现出来完成外化。

"主体—发展论"是班华的观点。他认为：现代德育以促进人的德性现代化为中心，或者说是以促进主体现代德性发展为根本。主体性、发展性是现代德育的本质规定。"主体—发展性"的内涵：以人为本突出主体德性的发展；德育是教育者的价值导向与受教育者自主建构相统一的活动。这种观点相比以前有较大的进步，注重受教育者的主体性。

鲁洁率先提出德育的"超越本质论"。鲁洁从实践唯物主义出发，认为实践是人自身通过对环境的改造和创造来达到与环境统一的活动，就其本质而言是超越的，是人自身对其所处环境的超越。教育从本质上讲，是为了人的解放而存在的。教育是指向未来的，从这个意义上说，教育的任何组成部分都具有超越现实的本性。道德作为人类的一种精神活动，它是对可能世界的一种把握，道德所反映的不是实是而是应是。道德不是人们现实行为的写照，而是把这种现实行为放到应是的、理想的世界中去审视，是用应是、理想的标准对现实行为做出善、恶的评价，并以此来规范和引导人的行为。道德具有超越性的特征,以此带来道德教育具有超越的本质。① 后来,基于对超越论的质疑,许多学者论证了德育本质是适应与超越的辩证统一思想。从哲学的角度看,道德的生成过程是一个社会历史过程,是一种道德知识或经验的归纳过程,我们所要求的道德如诚实、正义,都不是先验地给定的,而是与历史上一定的经济发展阶段相适应的,是有其具体的社会历史内容的。从教育学的角度看,德育就是实现社会道德规范的个体内化,道德教育应该是最现实的。德育对现实的超越,是局限在那些丧失了现实合理性的东西,而不能把整个现实生活作为超越的对象。所以,德育的本质应该是继承性、适应性和超越性的统一。②

此外,还有很多学者提出了不同的德育本质论,如自由论、沟通论、养成人道德品质的社会活动论、实践论、体验论等多种德育本质观,此处不再赘述。总之,对于德育本质研究还在不断的讨论和争论中向前发展。

三、德育价值

所谓价值,是反映客体的属性或功能在多大程度上能够满足主体的需要。因此,德育价值反映的是,作为客体的德育活动及其功能满足作为主体的社会与个人的德性需要。德育价值不同于德育的本质。人们对德育本质的探讨是为把握德育现象的内在属性,帮助人们更加客观、理性地认识德育现象,开展德育工作。德育价值具有关系属性,反映了德育活动及其功能和社会与个人的德性需要之间的关系。

个人的德性需要是指教育者、受教育者以及社会环境中的个人通过道德教育活动和其他社会实践活动来提高自己的道德境界,以完善自己的德性结构。德育活动及其功能对个人德性需要的满足即德育的个人价值,具体表现为教育者、受教育者和社会环境中的个人等价值主体的德性的完善。

社会的德性需要应通过具有优良德性的人才在社会政治、经济、文化生活中,在处理与自然环境的关系中所发挥的作用来满足,社会的德性需要不能由各种德育活动及其内部功能来直接满足。但任何社会都十分重视德育,其目的是希望培育各种优良德性的人才,这种人才对社会的德性需要的满足即德育的社会价值。③

德育价值的实现,表现为个人和社会的德性发展,即德育的个人价值和社会价值实现,最终要以是否满足个人和社会德性需要为衡量依据。因此,我们应该重视挖掘德育的价值,将德育价值最大限度地转化为个人和社会道德水平的提升。

不可否认的是,我国学校德育工作在促进我国人民的道德水平提升,推动整个中华民族道德文明发展中都发挥了重要作用。但是,近些年很多不良的社会道德现象,正表

---

① 鲁洁.道德教育:一种超越[J].中国教育学刊,1994(6):2-8.
② 石中英,尚致远.《反杜林论》与当前的道德评价和道德教育本质问题[J].清华大学教育研究,1998(2):87-93.
③ 李太平.德育功能·德育价值·德育目的[J].湖北大学学报(哲学社会科学版),1999,26(6):89-92.

明了我国学校德育价值的实现,以及向个人和社会道德发展的转化不够顺畅。例如,社会各领域中常见的唯利是图、诚信失范、人情冷漠的现象,十分鲜明地昭示了德育价值被隐没的严重后果。因此,学校德育应该树立起"以天下为己任"的德育理想,通过创新德育工作,促进学生的德性发展,唤起整个社会和国家的道德觉醒,重塑学校德育在推动社会文明进步中的价值典范。

小组讨论

阅读以下材料,小组讨论并评价此小学的德育工作有何德育价值?

立德树人:廊坊第十小学德育工作纪实

近年来,廊坊市第十小学注重从文化的角度考量学校的发展,在坚持教学为本的同时,开展一系列的社团、主题活动,通过一种"春风化雨,润物无声"的效果来达到学校的育人功能。

寓德于物　石榴也有大内涵

走进十小,首先映入眼帘的是种在教学楼两侧的几十棵石榴树。每逢夏末秋初,饱满圆润的石榴就会像小灯笼一样悄悄挂满枝头,从仲夏到金秋,小石榴慢慢长大成熟,枝叶没有断一根,果实也不会少一个。由此,十小也就有一个特殊的节日——石榴节。

今年教师节时,红红的大石榴已经成熟,饱满的果实,娇艳欲滴的颜色,无声地回馈着全校师生的悉心呵护。第二节课后,全校开展了石榴节品尝石榴活动。四年级三班领到了10个石榴,在班主任王维茹老师的带领下,每个石榴分成若干小份后给孩子们品尝。"石榴籽好吃吗?"王老师问道。"好——吃——!"孩子们齐声回答。"吃着这么好吃的石榴籽,你们在想些什么呀?"王老师的问题一出,班里一下子热闹了起来,"嘘——同学们,先不要说,把你们的感想写成作文怎么样?""好——!"

第二天上午,王老师的桌上交来齐整整的一沓作文,随手一翻,稚嫩的笔迹间透着温暖。

"吃着手里的石榴,想起老师说过的话,在石榴成长的时候,我们没有触碰它……我忽然明白,植物也是有生命的,我们不能破坏它而是应该去保护它……"

"在秋天,我们收获了胜利的果实,胜利的果实也就是收获的文明。"

"我吃到一半的时候,想起了爸爸妈妈……放学了,我飞快地跑回家,妈妈刚吃了几颗就流出了眼泪,因为石榴里有幸福的味道呀。"

看着孩子们的作文,王老师会心地笑了。

"课堂教学是德育工作的主渠道,我们一直强调学校教师人人都要成为德育工作者,每位教师都要结合教学工作,渗透德育教育,让孩子品学兼优、志存高远。"廊坊市第十小学副校长李莉告诉记者,为了将学生培养成为"德智体美劳"全面发展的人才,在教师言传身教的同时,学校在教学管理中通过创办校内特色社团,以活动带实践,培养学生良好的道德情操和人文素养。

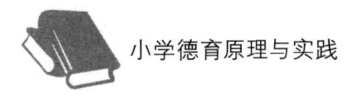

寓礼于情　系列活动显特色

在多年的德育工作实践与探索中,十小初步形成了包括节日、纪念日主题教育活动,礼仪常规教育,体育艺术教育活动在内的三大系列德育教育活动。让学生真正参与进来,实地感受认知,体会成长,逐渐成才。

就在刚刚结束的教师节主题活动中,学校积极引导以特别的"心意"代替鲜花、礼物向老师送祝福。在学校的倡议下,一二年级同学每人送给老师一句悄悄话;三四年级同学制作贺卡写上祝福的话;五六年级则举办一期以教师节为主题的手抄报,感念培育情不忘授业恩。为了把感恩教育活动升华,十小还曾专门聘请了北京团中央宣讲团的宋智超教授为全校同学及家长共计三千多人进行了宣讲活动,让大家有一次心灵的洗礼。

此外,让学生最难忘的还有今年的六一儿童节。学校以"欢乐童年"为主题,把儿童节还给儿童,成功举办了一场全校学生共同参与的特殊儿童节。人人都是舞台的主人,每个同学都有上台的机会、班班有特色。把本班的才艺、园林设计、绘画摄影等进行展示。年级、班级巡演并参加学校的游园、游戏活动,整体阵容壮观、热烈。"往年'六一'孩子们只能看全校一百多位同学上台演出,而今年是 3 000 名同学都能在自己的节日中展示自我,每个孩子都异常重视,并且整体表现出色。"廊坊市第十小学副校长李莉说,通过我们精心的设计、组织,收获了孩子们童年的快乐,赢得了学生家长们的一致好评。

与此同时,十小利用每年春、秋、冬三个季节开展丰富多彩的体育活动。如团体拔河赛、跳绳赛、踢毽赛等丰富校园生活,培养学生的体能素质。同时结合每年搞的才艺展示活动,发展学生个性,给有特长的孩子提供展示自我的舞台,陶冶学生情操,使老师、同学的关系更为融洽,班级更加团结,为形成良好的班风打下了坚实的基础。

"可以说学校的德育工作是一项复杂系统工程,学校在教育学生思想道德方面下了很大的力量,开展活动的同时各班也找到了好的教育方法,我们将继续努力,扎实做事、勤勉育人,把学校办成孩子们学习的乐园、健康成长的乐园。"廊坊市第十小学副校长李莉说。(中国文明网,2014-10-21)

第二节　我国学校德育的历史发展

一、我国古代学校德育

我国古代学校德育大致包含两个典型历史时期的形态,一是先秦奴隶社会的学校德育,二是封建时期的学校德育。我国古代学校德育的两种形态,都是形成了体系化的学校德育内容作为基石,对当时的王朝政治统治和社会秩序的确立发挥了重要作用。

先秦初期的学校教育以为奴隶主阶级培养统治人才为目的,"学在官府"是其主要特征。当时的学习内容是"六艺",即礼、乐、射、御、书、数。"礼"的教育主要就是发挥秩序制度教育、政治宗法教育、伦理道德教育和阶级名分固化等功能。因此,商周时期的学校教育已经规定了明确的德育内容。

春秋战国时期是我国从奴隶社会向封建社会过渡的大变革时期。从学校教育的发展趋势来看，这一时期的"官学"逐渐没落，代表个体经济发展的"私学"开始兴起并达到了空前盛况，一大批思想家纷纷兴办教育，传播经世济民的思想，形成了"学在四夷"的局面。

春秋时期"私学"的代表孔子和他主张的儒家思想，在古代学校德育方面做出了历史性的重要贡献。儒家的教育思想打破了维护奴隶主统治的教育藩篱，主张以培养"仁人""君子"为教育目的，其实这就是古代学校德育提出的理想人格典范，即具有高尚的道德品行、注重修身律己、懂得为人之道，并追求服务国家社稷的人。儒家教育思想为我国封建社会学校德育奠定了坚实的理论基础。自汉唐至明清，我国封建社会时期逐渐确立了儒家倡导的以"仁""礼"为核心、以"孝""悌"为基础的纲常伦理秩序规范，同时也就形成了封建时期儒家思想主张的学校德育内容。

在德育方法上，传统的儒家思想流派在教学实践中进行了有益的探索，并形成了一套行之有效的方法体系。其中，儒家最推崇的贯穿于整个德育过程的方法是自我修养。他们在教育自己的学生时反复强调"自省""自克""反求诸己""反身而诚""躬行"等方法。孔子十分重视个人自省，他说"内省不疚，夫何忧何惧？""见贤思齐焉，见不贤而内自省"。孔子曾指出"君子有九思，视思明、听思聪、色思温、貌思恭、言思忠、事思敏、疑思问、教思难、见得思义"。这里的"思"就是内省、反思之义。孟子把这种反思称作"反求诸己"。他说："爱人不亲，反其仁；治人不治，反其治；礼人不答，反其敬；行有不得者，皆反求诸己，其身正而在天下归之。"荀子也十分重视内省作为德育方法的重要作用，"君子博学而日参省乎己，则知明而行无过矣"。儒家还非常强调"躬行"实践，孔子说"行有余力则以学文"。荀子则提出"行之，明之，为圣人"。传统儒家的"内省""躬行"等德育方法显示出了他们对人的尊重。人在他们眼中不是被动的机器，而是能动的主体自我。"人"能用自己的头脑思考，能自己做出判断和选择。自我反省的修养方法充分体现了对道德主体进行自我评价的重视，强调外在的道德观念必须认同于道德主体自身，才能发挥道德教育的作用。儒家的教育以德育为核心，所以一些教学方法如教学相长、学思结合、学行结合等也是其德育的方法。儒学家们所揭示的道德过程和道德方法不乏来自教育实践中的真知灼见，一定程度上反映了教育的发展规律。[①]

二、新中国成立初期的学校德育

新中国成立初期，我国教育致力于清除旧社会对学校的影响，开始建立全新的德育体系。1949年9月21日，中国人民政治协商会议第一届全体会议通过的具有临时宪法作用的《中国人民政治协商会议共同纲领》，第一次向全国人民提出了具体的思想道德建设目标，创造性地提出了新民主主义文化教育纲领，把"为工农服务"作为新中国成立初期教育方针的主要内容，树立了"为人民服务"的文化教育思想，并提出了"五爱"，

---

① 张立新.浅析我国古代学校德育发展过程[J].承德民族师专学报，2002，22(1)：87-89.

即爱祖国、爱人民、爱劳动、爱科学、爱护公共财物的国民公德规范。

1949年10月13日,中国新民主主义青年团中央做出《关于建立中国少年儿童队的决议》,并公布了《中国少年儿童队章程(草案)》。《决议》指出,中国少年儿童队的任务是在学习和各种集体活动中,团结和教育少年儿童,培养他们成为具有丰富的科学文化知识,健全体魄与爱祖国、爱人民、爱劳动、爱科学和爱护公共财物的新中国的优秀儿女。此后,"五爱"教育在中小学普遍展开,这是德育的主要内容。1953年6月,中国新民主主义青年团第二次全国代表大会决定,把"中国少年儿童队"改名为"中国少年先锋队"。

1949年11月1日,中央人民政府教育部成立。为了落实《中国人民政治协商会议共同纲领》,尽快建立新的教育体制,教育部于12月23日至31日在北京召开了新中国第一次全国教育工作会议。会议提出,教育必须为国家建设服务,学校必须向工农开门;学校安顿后的主要工作是在师生中有效地进行政治思想教育,使他们逐步建立革命的人生观;要以老解放区新教育经验为基础,吸收旧教育某些有用的经验,借助苏联教育的先进经验等。这次会议对新中国的德育发展产生了深远影响。①

总之,新中国成立初期社会主义建设事业百废待兴,受到当时国际国内政治形势的影响,学校德育的主导思想体现了鲜明的社会主义底色。当时的学校德育工作,要求与国家建设紧密联系,通过培养有着良好文化素养、思想政治素质过硬的劳动者,服务于国家建设。此后,随着新的社会政治制度和经济制度的逐步建立,面对"美帝"的全面封锁和挑衅,新中国在政治上需要保卫新生的政权,在教育上面临着改造旧制度、旧学校、旧知识分子和新知识分子(即小资产阶级)的重任。因此,中国共产党在革命时期开展的政治教育工作所取得的经验,在新中国成立后就转化为学校德育工作的重要指导理论。因此,中小学校德育的形态逐渐演变为政治化的德育。这是受当时的历史条件所决定的。

三、改革开放以后的学校德育

改革开放以来,我国学校的德育工作总体上经历了如下几个发展阶段:

第一阶段:十一届三中全会到1986年。这是一个拨乱反正、强调又红又专的时期,主要解决的是德育正位问题。这一阶段,在刹住十年教育动乱、恢复和建立良好教育秩序、狠抓科学文化知识学习的同时,强调了学校德育,既要重视德育的政治性,又要重视政治思想工作落实到业务工作之中,做到又红又专;重申了德智体全面发展的教育方针;加强了学校德育的宏观管理。这一时期最重大的教育事件是恢复高考,结束了以阶级斗争为纲的政治化推荐升学制度,学校德育在深刻反思的基础上开始从泛化的政治束缚中解脱出来。但是,这一阶段仍普遍存在着德育方式单纯灌输、德育内容成人化等问题。

---

① 詹万生.新中国成立70年来中国德育发展历程[EB/OL].宣讲家网.(2019-09-12)[2021-06-01].http://www.71.cn/2019/0912/1058740.shtml.

第二阶段:1986年到1992年。这是一个建立制度、探索规范的时期。这一时期国内开始从计划经济向市场经济转变,学校德育受到了来自两个方面的严重冲击:一方面,社会上的不正之风摇动了学校德育的管理、削弱了德育队伍的力量;另一方面,西方侵入的资产阶级的自由化、拜金主义、享乐主义摇撼着我国传统的信念和价值观。社会上物质文明与精神文明建设"一手硬、一手软"的问题在教育界的直接反映就是抓智育硬、抓德育软。宏观和微观背景条件正在发生深刻的历史性变化,学校德育工作出现了"不到位"的问题。"老办法不行,新办法不会","说起来重要,做起来次要,忙起来不要",重智轻德、应试教育等问题日益严重,形成了学校教育忽视思想政治教育和道德品质教育的倾向,德育工作成为学校工作的薄弱环节。不少学校处于矛盾彷徨之中,建立制度,制定规范,保证德育到位的呼声越来越高,大量德育序列化实验开展起来。1988年,党中央制定和颁布了《中共中央关于改革和加强中小学校德育工作的通知》,首次确立了学校德育工作实行校长负责制,国家教委颁布了《中学德育大纲》和《小学德育纲要》,对学校德育工作的方向、内容和管理提出了明确的系统的要求,结束了新中国成立四十年学校德育无纲少范、简单服从社会成人运动的局面。这几个文件对推进中小学德育工作的整体改革,进一步加强中小学德育工作管理,实现中小学德育工作的科学化、规范化、制度化,起到积极的指导作用。

第三阶段:1992年以后,进入了构建现代学校德育体系时期。这一时期,党中央根据新形势又进一步制定颁发了《中共中央关于进一步加强和改进中小学德育工作的意见》和《爱国主义教育纲要》。学校德育的社会背景和内在要求基本清晰。社会主义市场经济建设对精神文明建设的强烈需求、广大人民群众对精神文明的迫切愿望和广大教育工作者的高度责任感,使学校德育在改革开放十几年经验教训的基础上,开始出现了从宏观背景到教育管理直到教学过程的方方面面的系统探索,并取得了很多可贵的经验和研究成果。这些方方面面的经验正在互相磨合、交互融合,逐步形成学校德育的学科理论、管理规范和教育内容、方法的体系。这一时期,学校德育工作的一些基本问题,诸如德育内容不系统不科学、随意性,德育目标缺乏针对性、层次性,德育活动缺乏计划性等问题,以及"小学讲共产主义,中学讲社会主义,大学讲行为规范"的德育现象,引起了专家、学者和广大教育工作者普遍关注,进而通过研究提出了德育的层次性、针对性、系统性、计划性、科学性等一系列对策和实践措施。①

四、新时期的学校德育

进入21世纪以来,随着社会形态的演变,我国中小学德育发展出现了新的动向。2004年,中共中央、国务院发布《关于进一步加强和改进未成年人思想道德建设的若干意见》,强调加强和改进未成年人思想道德建设是一项重大而紧迫的战略任务,扎实推进中小学思想道德教育,充分发挥共青团和少先队在未成年人思想道德建设中的重要作用,重视和发展家庭教育,广泛深入开展未成年人道德实践活动,加强以爱国主义教

---

① 张志强,成功.中小学德育的历史、现状与趋势[J].当代教育科学,1992(2):8-10.

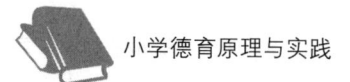

育基地为重点的未成年人活动场所建设、使用和管理,积极营造有利于未成年人思想道德建设的社会氛围,净化未成年人的成长环境,切实加强对未成年人思想道德建设工作的领导。

伴随着基础教育新一轮课程改革的实施,德育课程建设呈现新的形式。2011年,教育部颁布了《义务教育品德与生活(社会)课程标准》,提出了新的课程性质、基本理念、课程目标、课程内容。2017年,教育部颁布了《中小学德育工作指南》,从指导思想、基本原则、德育目标、德育内容、实施途径和要求等方面全面系统地指导中小学德育工作。

教育是国之大计、党之大计。习近平总书记指出,"国无德不兴,人无德不立"。党的十八来以来,我国确立了把立德树人作为教育的根本任务。总书记带着对新时代中国特色社会主义教育事业的深刻思考,多次明确、深刻地阐释了立德树人的教育理念。立德树人的"德",是思想政治和道德品质的总称,就是要培养青少年学生具有思想政治素质和道德品质,即要对学生进行热爱中国共产党的教育、爱国主义教育、热爱社会主义的教育,以及进行包括个人品德、家庭美德、职业道德、社会公德、生态道德和网络道德的新时代公民道德教育。这是我国学校德育当前和今后一个时期新的工作指南。

归结起来,我国学校德育的发展演变,大致经历了政治形态、知识形态和生活形态三个阶段。首先,在新中国成立以前的革命时期,我国沿用了共产主义教育、抗日民主教育、训育、德育、政治教育、政治思想教育等提法,反映了德育的政治化形态。政治形态的德育是在一定的社会、历史背景下形成的,我们应客观评价这种德育形态,其存在与发展在当时有一定的合理性和积极意义。其次,改革开放以来,我国教育和社会各界充分释放了对知识的渴求,"知识就是力量"的思想观念深入人心,学校教育应以知识教学为主,在这种情况下德育自然被看作道德知识的教育,道德认知的作用被过分抬高,忽视了道德情感、道德行为的重要价值。再次,进入新世纪,我国第八次基础教育课程改革实施以来,人们开始对知识形态的德育进行全面反思,提出让德育回归生活,实施生活化德育等观点。人们认为,德育课程所学习的道德规范、社会知识、生活常识等都是从生活中来的,它们不是人们凭空架构、制造出来的,而是源于生活的需要而产生的,由此形成了生活化形态的德育。最后,几乎与生活形态德育的提出同步,针对当前德育与生命存在冲突的问题,在对德育知识化、工具化、应试化全面反思的基础上,研究者提出了生命化德育思想,即德育与生命应该从冲突走向和谐。这是生命化形态德育形成的先声,但在我国学校德育实践中还处于探索阶段,可能对未来我国学校德育的发展起到重要的引领作用。

第三节　我国学校德育的现状与挑战

虽然我国学校德育工作取得了不可忽视的成绩,为民族素质的提升发挥了重要作用,但是长期以来,我国学校德育在实践中还是备受社会质疑,德育工作的地位、德育的方式方法以及德育工作的实效性等问题仍然突出,党和政府对此高度重视。面临快速变化的社会环境和复杂的德育实践情况,为了有效发挥学校德育完成学校教育"立德树人"根本任务的关键作用,我们必须正视学校德育的现状以及面临的主要挑战。唯有如此,才能在德育工作中加以认真分析,力图克服。归纳起来,我国学校德育的现状与挑战包含五个方面。

一、德育地位得不到保证

无论在教育系统内部还是外部,人们将学校德育的地位摆在很高,甚至被提到了首位的高度,"德育为先"已经成为共识。2000年中共中央办公厅、国务院办公厅下发的《关于适应新形势进一步加强和改进中小学德育工作的几点意见》强调"必须坚持把学校德育工作摆在素质教育的首要位置,树立育人为本的思想,将思想政治素质是最重要的素质的要求落实到教育工作中的各个环节"。但是,在教育实际工作中,受各种因素的影响,学校德育首要地位一直难以保证。德育工作的时间、空间、资源、条件经常被挤占、挪用、转移,教育工作者对此已经习以为常。

二、德育的实效性不高

学校德育的根本任务在于发展学生的思想道德品质,要实现这个任务,首先需要一定的客观条件为基础。如上所述,学校德育工作的客观条件得不到保证是德育实效性不高的一方面原因。其次,在主观认识方面,学校德育工作者过于重视德育的政治性,或者强调德育的知识性,因而导致学校德育远离学生生活,德育内容变成空洞、乏味的说教。这是德育实效性不高的另一方面原因。再者,学校德育工作者对德育的功能认识不清,由此形成了"德育万能论",甚至有人把一个社会时期风气不正出现"道德滑坡",都完全归因到学校德育出了问题,理由是如果学校德育抓好了,公民与党员干部的道德素质提高了,就不会出现道德滑坡。因此,很多德育工作者自暴自弃,认为学校德育不是万能而是无能,认识上走向了另一个极端,这也是德育实效性不高的一个重要的原因。最后,随着教育理论的发展,人们逐渐认识到规范性德育的弊端,因为规范性德育要求学生无条件地认同、服从既定的道德规范与价值取向,无条件地接受既定的道德教育过程,不允许学生对学校传授的价值观念和道德规范产生怀疑。由此,主体性德育观念产生并发展,倡导培养学生主体性道德人格,把学生看作具有独立人格、自主意志与选择愿望的主体,而不是道德的容器;把教师看作学生社会化过程中的顾问,而不是说一不二的道德法官;把德育看作对学生的指导,而不是居高临下的训导。然而,主体性德育观念深入德育工作者内心的程度较低,构成了德育实效性不高的另一个重要的原因。

三、德育的环境急剧变革

在学校德育的大背景中,不容忽视的一个现实是青少年学生成长的社会环境已经发生并正在继续发生着社会形态、物质条件、价值观念、人际关系等全方位的变革。这种变革直接导致了我们今天多元价值观念并存的局面,并构成了对我国集体主义主流价值观的挑战,甚至打压。在一个价值多元的时代,学校德育如何能够把人们的思想统一到"主旋律"上来？以集体主义为例,它要求无条件地把集体利益放在第一位,先公后私,最好是大公无私。但现实社会多种价值观并存,除了大公无私和先公后私之外,还有公私兼顾、先私后公和损公肥私等。应该承认,除了损公肥私应该受到道德的谴责与法律的制裁之外,公私兼顾和先私后公都有一定的合理性。而且,市场经济本质上是一种利益经济,主观为自己,客观为他人,个人是最直接的出发点和目的。这种情况下如何坚持集体主义的理想,对学校德育工作提出了挑战。其实,在主旋律与社会现实多种价值体系之间,类似的矛盾不胜列举。① 面对这种环境的急剧变革,学校德育必须与时俱进、创新发展,破解大家普遍感到现在的学生难教,"蛮办法不行、老办法不灵、新办法不明"的尴尬困境。

四、现代德育与传统文化的融合

学校德育总是植根于一定的社会文化土壤中,从社会文化中汲取营养。我国现代学校德育应该传承中华优秀传统文化中关于中华美德的价值观念。然而,学校德育的现实是德育内容没有很好地延续和继承传统文化,不利于学校德育持续、创新发展。2017年中共中央办公厅、国务院办公厅印发的《关于实施中华优秀传统文化传承发展工程的意见》强调:"中华优秀传统文化蕴含着丰富的道德理念和规范,如天下兴亡、匹夫有责的担当意识,精忠报国、振兴中华的爱国情怀,崇德向善、见贤思齐的社会风尚,孝悌忠信、礼义廉耻的荣辱观念,体现着评判是非曲直的价值标准,潜移默化地影响着中国人的行为方式。传承发展中华优秀传统文化,就要大力弘扬自强不息、敬业乐群、扶危济困、见义勇为、孝老爱亲等中华传统美德。"文件还要求:"围绕立德树人根本任务,遵循学生认知规律和教育教学规律,按照一体化、分学段、有序推进的原则,把中华优秀传统文化全方位融入思想道德教育、文化知识教育、艺术体育教育、社会实践教育各环节,贯穿于启蒙教育、基础教育、职业教育、高等教育、继续教育各领域。"因此,学校德育与传统文化的融合理应得到广大德育工作者的重视,并在实践中有意识地推进。

五、德育机构和德育人才问题

当前,我国中小学校发展不够均衡,资源优势学校与弱势学校的差距较大。在这种情况下,中小学校在德育工作的投入方面就很容易产生差距。发展处于弱势的学校,其德育机构设置、人员配备、资源投入等方面往往处于"可有可无"的被忽视的窘境。在德育人才队伍建设方面,尽管我国中小学校德育工作者的队伍庞大,但是专门从事德育的教育人员专业化水平较低,是一个普遍现象。很多人认为,教学水平差的教师可以去做德育工作,德育工作要求比较低,也并不需要专业学习和培训。因此,大多数学校根本没有把德育人才的进修、培训、引进等工作纳入视野范围。

---

① 杜时忠.当前学校德育面临的十大矛盾[J].当代教育论坛,2004(12):47-50.

小组讨论

结合对本节内容的学习，分组进行以下活动：
1. 检索有关我国小学德育工作现状的文献资料。
2. 列举出我国小学德育工作中存在的典型问题。
3. 讨论解决小学德育中有关问题的对策和建议。

  本章练习

1. 学校德育的含义是什么？
2. 比较不同的德育本质论观点。
3. 分析我国学校德育的发展阶段。
4. 立德树人的内涵是什么？

第二章 德育功能

配套数字资源

名言警句

教育的唯一工作与全部工作可以总结在这一概念之中——道德。

——赫尔巴特

人只有靠教育才能成为人，人完全是教育的结果。

——康德

道德能帮助人类社会升到更高的水平，使人类社会摆脱劳动剥削制。

——列宁

知识导图

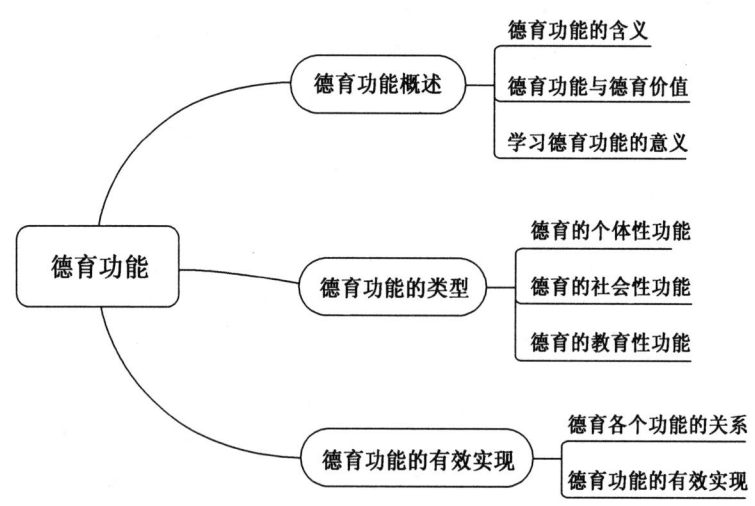

 **本章要点**

1. 德育功能的含义。
2. 德育功能与德育价值的区别与联系。
3. 德育功能的类型。
4. 德育个体性功能。
5. 德育社会性功能。
6. 德育教育性功能。
7. 德育功能的实现。

 本章导读

本章德育功能主要包括德育功能概述、德育功能的类型和德育功能的有效实现三部分。在德育功能概述部分,分别讨论了德育功能的含义,德育功能与德育价值的区别和联系,以及学习德育功能有何意义等问题。德育功能的类型是本章的重点部分,着重从德育的个体性功能、德育的社会性功能和德育的教育性功能三个方面介绍了不同类型德育功能的具体含义。最后,本章着眼于学校德育实践,讨论了不同类型德育功能之间的关系,以及如何有效实现德育功能。

第一节 德育功能概述

德育功能说明了"德育能够承担什么职责",或者"德育能够完成什么德育任务"的问题,因而德育功能具有客观性。德育功能既包括德育已经实现了的结果,指德育对人的思想品德发展或社会的道德文明进步所产生的影响和作用,又包括德育所具有的潜在功用和能力,指德育具有影响个体或社会的潜能,但还没有发挥出来产生既定的客观实效。因此,德育功能是德育活动的客观属性,它为实现人们主观期待的德育价值和德育目的提供了保障。学校德育的实施,要在制定学校德育目标、规划学校德育内容、选择学校德育方法、设计德育过程等德育活动要素时,通过科学设计、精心谋划赋予德育活动完善的德育功能。现代社会,青少年学生参与社会生活的范围日益扩大,德育领域随之不断拓宽,德育功能亦应随之做出调整,这是客观的要求。因此,确立正确的现代德育功能观,重塑现代德育功能体系,有助于适当与适度地开展德育实践。

一、德育功能的含义

功能就是事物因自身的属性而具有的功用、能力,是事物固有的能够满足人的需要的规定性。因此,德育功能就是德育系统和德育活动以自身的属性为基础的功用和能力,是德育系统和德育活动固有的能够满足需要的规定性。德育是教育的重要组成部分,是一种影响受教育者的品德,从而影响受教育者的自我价值与社会价值,以及影响社会发展进步的教育活动。因而从这个意义上说,德育就是一种工具。德育作为一种工具,它的功能就是能够影响受教育者的品德,从而影响受教育者的价值,影响社会的发展进步。①

总的来说,德育功能的含义就是指德育系统和德育活动所具有的能够对个体和社会思想道德发展产生影响的潜在功用,以及已经对个体和社会思想道德发展产生的影响结果。

从德育功能的潜在功用和能力看,德育功能是德育系统和德育活动具有影响个体和社会思想道德发展的潜能,但还没有发挥出来产生既定的客观实效。

从德育功能产生的影响结果看,德育功能是指德育系统内部诸要素之间以及系统与环境之间相互作用所产生的结果。德育系统内部诸要素相互作用所产生的结果,称为德育内部功能;德育系统与外部环境相互作用所导致的结果,称为德育外部功能。②

学习、讨论德育功能有什么意义呢?实际上,对德育及其功能进行抽象,只是出于研究的需要。在历史和现实中,抽象的德育其实并不存在,因为任何德育都是一定社会历史时空中的德育,都是特定的阶级、国家、社会的德育。这种特定阶级、国家、社会的德育功能,可以称之为特定社会历史时空中的德育功能,或特殊形态的德育功能。

特殊形态的德育功能,是经过选择和价值限定的具有明确价值指向性的功能,是德育所具有的能够产生一定的阶级、国家、社会之预期价值的功用和能力。可见,德育功能承载了一定的价值或需要。因为,德育是一种工具,任何阶级、国家、社会为了自己的生存、发展,为了实现自己的价值理想,都要选择、利用它。可以说,特殊形态的德育是特定的阶级、国家、社会的自觉选择。而选择者必然设法驾驭德育,对德育功能进行取舍或选择和价值限定。

对特定的阶级、国家、社会来说,对德育功能进行选择和价值限定是必须的。其一,德育作为一种工具,可以被不同的主体所利用,服务于不同主体的目的,可以被用来对学生施加符合举办教育的阶级、国家、社会之阶段需要的影响;也可以被用来对学生施加与教育举办者之价值需要背道而驰的影响,具有多种可能性。其二,德育的多种功能并非在任何情况下的发挥都对特定的阶级、国家、社会有利,只有自觉合理地进行功能选择,才能趋利避害,实现德育价值目标。比如,德育的社会功能包括经济性、政治性、文化性、道德性、审美性、自然性等多种具体功能。面对诸多的德育之社会功能,特定的阶级、国家、社会如果不根据自己眼前利益和长远利益要求进行合理的撷取和排拒、强化或弱化协调平衡,就可能导致对最紧要之价值的忽视,或者导致整体价值的降低等等。

就我国当前的德育来说,如果在强化经济性功能的同时,不重视道德性功能,并兼

---

① 徐贵权.德育功能与德育价值之关系[J].教育评论,1995(6):15-17.
② 谢廷平.论德育功能[J].西北工业大学学报(社会科学版),2004(9):64-69.

顾自然性功能,那将会导致社会道德精神的真正失落和环境问题的进一步恶化,使经济与道德、经济发展与生态保护严重失衡。因此,我国学校德育功能体系的完善,应从党和国家关于经济建设、政治建设、文化建设、社会建设和生态文明建设"五位一体"总体布局的高度,进行全面系统的设计和优化,以保证学校德育功能的完备性和先进性。

特定的阶级、国家、社会对德育功能的选择和价值限定受多种因素制约。其中,特定的社会生产方式(即生产力和生产关系的统一)以及由此决定的选择和限定者的根本利益要求是决定性的因素。此外,还受限定者的世界观、社会观、个人观,对德育功能认识的深度、广度,对德育价值目标的设计、定位,所面临的社会、时代情势以及对这种情势的把握等因素的影响。可以肯定地说,不同的阶级、国家、社会以及不同的社会发展阶段,对德育功能的选择、价值限定是不同的,一切都以时间、地点、条件的转移而改变。因此,特殊形态的德育功能必然是千差万别的。①

自主学习

结合材料,思考以下问题:
1. 如何理解德育功能是德育的客观规定性?
2. 怎样有效发挥小学德育的德育功能?

德育功能是什么?

德育功能,是指它能够承担的职责和应当具有的职能。简言之,它能做什么或不能做什么。过去相当长的时期,我们对德育功能的不恰当定位主要表现为"万能论":认为德育可以解决所有问题。其结果是,必然把一切成绩或过错都归诸德育;认为德育是解决人思想深层问题的,要么可以立竿见影,要么可以一劳永逸。其逻辑结论必然是,误读"首位论",有意无意把德育工作凌驾于其他工作之上,这对德育和其他工作都是一种伤害。当历史进入一个新的阶段以后,随着时代主题的转换,中心工作的置换与凸显,有些人又单方面强调物质对精神的决定作用,责难对德育地位的强调,以精神第二性责难"思想领先"的必要性、可能性,陷入"无用论"和"取消论"。诸如"浪费财富论""本末倒置论"等都是它的现实表现。无论是前者还是后者,都是对德育功能的片面化过度描述。从理论上讲,是对第一性、第二性的形而上学误解;同时,也来自对实践的片面理解。其实,德育作为社会生活的一个部分或一个层面,它既不是万能的,也不是无能的;有些工作它能做,有些工作它不能做;成绩不能都归之于它,过错也不能都归之于它。②

---

① 徐贵权.德育功能与德育价值之关系[J].教育评论,1995(6):15-17.
② 别祖云.德育功能定位与方法反思[J].湖北社会科学,2000(S1):54-55.

二、德育功能与德育价值

人们在讨论德育功能时,经常将德育功能与德育价值混为一谈,造成概念内涵之间的混淆。因此,有必要澄清二者之间的关系。

(一) 德育价值

关于德育价值,前文已有论及,此处再做进一步阐明。价值是主体和客体之间的一种关系,是客体的属性或功能与主体需要之间的现实关系。德育价值是作为客体的德育活动及其功能,对作为德育价值主体的社会、个人的德性需要的满足与否、促进与否的关系。这种关系可能是满足的,也有可能不能很好地满足,但无论满足与否,都不影响德育活动本身以及所具有的德育功能。因此,学校德育应根据社会和个人的德性需要,及时调整完善德育的功能,以实现二者之间的满足关系。

德育价值主要反映的是德育活动的属性、功能与德育价值主体的需要之间的关系,因而主要是由社会、个人对德性的需要来决定的。德育价值主体是指系统内教育者、受教育者以及社会环境中的个人、各类群体(包括民族、国家等等)。德育价值客体是指德育活动及其功能。需要注意的是,无论德育价值主体,还是德育价值客体,都是处于动态发展过程中的事物,随着社会生产力水平、生产关系和人们思想观念的不断发展而发生改变。

个人的德性需要是指教育者、受教育者以及社会环境中的个人通过道德教育活动和其他社会实践活动提高自己的道德境界,以完善自己的德性结构。德育活动及其功能对个人德性需要的满足即德育的个人价值,具体表现为教育者、受教育者和社会环境中的个人等价值主体德性的完善。社会的德性需要应通过具有优良德性的人才在社会政治、经济、文化生活中,在处理与自然环境的关系中所发挥的作用来满足。社会的德性需要不能由各种德育活动及其内部功能直接满足,但任何社会都十分重视德育,其目的是希望培育具有优良德性的人才,这种人才对社会的德性需要的满足即德育的社会价值。

德育,作为培养人的德性的一种社会实践活动,尽管要考虑如何满足社会的、教育者的、社会环境中的个人的德性需要,但首先应考虑的是如何提高受教育者的道德境界,完善受教育者的德性结构,满足受教育者的德性需要。因为社会环境中个人的和社会的德性需要能否满足,不是德育系统内部主体所能决定的,而是受到社会环境中经济、政治、文化以及生态环境等因素的制约和影响。德育在系统内直接实现的个人价值,是德育价值主体通过德育活动所带来的德性的完善,这种价值可以称为德育的内在价值或直接价值;德育通过受教育者的活动这一中介在德育系统之外创造的社会价值,可以称为德育的外在价值或间接价值,这种价值能否顺利实现,不完全受德育系统内价值主体的控制。

(二) 德育功能与德育价值的区别与联系

德育功能与德育价值的区别是很明显的。德育功能主要反映的是系统与环境,系统内部诸要素的相互作用,主要由系统和子系统的属性(培养人的德性的活动)决定。德育功能具有客观性,所以德育功能不一定能满足德育价值主体的需要。德育价值主要反映的是德育活动的属性与德育价值主体需要之间的关系,主要由社会、个人对德性的需要决定,具有鲜明的主体性、为我性。功能关系反映德育系统与社会政治、经济、文化之间,以及系统内部教育者和受教育者之间客观的因果性联系。价值关系虽然离不开因果联系,但主要表现为德育价值主体与客体之间的合目的性关系。

德育功能与德育价值也是相互联系的,其联系表现在以下几个方面:

首先,德育功能是德育价值得以实现的手段。德育价值的实现即个人和社会德性需要的满足,必须通过开展各种德育活动,使德育功能充分发挥出来。所以,德育功能作为系统与环境以及系统内部诸要素相互作用的客观结果,是满足社会和个人德性需要的基本条件。如果没有各种德育功能的充分发挥,社会和个人的德性需要就无法满足,德育价值也就无法实现。

其次,德育价值是德育功能的目的。人们开展各种德育活动,总是为了满足社会和个人的德性需要。在德育活动中,各种德育功能的发挥是为了实现某种德育价值。离开德育价值,各种功能的存在是无意义的;离开德育价值的规范和引导,德育活动可能导致各种负功能的产生,或者导致德育工作的低效率。

再次,德育的内部功能和内在价值,是德育系统内部诸要素相互作用的结果和对系统内价值主体的需要的满足;德育外部功能和外在价值,是系统与环境相互作用的结果,是德育培养的具有德性的人才对社会德性需求的满足。①

当前,我国小学德育功能和德育价值的关系需要引起教育工作者的重视。一方面,新时代我国教育突出强调要培养社会主义的建设者和接班人,要求高度重视小学生的思想品德发展和培养,而小学生本身生活在一个物质文明、精神文明快速发展的社会环境,也具有提高自身思想品德水平的德性需要,这是小学德育价值主体的需要。另一方面,我国小学德育工作在有关政策文件的规范和引导下,正在经历一个健全德育体系、完善德育功能的改革过程。因此,应该对小学德育价值和德育功能的关系进行积极协调,促进小学德育实践工作的高质量发展。

三、学习德育功能的意义

我们认识和学习有关德育功能的知识,不仅是为了理论探讨的需要,更加重要的是为了指导德育工作实践,是帮助德育工作者或承担一定德育任务的人员理性地把握德育功能,避免陷入认识误区,从而导致对德育功能的窄化,或者使德育功能无限扩大,造成不切实际的德育工作观念和态度,以及有害的德育工作行为。

首先,正确的德育功能观有助于德育目标的确定。教育主管部门及学校德育系统都会在宏观和微观上设定德育工作的目标、任务等,离开了对德育功能的正确认识,会

---

① 李太平.德育功能·德育价值·德育目的[J].湖北大学学报(哲学社会科学版),1999,26(6):89-92.

对这一设定产生十分明显的副作用,例如设定的目标或任务大大高于或低于德育功能所能允许的阈限。前者的结局是德育的"力不从心",德育目标是虚妄的,实践当然会落空;后者则是对德育功能的潜力认识与发掘不够,德育的形象受损,德育实践亦将流于琐碎。

其次,正确的德育功能观有助于形成适度、适当的德育评价。在我国,人们往往对学校德育抱有一种过高的期望,总是用"应是"的眼光去看德育,人为制造"德育神话"。而由于常以"神话"的眼光去看德育现实,对德育的评价多为"实效太低"的结果。德育的健康发展需要社会和教育系统本身用"实是"的眼光来看德育。因为只有正确的评价,才谈得上正确的理解和支持。

最后,正确的德育功能观有助于适当、适度的德育实践。德育期望和评价问题不仅发生在德育系统外部,而且发生在每一个德育实际工作者身上。德育工作者只有持正确的功能观,才能做自己该做而且能做的事情,既不僭越,也不菲薄。学校德育只能在其本来能够有所作为的领域去恪尽职守。[①]

第二节 德育功能的类型

通常而言,从德育活动的作用对象来看,德育功能可以分为个体性功能和社会性功能。德育的个体性功能是指德育对个体发展的作用,如形成个体良好的道德品质、促进个体智力发展、提高个体人生境界。德育的社会性功能是指德育对社会发展的作用,如促进社会的整合、经济的发展、文化的变迁。但是,德育是教育系统的重要组成部分,德育和教育系统以及其他组成部分之间存在密切联系。因此,德育功能还应包含一种特殊的教育性功能。

一、德育的个体性功能

德育的个体性功能是指德育体系和德育活动所具有的影响德育对象个体思想道德发展的潜能以及所产生的客观影响结果。相比之下,德育的个体性功能是德育的固有功能,而德育的社会性功能是德育的衍生功能。德育的个体性功能和社会性功能是相互依存的,德育个体性功能的实现不能脱离社会性功能,否则将丧失其意义,社会性功能也需要以个体性功能为其实现的中介。

德育的个体性功能内涵丰富,可以描述为德育能够对个体生存、发展、享用发生的影响,其中享用性功能是德育个体性功能的本质体现与最高境界。[②] 由于现代社会对人的个性发展的时代要求,以及我国社会思想形态中长期以来存续的社会本位价值倾向对个性发展的限制,我们应当对德育的个体性功能发挥予以高度关注。

---

① 檀传宝. 德育功能简论[J]. 中国教育学刊,1999(10):8-12.
② 鲁洁,王逢贤. 德育新论[M]. 南京:江苏教育出版社,2010:222-230.

德育的个体性功能包括三种基本功能,即德育的品德发展功能、德育的智慧发展功能和德育的个体享用功能。

(一) 德育的品德发展功能

德育的个体性功能主要表现为教育对象的品德发展。德育就是培养人的道德品质的活动,个体道德品质的形成是德育的主要任务。德育的品德发展功能是德育功能体系的基础,也是德育个体性功能中最基本的功能。任何德育功能的实现都离不开个体道德品质的培养。虽然个体身心发展阶段、社会环境条件对个体道德品质发展有着一定的作用,但是个体的道德品质发展终究还要依靠系统性的德育活动。德育对个体品德的形式结构、内容结构和能力结构的形成与发展都具有重要作用。

1. 形成和发展个体品德的形式结构

个体品德的形式结构可以分解为道德认知、道德情感、道德意志、道德行为。因此,德育的品德发展功能就是学校德育对学生的道德认知、道德情感、道德意志、道德行为的形成与发展所能发挥的作用。

2. 形成和发展个体品德的内容结构

品德内容是在个体意识中形成的具有一定内容的道德规范体系,例如道德规范观念、规范原则、行为要求等。道德规范体系总是来源于一定的社会环境,具有社会性。个体为了适应社会生存、生活和劳动的环境,而对相应的社会规范进行内化,并以此指导自己的言行。学校德育就是帮助学生形成和发展自己的品德内容结构。

3. 形成和发展个体道德的能力结构

道德能力是个体道德发展的一个重要方面,也是个体将自己的品德形式与品德内容加以综合运用,以处理复杂多变的道德境遇、道德现象和道德困惑的基本素质。个体的道德能力处理的是存在于人脑中的道德意识与道德活动以及外部环境之间的关系,表现为个体对外部道德现象的反映以及对自身的活动实行调节。学校德育可以帮助学生形成、发展自己的道德能力。

(二) 德育的智慧发展功能

德育的智慧发展功能,即德育对个体的智慧发展所能够产生的影响和作用。个体的智慧发展与道德品质发展之间存在重要关联,智慧的发展有利于个体道德学习,智慧是道德的基础。赫尔巴特说"愚蠢的人不可能是有德行的"。然而,个体道德品质的发展,又可以反过来促进个体智慧的发展。亚里士多德说"美德即智慧"。因此,一个人的道德对其智慧发展具有重要影响。德育主要是通过培养个体的世界观、人生观、价值观等非智力因素,进而促进个体的智慧发展。

1. 德育影响着个体智慧发展的非智力因素

非智力因素是指智力因素之外的一切心理因素,比如动机、兴趣、情感、意志等。虽然非智力因素不是认知性因素,但它对个体的认知过程起着直接的制约作用,在认知过程中起着动力与调节的作用。德育是培养个体责任感、意志力、进取心、自信心等非智力品质的重要途径。因此,学校德育可以通过影响学生的非智力因素发展间接地促进学生的智慧发展。

2. 德育为认知活动提供良好的环境氛围

个体的认知活动需要在良好的人际环境氛围中才能有效进行。而道德规范的一个主要作用在于调节人际关系,促进人际关系的和谐、有序。从这个角度看,学校德育通过一定道德规范的传授,可以形成学生之间良好的人际关系,避免或减少各种价值冲突,从而促进学生认知活动,提升学生智慧。同时,德育通过培养个体道德人格来维护良好的人际关系。学校德育通过培养学生的尊重、信任、关心、正义、宽容、善良等良好的道德人格,可以对学生所处的环境氛围发生作用,进而构建一个和谐、自由、有序的学习环境。

3. 德育引导着智慧发展的方向

个体的智慧发展除了有发展的水平高低差别,还有发展的方向问题,即个体智慧发展为谁所用,以及能否为社会服务。智慧发展的方向性问题至关重要,直接决定着智慧使用的效果。危害社会秩序,阻碍社会发展是道德所不容许的。而一个道德高尚的人绝对不会做出危害社会的事情。学校德育在引导学生智慧发展方向方面的功能具有重要价值。[①] 我国教育需要回答"培养什么人、怎样培养人、为谁培养人"的根本问题,学校德育应承担起引导学生个体智慧发展方向的重要使命。

(三) 德育的个体享用功能

德育对每一个个体来说,除了具有发展的功能以外,还具一种享用的功能。所谓德育的个体享用功能,是指德育可使个体实现某种需要、愿望(主要是精神方面的),并从中体验满足、快乐和幸福,获得一种精神上的享受。个体内在地把各种德性的形成、道德人格的发展作为自身的一种需求。德育可以使个体的这种需求得到满足。德育的个体享用功能就根植于它能够满足个体道德人格发展的需要,因而是供个体享用的。

德育应在其全过程中逐步实现和不断发挥这种个体的享用功能。道德教育不仅要使人感受到掌握与遵循某种道德规范对自身来说是一种约束、一种限制、一种牺牲、一种奉献,而且应当使他们从内心体验到从中可以得到愉快、幸福与满足,得到自我的充分发展与自由,得到唯独人类才有的一种最高享受。这种对道德享用价值的内心体验,需要在德育过程中不断深化与提高。德育应该使儿童从小就能因其道德的行为(亲社会行为)而得到赞许、表扬、肯定,从中产生积极、快乐的情绪;德育还要使儿童、少年从能使他人得到快乐与满足的道德行为中体验到自我满足与幸福;德育还要进一步使少年、儿童从有利于集体的思想行为中获得荣誉和尊重,产生自我肯定的深刻体验,满足其群体中的归属感与安全感等需要;德育还要更进一步地使个体从自身道德的发展、道德人格的完善中获得一种自我提升的满意感、满足感。在人的发展最高层次上,德育要使人们从其道德理想、道德信念的实现中,获得一种崇高感,体验到一种最大的幸福,感受到一种最高的享受。

---

① 刘济良.德育原理[M].北京:高等教育出版社,2010:61-63.

只有使道德教育的自我享用功能不断得到提升与发挥,才得以使教育把各种道德规范的遵从逐渐从他律转变为自律;使他们不是把各种道德规范视为约束与限制,而当作自我肯定、自我发展的需要;使他们不是把道德、道德教育视为一种异己的力量,而成为自身的主动追求,是一种与自身不断完善化、理想化相一致的力量。

为此,德育的个体享用功能与发展功能是完全一致的。只有使个体在德育过程中不断发展,它的享用功能才得以产生与深化;同样,也只有在实现发展功能中不断使享用功能得以发挥,个体的道德发展、人格完善才得到最内在、最根本的动力,并产生积极的效果,德育的最高发展性目标才得以实现。同时,也只有使两种功能密切结合,道德教育才有可能真正成为一种"愉快教育",成为一种人们所乐于接受的教育。[①]

我国小学德育的个体性功能,就是小学德育对小学生的思想道德发展的影响作用,具体表现为德育影响着小学生的品德发展、智慧发展和个体享用。小学德育的个体性功能对小学生的成长与发展具有至关重要的作用。

小组讨论

结合本节所学内容,讨论以下问题:
1. 德育的个体性功能与社会性功能之间有何关系?
2. 你能联系实际,谈谈德育的个体享用功能吗?

二、德育的社会性功能

德育的社会性功能,是指德育体系和德育活动所具有的影响社会整体思想道德发展的潜能以及所产生的客观影响结果。具体而言,德育的社会性功能主要指德育能够对社会政治、经济、文化以及生态环境等发生影响的政治功能、经济功能、文化功能以及生态功能等。

(一) 德育的政治功能

学校德育是一种带有政治性的活动。特别是在阶级社会,处于统治地位的阶级总是采取不同的方法利用德育维系、强化现有的政治格局。在我国,德育的政治功能自古以来都处于重要的位置。道德教育属于政治化的道德教育,政治教育又带有道德化的成分。

学校德育的政治功能包含以下几个方面:

1. 传递政治意识

政治意识是指政党的执政理念、主张、理论等系统化的精神思想。学校德育由于具备专门的德育人员、系统的德育课程及其他学科课程、有组织的德育活动以及专门的时间、空间等条件,成为向下一代传递主流政治理论与观念的主渠道。任何一个国家的德育课程都有不同程度的价值取向要求,这些价值取向通过课程标准、教学大纲、教学目

[①] 鲁洁.试论德育之个体享用性功能[J].教育研究,1994(6):46-47.

的、教学内容、教学评价的方式或隐或现地体现出来。

学生形成主流的政治意识形态,是其社会化发展的一个方面。政治意识能使学生更好地理解其生活的本质与问题,也能帮助学生积极融入社会,参与社会文明发展的进程。

2. 培育政治行动

一个人的政治行动总是受到特定政治思想观念的影响。学校德育通过对学生政治方向的引导、政治判断力的培养、政治活动能力的培育而实现对其政治行动的引导,目的在于使学生适应国家现行的政治生活形式,以便将来顺利地融入和参与国家的政治生活,进而实现现行政治制度的存续与发展。

学校德育通常采用两种做法:一是在学校德育目标中融入国家主流政治生活的目标,并在相关课程内容中予以体现;二是通过各种带有政治倾向的社会活动培养学生的政治觉悟、参政意识,锻炼其参政能力,旨在为其未来的政治生活奠定基础。

3. 更新政治机构

世界各国都十分重视政治人才的选拔和培养,因为政治人才是推动政治机构正常运转的主体性因素,政治人才的质量决定着政治机构的工作效能。

学校是促使青少年政治社会化、培育其政治意识与政治能力的教育机构。学校教育中的德育工作承担着培育青少年政治意识形态和价值观念的职责。当青少年学生中的一部分被遴选到国家政治机构从事政治活动时,就成为代表国家政治方向的政治人才。在此意义上,学校德育承担着一个国家政治机构充实与更新的任务。

4. 再生产政治关系

政治关系是指从事一定的政治活动的人们之间的内在关系,它以权利与义务为突出表征。学校德育不仅担负着传递既定政治意识、政治规范的职责,还担负着特定政治关系再生产的职责。这就是学校德育的政治关系再生产功能。

学校德育的政治关系再生产功能通常包括两个步骤:一是通过各种方式使学生学会认同某种政治角色,进而获得某种政治身份,从而使既定的政治关系得以再生产出来。二是通过向学生传递主流政治文化,以消除其政治偏见,实现政治融合,从而再生产与主流政治相契合的政治关系。

(二) 德育的经济功能

德育的经济功能是指学校德育能够对社会经济生活的各个方面产生的影响和作用。具体而言,德育可以培养人们的经济文化、经济思想、经济道德等经济意识形态。同时,德育还可以通过对人的经济素养的培养,进而间接地影响着社会经济的发展。一个国家的经济发展不仅取决于生产要素的投入,还取决于劳动者人力资本的投入。劳动者的经济观念和经济素质是其人力资本的重要构成部分。

学校德育的经济功能,主要表现为两个方面:

1. 生产领域的功能

劳动者是经济活动中最活跃的因素。劳动者劳动生产率的提高和社会经济的发展,既取决于人的智力、体力因素,又取决于人的道德因素。劳动者的道德素质对其生产劳动的积极性、劳动能力的应用方向及发挥程度、遵守经济活动的职业规范与职业道德等方面都有着显著的影响。

学校德育可以通过纪律观念、敬业精神、社会责任感、诚实守信、效率观念、时间观念、开放意识、集体观念、团队精神、合作意识等基本素质的培养,影响青少年学生未来的经济行为、经济生活和职业劳动。

2. 消费领域的功能

道德影响着人们的生活态度、生活方式。不同道德发展水平的个体,其生活态度、生活方式、物质观念、消费观念差别甚大。学校德育通过对学生精神情操、价值观念、道德人格的培养而间接地影响其生活方式、消费观念。

具体而言,学校德育可以通过组织各种活动引导学生树立合理的消费观、正确的物质观、健康的交往观,形成崇尚勤俭节约、反对铺张浪费、尊重劳动与劳动成果的生活习惯与传统美德,自觉地摒弃物质主义、享乐主义、功利主义、消费主义等不良风气的影响,以文明健康的生活方式和奋发向上的精神状态投入自己的生活世界,从而实现生命的高尚与人生的幸福。

自主学习

结合材料,思考以下问题:
1. 谈谈德育经济功能的重要性。
2. 怎样有效地发挥小学德育的经济功能?

德育的经济功能

随着生产力和经济的发展,道德和道德教育的经济性功能越来越引起广泛的重视。

德育对经济的作用表现于多方面。首先,从作用的层次来看,它可以表现于宏观层次,即通过德育形成(或变革)一定的社会意识形态,其中最主要的是形成一定的经济文化、经济思想、经济道德,以此影响整个社会的经济生活、经济行为的价值取向。在学校德育参与下所形成的各种社会意识形态,总是以其独特的方式对经济的发展或延缓起着导向作用。每一种社会意识形态,总是一方面从思想上调节和控制着人们之间的关系,影响人们观察、认识自然与社会的立场、观点和方法;另一方面,又通过意识形态对政治上层建筑的作用,影响各种经济的决策、经济的运行,从而最后影响整个社会的发展。

历史的实践已充分证明,德育在经济活动中的导向作用是不可忽视的。1971年6月在维也纳发展研究所举行的"发展中的选择"讨论会,智利知识界领袖萨拉扎·班迪博士在回顾发展中国家追求现代化的道路时说:"落后和不发达不仅仅是一堆能勾勒出社会经济图画的统计数字,也是一种心理状态。当国民心理和精神还被牢固地锁在传统意识之中时,就会构成对经济和社会发展的严重障碍。许多教训说明,一个国家可以从国外引进先进的科学技术、工业管理方式,乃至政府机构形式,但是如果一个国家的人民缺乏一种能赋于这种制度以真实生命力的现代人的心理、思想、态度和行为方式,经济和社会发展的失败和畸形发展的悲剧是不可避免的。"由此说明人的素质的改变是获取经济发展的先决条件,当然,它同时也是经济发展的主要目标之一。通过教育提高人的各方面素质(其中很重要的是由德育所塑造的人的各种精神、思想素质)才有可能把经济引向现代化的方向,这是许多国家的历史所得出的必然结论。①

(三) 德育的文化功能

德育的文化功能,是指学校德育能够对社会文化的发展产生的影响和作用。集中表现为德育的文化传承功能和文化创新功能。

1. 文化传承功能

学校德育的文化传承功能,是指维持原有文化及其结构、保持文化相对稳定性的功能。例如,中华优秀传统文化在我国学校德育中历来发挥着重要作用,因此,我国学校德育也就具有了传承中华优秀传统文化的功能。

对个体而言,实现德育的文化传承功能,首先需要个体对蕴含德育价值的文化的认知、接受与理解。人既是文化的创造者,又是文化的塑造物。学校德育正是以文化传承的方式塑造着学生的道德品格,实现着对社会的价值引导、调节与规范作用。

学校德育要发挥其文化传承功能,要通过合理的选择,将民族的优秀传统道德文化以生动具体、行之有效的方式传递给学生,使其获得基本的文化认同与民族归属。在某种意义上,人们在拒斥道德传统文化、破坏传统文化的道路上走得越远,就越难以认清自我,难以获得精神的独立自由和幸福。

2. 文化创新功能

学校德育总是一端连接特定文化的源泉,一端连接塑造学生的道德人格,中间立足于学生所处的社会时代背景。因此,学校德育通过文化塑造学生道德人格,并不局限于对传统道德文化的传承,同时还实现着对文化的"再造",推动并促进着文化的创新。

学校德育担负着对青少年学生文化启蒙的职责,这种文化启蒙不仅表现在传授基本的道德规范或道德知识,而且还表现在引导学生将社会的道德规范向日常生活领域的渗透,进而培育其道德理性精神、主体意识和创造能力。学校德育正是通过赋予教师和学生以理性意识而实现对传统文化的反思和对新型文化的创新。

在多元文化社会的学校道德教育中,很多教师和学生都容易陷入迷茫困惑、无所适从的境地,其主要原因在于德育的文化创新功能没有得到有效发挥。发挥学校德育的文化创新功能,应以建构先进的文化观念与正确的道德观念为导向,以教师和学生的"深层对话"为主要方式,培养学生的批判性思维能力。

(四) 德育的生态功能

过去很长的一个时期,人类社会的发展往往以破坏自身的生存环境为代价,由此导致了生态环境问题日益严重并威胁人类生存的问题。德育的生态功能正是伴随着这种现象而对学校德育的社会性功能进行拓展而来的新功能。德育的生态功能通过培养学

---

① 鲁洁.试论德育的经济功能[J].教育研究,1992(8):3-7.

生的生态保护意识,形成人与自然和谐相处的观念,以及涵养学生热爱动物、植物和大自然的情怀,进而为保护和改善生态环境奠定基础。

具体而言,德育的生态功能包含以下两个方面:

1. 生态保护功能

学校德育一方面在内容方面加强生态保护的相关知识,引导学生理性认识生态保护的现实意义;另一方面,学校德育还可以联系学生的生活场景,利用生态环境中的问题,引起学生切实的感受,培养学生生态保护的责任感。基于以上的德育行动,可以间接地影响生态保护的实现。

2. 生态改善功能

学校德育向学生深入介绍生态环境与人类社会发展的关系,可以激发学生投入生态环境事业的热情和志向。因此,学校德育可以为生态环境工作的人才培养起到推动作用,间接地发挥改善生态环境的功能。

在我国德育理论和实践中,德育的社会性功能都受到了足够的重视。然而,人们在理解德育的社会性功能时,往往把复杂的功能过程做了简化处理,消除了内部运动的机理。因此,面对德育的社会性功能,我们应该树立全面、联系、运动的功能观,可以从以下五个方面加以认识。

其一,学校德育不仅为政治服务,而且对社会的经济、文化发展和生态环境等均有重要的影响作用。政治功能与经济功能、文化功能等一起构成德育社会性功能的完整体系。单独强调社会性功能的任一因素均有片面性。

其二,要全面理解每一项具体的德育社会性功能。例如,德育的政治功能,它不仅指在阶级社会中为阶级斗争服务,而且也有为国家的政治制度的民主化、完善与改革服务的一面。学校德育所要造就的德育对象(学生)既应具有对现存政治体制的理解、认同的观念,也应具备理性思考与批判的能力,以期望他们未来具有参与政治体制改革的智慧。理解政治功能如此,对其他德育社会性功能的理解也应如此。

其三,要充分注意德育社会性功能实现的间接性。学校德育功能从其作用的形态上看,可分为显性功能和隐性功能;从其作用方式上看,则可分为直接功能和间接功能。教育实践中往往关注德育功能显性和直接的一面,忽视间接和隐性的一面。其实,德育的政治、经济功能等绝不意味着学校德育对社会政治、经济的发展要起完全、直接参与的作用。社会性功能的实现首要的中介环节在于影响、塑造好德育对象的品德人格,主要通过德才兼备的"产品"去影响社会。相反,那种实现直接和显性的社会性功能的活动不宜在学校德育中占据过高的比重,如果勉强为之,则会妨碍正向德育社会性功能的有效实现。

其四,文化功能是学校德育功能中的有效中介。学校德育本身就是一个文化的因子,而且是具有动力或"造血"机制的文化因子。它的核心功能在于传播伦理和政治文化,使德育对象完成政治、伦理方面的社会化,同时使之具有政治伦理文化的创生能力。学校德育的政治、经济、生态诸功能均赖其文化功能的实现而实现。认清学校德育之文化功能对于全部社会性功能实现的中介性,有利于德育理论和实践克服急功近利的功利主义倾向。①

其五,德育的社会性功能会随着社会形态的演变而发生变化。例如,德育的政治功能、经济功能、文化功能均受社会政治、经济、文化形态的制约。此外,社会发展导致的生态环境问题逐渐浮出水面,德育的社会性功能中因此拓展出了德育的生态功能。

三、德育的教育性功能

对个体德性发展而言,德育具有个体性功能;对社会道德进步而言,德育具有社会性功能。然而,德育作为教育的一部分,必然还存在其教育性功能。德育的教育性功能有两大含义:一是指德育的价值教育属性,即德育的价值教育功能;二是指德育作为教育子系统对平行系统的作用,即德育促进其他各育的功能。

(一)德育的价值教育功能

所谓德育的价值教育功能,就是德育对德育对象价值观念的塑造。因为对个体而言,掌握知识、技能固然重要,但是与做人的人生方向和价值观念相比,知识、技能只具有帮助个体工作和生活的工具性质。因此,忽视具有价值教育属性的德育,正是现代教育的弊病之一,也就是赫尔巴特所指斥的"无教育的教学"。所以,德育的教育性功能的实现,实质上是整个教育活动精神本质的实现。

此外,德育实践中采用直接德育还是间接德育,或者说专设德育课程体系还是将德育内容寓于所有课程之中,一直是教育史及世界各国探索和不断反复的问题。事实表明,包括我国在内的许多国家最终仍然选择了直接德育(即专设德育课),其原因就在于专门的德育课程能够在一定意义上保证德育所应具有的教育性。

(二)德育的促进其他各育功能

从教人做人的教育概念出发,本没有完全脱离教育价值的教学,更不会有没有德育任务的智育、体育、美育和劳动教育。德、智、体、美、劳五育的划分实际上是理论分析的需要和产物。在教育实践上也许有工作重点和分工的必要,但教育活动价值的全息性质意味着德、智、体、美、劳诸育本应是相互融通的一体。从这种一体的性质再看工作分工之下的德育子系统和智、体、美、劳育子系统的关系,就会明显地看出德育的第二种教育性功能,即德育具有对智育、体育、美育和劳动教育的促进作用。

德育对智育、体育、美育和劳动教育的促进功能,就其共性来看主要有三点:

1. 动机作用

在动机方面,智育、体育、美育和劳动教育都需要道德情感等启动和放大学习动机。同时,学习动机也需要借助德育改进其方向性、强度和持久性等质量特征。任何一种学习都需要高质量的动机,而动机的高质量与个人的社会责任感、品德素养直接关联。因此,德育具有激发和维持德育对象学习动机的作用。

2. 方向作用

所谓方向作用,是指德育可以为个体提供价值的方向。德育对象在接受智育、体

---

① 檀传宝.德育功能简论[J].中国教育学刊,1999(10):8-12.

育、美育和劳动教育时必然需要遵循一定的价值取向,这种价值取向一般应与德育提供的价值保持一致。

3. 习惯和方法上的支持

所谓习惯和方法上的支持,是指良好的道德教育不仅可以对智育、体育、美育和劳动教育起到动机和方向作用,而且可以提供良好行为习惯和学习方式、方法上的直接支持。

综上所述,所谓德育的教育性功能,是指德育在完成教人做人的总目标和支持智、体、美、劳诸育具体任务的完成这两个方面的实际作用。

德育的教育性功能与其社会性功能、个体性功能有密切的联系,但是三者却不是处于同一个维度。比如,我们讲德育为个体的学习提供方向与德育的政治功能等有一致处,但前者重在学习动机与目标,后者重在德育实施之后的德育对象的实际政治作用。再如,讲德育个体发展功能时,我们自然会想到德对智、体、美、劳诸方面发展的促进,但德育的教育性功能重在说明德育对智育、体育、美育和劳动教育的促进,重在育的效果而不在育的内容。因此,要完整地描述德育的功能,坚持个体、社会和教育性三大维度是实事求是的。

德育的教育性功能要予以具体落实,必须注意两个方面的问题:

首先是德育系统本身要确立发挥教育功能的自觉意识。德育工作者须以健全人格的塑造为己任,做扎实的工作,为教育对象奠定做人的根本,使之具有安身立命的前提。同时,还应将道德动机和学习动机的激发,道德践行和实际能力的培养等环节联系起来,使"道"与"技"相互支持,相得弥彰。

其次是打破教育与教学、"人师"与"经师"的阻隔,使德育与其他各育的关系复归其统一的原本。由于没有无教育的教学,所以也就没有无德育的教育,没有不是德育教师的纯粹的教学人员。所有课程的教学活动都必须注意进行显性或隐性的道德教育,使德育的教育性功能渗透在每一个教学活动的环节之中。而要实现这一目标,又有两个重要的问题必须解决:一是如何提高教师的人师性质。要为人师,必须有可以做人格师表起码的道德和精神品位。二是对教育对象的塑造,要求其实现"经学"和"人学"的统一,学习目标和修养目标的统一。[①]

第三节　德育功能的有效实现

德育的社会性功能、个体性功能、教育性功能是何关系?实践中应该如何有效实现德育的各种功能呢?这是摆在所有德育工作者面前的一个现实问题。

---

① 檀传宝. 德育功能简论[J]. 中国教育学刊,1999(10):8-12.

一、德育各个功能的关系

德育对个体、社会,以及对教育本身都有着广泛的影响,在多个方面发挥着德育应有的功能。但是,人们只有对德育的各种功能合理定位,才能有效发挥德育功能。如果对德育各种功能之间关系的把握不准确,就会导致对德育功能定位的不合理,将会限制德育功能的实现。因此,对各种德育功能应分清层次,区别本体性功能、衍生性功能。同时,还应该认清德育功能实现需要一定的中介,一些功能是通过另一些功能才能实现的。只有秉持这样的德育功能观,才能在实践中更好地发挥德育的作用,防止发生德育性质的"非德育化"和德育功能的"无限性"神话现象。

首先,德育的社会性功能与个体性功能之间是同一关系。由于个体与社会之间是同构性关系,众多个体的发展汇聚起来就构成了社会的发展。因此,从这个角度看,德育的个体性功能就是德育的社会性功能,二者具有同一关系。个体性功能是德育的本体功能,而社会性功能是德育的衍生功能,是以个体性功能的实现为前提的。

其次,德育的文化功能是其政治功能、经济功能、生态功能实现的中介。由于德育、人的发展与文化之间的紧密关系,可以说文化功能是德育最直接实现的社会性功能。学校德育通过文化的传承与创新,发挥对学生发展的促进作用。在德育的文化功能实现过程中,文化因素中与政治、经济、生态等社会领域相关的内容成为学生发展不可缺少的"营养"成分。因此,德育的政治、经济、生态功能随之实现。德育的文化功能起到了政治功能、经济功能、生态功能实现的中介角色。

再次,德育的品德发展功能是其个体性功能的基础。归根结底,德育的功能就是育德,就是发展学生的品德。离开了品德发展谈德育功能,无法摆脱德育功能的虚妄性。因此,在德育的个体性功能中,品德发展功能是最基础的功能。在实际的学校德育工作中,受到各种来自学校外部因素的干扰,德育工作者很容易把与学生品德发展并不直接相关的其他德育任务摆在更显著、更紧迫的地位,导致学生品德发展被忽视、被延后,由此瓦解了品德发展功能的基础地位。这种现象应该特别引起重视,并加以克服。

最后,德育的教育性功能是其社会性功能与个体性功能实现的保障。在学校教育工作中,德育的地位很容易被挤压,德育工作的计划、开展、督促、检查、评价等环节执行得也并不严格。因此,德育的教育性功能实现往往陷入学校教育本身自设的泥潭,造成难以奏效的结果。这就是在通常情况下,人们把德育的社会性功能与个体性功能视为德育的主要功能,而德育的教育性功能容易被忽视的主要原因。事实上,德育的教育性功能是在学校教育系统内部实现的功能,能对德育的社会性功能与个体性功能的实现起到保障作用。

二、德育功能的有效实现

德育活动对社会、个体发展的影响机制,以及德育活动对教育系统的影响机制,均具有一定的特殊性。相比于学校的教学活动、管理活动,德育活动所发挥的各种功能,往往都具有一定的隐蔽性特征,发挥着潜移默化的作用。甚至,即使各种德育功能的发挥走向了歧途,也不容易被及时察觉,因此其危害也更大,以致无法补救。那么,为了有效地实现德育功能,我们应该树立什么样的德育功能观呢？

(一) 全面、联系地认识德育功能

德育功能的有效实现,首先要求抛弃单一的德育功能观,树立全面的德育功能观。这意味着要将德育的政治、经济、文化、生态等社会性功能统筹考虑,将德育的品德发展、智慧发展和个体享用等个体性功能协调起来,将德育的教育性功能与社会性、个体性功能结合起来,不能一味追求其中某一个功能的实现。其次,还应该联系地看待各个功能的实现,在统一的德育活动中实现不同具体的德育功能。

(二) 认识德育功能实现的限度

德育不是万能的,德育功能的发挥受到政治制度、经济形态、文化氛围等的影响,也受到德育主体状况的制约。德育功能的实现需要一定的条件,否则无法奢望德育发挥预期的作用。实际工作中,一些德育失效甚至失败的现象,正是德育功能发挥受到限制的结果。因此,我们应该认识到,德育功能的实现是有一定限度的。

(三) 认识德育功能实现的间接性

德育具有社会性功能,绝不意味着德育能够直接作用于社会政治、经济、文化、生态领域。德育社会性功能的发挥需要一定的中介,这个中介可能是德育对象,也可能是文化环境。前者的中介作用表现为德育通过参与社会活动的个体道德品质的发展与完善影响社会发展,后者的中介作用表现为德育通过传承文化,形成健康积极的社会文化作用于社会发展。

(四) 重视德育功能实现的生活条件

德育与学生的生活具有紧密联系,离开生活谈德育就忽略了学生道德发展的生活条件。德育功能的实现必须在学生的家庭生活、学校生活、社会生活中,通过学生个体与生活环境的交互作用,实现个体道德发展和社会道德文明进步。学校德育应积极主动对接学生生活世界,发挥生活环境的育德作用。

(五) 防止德育功能实现负面结果

德育功能的实现结果不一定都是正面的,都对社会、个体、教育发展起促进作用,其结果也可能是负面的,产生阻碍社会、个体、教育发展的结果。因此,学校德育在努力促进个体道德发展和社会道德文明进步的同时,应特别关注可能产生的德育负面功能。例如,过度强调德育道德规范的灌输,导致学生道德人格的僵化,唯命是从,缺乏创新性。

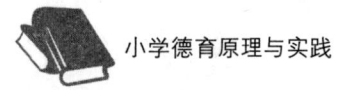
本章练习

1. 德育功能的含义是什么?
2. 怎样理解特殊形态的德育功能?
3. 德育的品德发展功能、智慧发展功能和个体享用功能的内涵是什么?
4. 德育的社会性功能有哪些?
5. 怎样理解德育的教育性功能?
6. 不同类型德育功能是怎样的关系?

第三章 德育目的

配套数字资源

名言警句

蜜蜂建筑蜂房的本领使人间的许多建筑师感到惭愧。但是,最蹩脚的建筑师一开始就比最灵巧的蜜蜂高明的地方,是他在用蜂蜡建筑蜂房以前,已经在自己的头脑中把它建成了。劳动过程结束时得到的结果,在这个过程开始时就已经在劳动者的表象中存在着,即已经观念地存在着。

——马克思

道德普遍地被认为是人类的最高目的,因此也是教育的最高目的。

——赫尔巴特

社会和自然的区别就在于,社会是有一定道德目标的。

——赫胥黎

知识导图

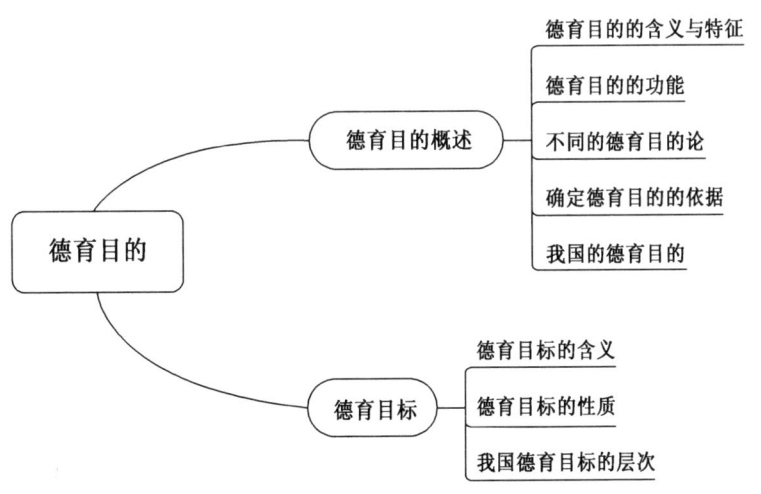

41

本章要点

1. 德育目的的含义与特征。
2. 德育目的的功能。
3. 不同的德育目的论。
4. 确定德育目的的依据。
5. 我国的德育目的。
6. 德育目标的含义与性质。
7. 我国德育目标的层次。

本章导读

本章主要包括德育目的和德育目标两节内容。德育目的是国家或社会宏观地对德育培养个体人的品德发展方面的总要求,德育目标则是一定的教育组织机构或具体的德育实践活动所要达到的工作要求。德育目的和德育目标之间既有区别又有联系。在德育目的部分,本章从德育目的的含义、特征、功能等介绍了德育目的这一概念,又比较了四种主要的德育目的论。紧接着,本章还对一个国家或社会确立德育目的的依据进行了讨论,最后介绍了新中国成立以来我国德育目的的发展与演变。在德育目标部分,本章主要介绍了德育目标的含义和性质,分析了德育目标和德育目的的区别,并介绍了我国德育目标在学校层次、课程层次和活动层次上的三种形态。

第一节 德育目的概述

德育肩负着塑造青少年思想品德、完善青少年心灵品质、促进青少年生命完满的重要使命。从这一角度看,德育体现着鲜明的目的性。德育是学校教育的重要组成部分。从教育目的构成要素的视角看,德育目的是教育目的的组成部分之一,并与智育、体育、美育的目的相互交融,有机地联系在一起。德育是社会文明进步的助推器。从德育的功能属性看,德育目的在相当程度上体现着国家社会的期望和要求,反映着受教育者和教育者的需要和追求,预示着德育的方向及其结果。鉴于德育的目的性特征,以及德育在个体发展、学校教育和社会进步中的重要地位,明确德育目的成为开展德育工作的首要问题。

一、德育目的的含义与特征

所谓德育目的,是指一定社会对教育所要造就的社会个体,在品德方面的质量和规格的总体设想或规定。德育目的是在开展德育工作之前,人们对于要把受教育者培养

第三章　德育目的

成具有何种品德的人,已经在观念中形成的某种预期的结果或理想的形象。①

德育目的是从德育预期结果,也就是受教育者将要形成的品德的角度,来说明德育的作用和认识德育活动的价值的。所以,德育目的就是德育活动结果的具体要求,是对德育工作培养对象的质量规定。在德育过程中,教育者提出的品德要求在学生身上实现了,德育目的就达到了。可见,德育目的的实现,要以学生在德育过程中所形成的品德质量,作为评价的尺度。正因为德育目的是德育过程的最终结果,所以它制约与影响着德育的全过程,决定着德育的内容、方法、途径等的选择与确定。

德育目的是由国家、政府或政治家、思想家、教育家提出来,并上升为国家或民族意志,属于人们意识范畴的精神产物,带有明显的主观性。但是,德育目的的提出并非凭空臆造,而是从客观实际出发,从社会对青少年一代的思想品德要求和受教育者自身全面发展的需要提出来的,反映客观现实并受到客观现实的制约。正如恩格斯所言:"在社会历史领域进行活动的,全是具有意识的、经过思考或凭激情行动的、追求某种目的的人;任何事情的发生都不是没有自觉的意图,没有预期的目的。"但是,这些意图或目的绝非任意而为,它们"归根到底是由生产力和交换关系的发展决定的"。② 德育目的作为一种特殊的人类社会活动目的,当然也不能例外。

德育目的是德育活动预先设定的结果,具有预见性和概括性。在我国,德育目的反映了党和国家对青少年思想道德品质的要求和社会对未来新人品质的憧憬、预测和追求。此外,德育目的是对德育工作所要达到境地的总体构想,不可能具体详细,而只能提出一个概括性的方向或要求,需要在实践中进行具体化、操作化以逐步实现。

德育目的除具备上述的主观性、预见性和概括性等基本特征外,在德育实践中还表现出如下特征:

其一,唯一性。我国在大、中、小学等不同学段的德育工作方向相同,德育目的是一致的,具有明显的统一性。所以,德育目的是学校德育的根本指针,是德育的总原则。

其二,现实性。德育是培养人的活动,它源于现实需求并理所当然要为现实服务。德育目的立足于社会生活现实和青少年品德发展现状,是整个德育工作的出发点和归宿。

其三,超越性。德育目的总是着眼于未来,反映社会发展对未来新人的期望和要求,体现德育工作对更高价值的追求。因此,德育目的引导着德育实践超越社会现实。③

德育目的作为教育目的的重要组成部分,还具有鲜明的社会性特征。这主要表现为:

一是德育目的具有历史性。德育目的是人类历史发展的产物,并随着社会历史的发展变化而发展变化。在不同的历史时期,德育目的总是带着时代的烙印,与历史波动

---

① 刘兴家.德育目的简论[J].东北师大学报(哲学社会科学版),1995(2):88-92.
② 恩格斯.路德维希·费尔巴哈和德国古典哲学的终结[M]//马克思恩格斯选集(第4卷).北京:人民出版社,1972:243-247.
③ 程建平.德育目的与德育目标略论[J].学校党建与思想教育,2001(10):27-19.

43

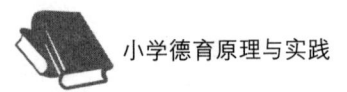

共振。

二是德育目的具有国家性与民族性。任何一个国家或民族,由于长期生活在同一的社会环境中,必然形成大致相同的文化、习俗、传统,这些都影响着德育目的的制定。德育目的也必然要为一定的国家或民族服务。

三是德育目的具有阶级性。任何一个占统治地位的阶级,都首先从本阶级的利益出发,提出一定社会的德育目的。德育目的总是反映统治阶级的价值诉求。

四是德育目的具有世界性。今天,世界各国各地区的人文交流日趋频繁,思想文化的传播更加快捷。借鉴学习已经成为国际之间政治、经济、文化发展的重要途径,一国德育目的的制定同样会广泛吸收外来经验,反映世界发展的共同主题。

二、德育目的的功能

虽然德育目的是人们对德育活动结果的主观期待,但是这种主观期待会对德育实践产生重要的影响。因此,德育目的一旦确立,就具有自身的功能和作用。德育目的的功能或作用主要包括两个方面,一是德育目的对教育过程的作用,二是德育目的对德育对象的品德形成的作用,可以分别称为德育目的的整体功能和个体功能。

(一) 德育目的之整体功能

从教育的整体视角看,德育目的对教育过程的作用主要表现为以下三个方面。

1. 导向功能

德育目的规定了道德教育活动所应培养的人的道德品质,实际上就是规定了道德教育工作的方向,对具体德育工作具有引导和激励的功能。首先,学校德育工作是一个复杂的系统工程,涉及德育主体、德育对象、德育内容、德育方法、德育活动、德育环境等多个因素。其中,德育目的在诸多因素中起引导作用,德育工作的一切环节都要在德育目的的指引下开展。其次,德育工作以德育目的为追求,以实现德育目的为动力。因此,德育目的还能够激励学校德育工作的开展。

2. 调控功能

德育目的对学校教育、学校德育都具有调控功能。从宏观上说,德育目的对学校教育工作的规划、教育体系结构的确立与调整等具有指导、协调的作用;从微观上说,德育目的对具体道德教育内容的安排,对德育活动形式及德育手段、方法和技术的选择等都具有支配和调节的作用。

从德育主体的工作逻辑看,德育工作者(教师等)只有在理解和掌握德育目的的条件下,才能在设计德育活动的大小方案时,以及在实施德育活动方案时,自觉地按照德育目的的要求行事,以克服具体德育活动的盲目性。当德育活动偏离德育目的所规定的方向时,德育工作者就会自觉地根据德育目的进行反思和予以纠正。

3. 评价功能

德育工作以德育目的为出发点和归宿。因此,检验德育工作成效的最根本标准,就是德育目的以及德育目标。此外,评价道德活动中学生品德成长的状况如何,虽然必须有非常细致的具体评价标准,但是所有细化的评价标准的最高价值预设都来源于德育目的。德育目的是整合所有具体的道德教育评价标准的精神内核,也是德育评价的最高准则。当具体评价标准有违德育目的时,就需要对具体评价标准进行修正。

(二) 德育目的之个体功能

由于德育目的是道德教育所要生成的学生思想道德品质的质量规格,所以它不仅对教师实施道德教育发挥作用,而且对学生的道德学习也具有一定的影响,即德育目的的个体功能,主要表现为以下两个方面。

一是引导性功能。德育目的对德育对象(学生)来说实际上就是一种人生的发展目标,也是学生的道德学习目标。德育目的所描绘的品德要求,为学生设定了应当努力达成的理想人格。所以,德育目的必然会对学生的道德学习与成长起引导、提升的作用。

引导性功能主要表现为两个方面,一是德育目的具有意向性的作用,即诱发青少年学生的道德动机,使他们产生学习获得一定道德品质的愿望;二是德育目的具有意志性作用,即德育目的能够引导青少年学生实施道德行为时形成明确的目标,因而具有克服困难的勇气与毅力。德育目的的引导性功能,作为正面的道德教育功能是十分重要的,是道德教育理应追求的主要功能。

二是规范性功能。所谓规范性功能,是指德育目的可以对德育对象(学生)的道德行为起规范的作用。在学生的道德学习过程中,其道德行为偏离要求是正常的,也是常见的现象。由此,德育目的的规范性功能主要表现为"预防"和"禁止"两个方面。首先是预防,即德育目的有对个体品德的正面规定,同时具有提示学生应该拒绝走向道德错误的行为方向,有防患于未然的功用。其次是禁止,即德育目的实际上含有禁止学生从事恶行的作用。

在讨论德育目的个体功能时,我们应该注意到,德育目的的引导性功能、规范性功能通常是隐含性、观念性的,直接发挥的作用非常有限。大多数德育目的的实现,需要依靠具体的德育过程去完成。我们不应该夸大德育目的的功能。①

拓展阅读

孟子"明人伦"的道德教育目的

孟子的教育思想的核心是"明人伦",这种核心思想的基础就是"人性善",他认为人的本性是善良的,与生俱来的。人性恶是后天环境影响造成的。为了说明这个道理,孟子曾这样比喻:"所以谓人皆有不忍人之心者,今人乍见孺子将入于井,皆有怵惕恻隐之心。非所以内交于孺子之父母也,非所以要誉于乡党朋友也,非恶其声而然也。由是观之,无恻隐之心,非人也;无羞恶之心,非人也;无辞让之心,非人也;无是非之心,非人也。恻隐之心,仁之端也;羞恶之心,义之端也;辞让之心,礼之端也;是非之心,智之端

---

① 檀传宝.德育原理[M].北京:北京师范大学出版社,2007:125-127.

也。人之有是四端也,犹其有四体也。有是四端而自谓不能者,自贼者也;谓其君不能者,贼其君者也。"

孟子认为人的善良是一种本能,就像看见一个小孩即将落入井中,就会本能地营救。这种营救不是因为和孩子的父母关系好,也不是为了争得好名声,就是与生俱来的本能。如果没有恻隐之心、辞让之心、是非之心和羞恶之心,那就不是人了。而这四种"心"就是仁义礼智的体现,也是作为人的道德基础存在的,称为"四端"。

在"四端"的基础上,孟子提出了"明人伦"的道德教育观。这个"明人伦"的观点是建立在孔子提出的"君君、臣臣、父父、子子"的基础上,他将这种关系进行了进一步的阐述,认为人的社会关系主要由"父子关系、君臣关系、夫妇关系、长幼关系和朋友关系"组成。这五种关系中,父子、夫妇、长幼属于家庭关系,君臣和朋友属于社会关系,这五种关系组成了社会所有的伦理关系。维持这五种关系就要做到"父子有亲、君臣有礼、夫妇有别、长幼有序,朋友有信"。

维持这五种社会伦理关系后来就成为统治者制定的道德准则"仁义礼智"和"孝悌忠信"。孟子提出的这种"明人伦"的道德教育,目的就在于社会和谐应该以家庭和谐为基础。在家庭中,儿女孝顺父母,夫妇相敬相爱,兄弟之间和睦相处。有了这样的道德基础,在社会上就会做到朋友之间讲究诚信,推而广之,人与人之间都能做到"仁义""诚信",一些欺骗、见利忘义的事件就不会发生。

至于君臣这样的统治与被统治的关系,孟子认为首先要从统治者做起,统治者自己要做到"仁爱",才能得到被统治者的拥护。也就是"得道者多助,失道者寡助"。君臣之间的关系也要像父子关系那样制定一条道德准则,就像儿子只能孝敬父母,不可以犯上;臣民也应该这样忠于君主,不可"犯上作乱",这样整个社会就和谐了。①

三、不同的德育目的论

人们应该确立什么样的德育目的? 这是德育目的理论要回答的根本性问题。英国近代教育家斯宾塞(H. Spencer)的回答是,德育的根本目的在于个人最大幸福的获得。同时,斯宾塞还提出了实现这个德育目的的四大要件:公正、消极的善行、积极的善行和合理的自爱。公正在这里指的是互相尊重、互不侵犯、同等自由的社会交往与活动原则。消极的善行是在履行公正精神的基础上,既充分张扬个性、彰显个人本质力量,同时也"不以任何直接或间接的方式使别人感到不幸福"的德行状况。积极的善行较之于消极的善行,更关注他人的幸福状况,是把个人最大幸福建立在别人最大幸福的基础之上,将个人最大幸福同他人最大幸福作为互动条件、互相促进的辩证统一关系来看待。自我行动或称合理的自爱,就是要在外在社会性状态和条件不变的情况下在自我性格上狠下功夫,通过改善自我内在的性格状况,从而达到一种本能的自发的无意识的自然状态以与客观事物相适合。②

---

① 王晓辉. 探究社会学视角下的《孟子》教育思想[J]. 芒种,2015(16).
② 刘玉标,马静. 赫伯特·斯宾塞德育目的论[J]. 思想政治教育研究,2011(10):111-114.

由于德育目的是德育理论的根本,具有重要意义,所以很多的德育思想家或教育家都对此进行了广泛的思考分析。同时,一定国家或社会的德育目的设定都会具有浓厚的价值色彩,反映不同的价值取向,而人们持有不同的价值取向就会形成不同的德育目的观。随着我国学者对德育目的的研究不断深化,逐渐形成了几种典型的德育目的论。

(一) 道德规范目的论

道德规范目的论是一种社会本位的德育目的论。这种观点认为,道德教育是要把外在于个体的社会道德规范,内化于个体品德结构之中,最终形成稳定的道德人格,并影响个体的道德行为,使之符合社会道德规范的要求。例如,徐特立的德育思想即持这一论点。他认为,道德教育是要把一定社会的思想观点、政治准则和道德规范,转化为受教育者个体思想道德的社会实践活动。因此,我国社会主义学校德育的目的是,用马列主义毛泽东思想哺育年轻后代奠定辩证唯物主义世界观、人生观的基础,陶冶共产主义道德情操、树立坚定的无产阶级政治方向,养成优良的个性心理品质,并在社会实践中改造自己,把自己锻炼成为经得起任何考验的共产主义者,直到消灭一切阶级,实现人类的完全解放。[1] 可见,徐特立揭示的德育目的体现了道德规范的德育目的论。

在近代西方,很多思想家都把社会的道德需要置于个人需要之上。涂尔干就说:道德的目的即社会的目的,合乎道德地行动就是为着集体的利益去行动,道德出发点正是社会的出发点,没有社会,道德就没有目的。涂尔干认为,道德既不是为自己也不是为他人的行为,道德生活的目的只能是社会利益。从这一观点出发,涂尔干认为学校是"国家的教会",而教师相当于"社会的牧师"。道德教育的唯一目的就是使个体实现社会化。凯兴斯泰纳认为,文明与法治国家从道德集体的含义来说,是最高的外在财富。为了我们个人的道德最切身的利益,即最高的内在财富,我们必须为之奋斗。国家公立学校的目的——也就是一切教育的目的——是教育有用的国家公民。

(二) 德性发展目的论

德性发展目的论是一种个人本位的德育目的论。这种观点认为,德育的根本目的在于发展人的德性,完善人的内心道德律,进而过有道德的生活。德性发展目的论着重强调个人内在德性发展的重要性,但并非否定外在道德规范的作用。因此,它与道德规范目的论并不冲突。两者是从不同角度实现相同的目的。例如,《大学》中说"自天子以至庶人,一是以修身为本"。蔡元培说:对人之道德,自其德之方面言之,曰"仁"。其道德教育的目的在于培育"仁人"。但是,无论是修身,还是培育仁人,最终目的在于正确处理人际关系,同时始终强调"治国平天下"的社会理想。

道德规范目的论与德性发展目的论分别从外烁和内发的角度,解释了德育目的确立的立足点,其本质都是为了促进个体道德的发展。因此,任何将道德规范目的论与德性发展目的论对立起来的主张都是错误的,也是不利于德育实践的。相反,我们应该将

---

[1] 龙泉.徐特立德育目的论——读《徐特立文存》五卷本的启示[J].湖南师范大学社会科学学报,1997(2):118-122.

个人的道德需要与社会的道德需要结合起来,实现两种需要的兼顾和统一,辩证地认识表面分歧、内在一致的德育目的论。

(三) 生活化德育目的论

道德教育的生活目的论认为道德教育应该培养现实生活中的、实践道德生活的人。与之相反,非生活化的道德教育目的就是在现实的生活过程之外设定一个目标或构想一个世界,以此作为道德教育应该追求的目的,亦即对一个在道德上受过教育的人的实质性要求,像宗教性的、知识化的、泛政治化的道德教育就属于这一类。

把培养实践道德生活的人作为德育目的,是基于道德与生活之间的内在联系。一方面,道德因生活而产生和存在,并且道德随着生活的变化而变化。所以,现实的生活本身就是道德和道德教育的目的,它没有也不应当有别的处于生活之外的目的。另一方面,生活就是道德的存在形式或者说道德就存在于生活之中。人们尽管可以在认识论上把道德当作一个单独的东西予以分析解剖,但在道德的实际存在意义上却无法把道德从生活中拿出来。那么,道德教育在一个人身上所要培养起来的德性理所当然地就应该指向实际的道德生活,否则德性就只能是虚空的或者是残缺不全的。

按照生活化德育目的论的主张,一个在道德上受过教育的人只能是一个能够实践,而且去努力追求,也正在实践着道德生活的人。①

(四) 道德教育实践目的论

道德在本质上是实践的。道德教育作为一种教人为善的手段,应把促进年轻一代在现实中实践自己的道德生活作为目的。因此,学校道德教育的根本目的在于使学生形成、实践并能在实践中不断改善自己的道德生活,在于使学生形成一种善善、恶恶的行为方式、生活方式。②

道德教育实践目的论的提出,建立于丰厚的伦理学基础之上,深刻阐释了道德生活、道德教育的实践性本质特征。由此,道德教育实践目的论反对权威主义德育目的论和认知主义德育目的论。权威主义德育目的论主张,道德教育以对权威和外在法则的依从为目的,从而抹杀了人的道德实践主体性。认知主义德育目的论认为,道德的发展是通过知识获得实现的,且认知是道德发展的唯一途径。这就限制了人在行动中通过实践道德获得道德发展的可能。

自主学习

结合材料阅读,思考以下问题:

1. 学校德育的终极性目的是什么?
2. 学校德育应怎样促进儿童的道德成长?

---

① 唐汉卫.道德教育的生活目的论[J].思想理论教育,2005(10):40-43.
② 戚万学.道德教育的实践目的论[J].山东师大学报(人文社会科学版),2001(1):12-17.

成长是德育的目的

关心成长抑或关心道德,这似乎是一个不对称的选择,但对于学校德育来说具有十分重要的意义。德育的目的是使人从善,但对于儿童来说,从善的本质是道德的成长,因此,成长大于道德应当成为德育的一条原则。然而,道德使人从善这一概念或许正在扭曲德育的本质,使德育成为打断儿童成长的力量。

在人类发展过程中,教育原本是以成长为中心的。德、智、体、美是儿童发展的完整结构。但随着人类教育发展越来越理性化,有两个因素被放大,一个是知识,另一个是道德。在孔子时代,季平子赠地助孔子办学,就因孔子的礼乐书数射御六艺教育包含了射和御。可见,德智体美都是平等的,没有高下之分。但在当今社会,知识和道德这两个元素被放大了,成为统治教育、挤压成长、扭曲发展的力量。

成长包含了道德的成长,因而成长需要道德,亦需要教育和学习。但成长又是儿童主体的成长。道德原本是促进成长的因素,但因为道德成为成长的主体,教育成为成长的目的,导致道德不仅没有促进儿童的成长,反而成为扭曲儿童成长的力量。杜威讲教育即生长,主张教育无目的,所要澄清的就是教育与生长的关系,而不是为了宣示教育的本质。这或许是我们需要对杜威教育思想做重新诠释的地方。如果教育真正关心儿童的成长,就应当重新认识道德与成长,以及教育与成长的关系,将道德纳入儿童成长的过程中,将教育变成儿童成长的工具。避免道德对儿童成长的干扰,减少教育对儿童成长的破坏。

除了杜威之外,大概还没有谁意识到,这个问题对教育尤其是道德教育来说,有多么重要的意义。我们习惯于用道德规范成长,用教育塑造成长,但却不习惯用生长规范道德,用成长塑造教育。杜威的教育即生长理论就在提醒我们,不能把教育看成规范生长的力量,而要把教育视为成长的伙伴和朋友。教育应在成长需要的时候出现,而不能成为成长的对抗力量。

卢梭强调自然教育,主张让孩子在完全离开文明的乡村成长,甚至认为在12岁之前都不要接受任何知识和道德的教育。作为教育家,卢梭为何提出如此偏执的观点?或许我们不能认为卢梭荒唐或不懂教育。恰恰相反,是因为卢梭意识到道德对成长的干预或教育对成长的破坏的危险性。卢梭认为,教育的干预不仅不能促进儿童的成长,反而会打断儿童的成长。在他看来,儿童的成长是一个独立的过程,不应受到知识和道德干预。对于卢梭来说,知识和道德只有在儿童已经具有一定理性之后才有意义,而离开儿童成长的过程,把知识和道德强行灌输给儿童,不仅不能让儿童接受和理解,相反会扰乱儿童的道德成长。在卢梭看来,儿童的成长,甚至是一个封闭的过程,要在完全离开文明世界的条件下才可能健康进行。把儿童的成长看成一个独立的或自我建构的过程,这对于学校德育具有十分重要的理论意义。允许儿童用自己的方式理解成人世界的规范,并按照自己的认识方式学习和接受社会的道德知识,是学校德育必须确立的基本立场。[①]

---

① 薛晓阳.道德与成长:成长是德育的目的[J].中小学德育,2014(10):1.

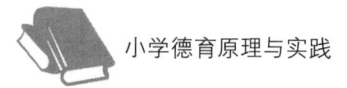

四、确定德育目的的依据

德育目的是由国家、政府或政治家、思想家、教育家提出来,并上升为国家或民族意志,属于人们意识范畴的精神产物,带有明显的主观性。但是,任何国家和社会的德育目的的确立,都不是不受任何约束而凭空产生的,也不是可以任由人们的主观愿望随意指定的。德育目的是依据一定社会的要求和教育对象自身发展的要求而确定的。可见,德育目的反映客观现实并受到客观现实的制约。

首先,确定德育目的需要根据一定社会对其公民在政治、思想、道德等方面的基本要求。任何一个社会,都要求它的公民承认这个社会现存的政治、经济制度,遵守这个社会所规定的法律和道德,为这个社会的巩固、繁荣和发展尽自己的义务,古今中外概莫能外。考察历史可以说明这一点,从中国古代要求"明人伦"培养忠君尊孔的官吏、士、君子,到近代社会培养"中体西用"的人才;从西欧古代培养的"僧侣""骑士",到近代资产阶级培养的所谓"独立自尊的自由人""绅士",无不是为了满足当时社会的要求。现在,在确定德育目的时,也都无一例外地遵循这一点。但是,今天仅仅这样是很不够的。研究表明,随着科学技术的发展,现代生活方式、交往方式的变化,对"道德"这一古老的概念,须做扩展性的理解。也就是说,确定德育目的,只强调阶级的、政治的需要显然是片面的。人的品德,体现在其生活的所有领域、活动和交往的全过程。如在政治活动、经济活动和对待环境、自然生态关系方面,处理各种交往以及私生活方面等等,都需要一定准则、规范的指导和约束,而且还要人们表现出相应的境界和品德。所以,根据社会的要求在具体地确立德育目的时,第一要考虑道德规范,也就是体现在当今社会基本行为方式和交往方式中稳定的、长期形成的行为规范和准则;第二要考虑社会规范,也就是维护一定社会、生活秩序所必需的制度、规范、准则;第三要考虑国家的利益,也就是在各国的政治、经济制度迥然不同,意识形态各异的国际环境中,各国都有本民族的政治、经济、文化特点,都形成了各自特殊的利益关系,这需要通过确定德育目的来维护;第四要考虑科学技术发展提出的伦理道德问题。当代科学技术不论宏观还是微观,都取得了巨大成果,科学技术在生产过程中的应用,极大地提高了生产力,也促进了社会发展的进程。但是,科学技术的巨大进步,如果运用不当,也有可能变成一种前所未有的破坏力,给人类带来极大的灾难。这些已成为人类的共识。科学技术的新发展进一步改变了人与自然的关系,提高了人类对自然的利用和控制能力,同时也破坏了自然界的平衡,遭到了自然的报复。当代科技的发展和运用,也向某些传统的道德观念提出了挑战,出现了一系列新的如试管婴儿、安乐死、人体实验等等需要伦理学给予回答的问题。这种种情况,必须反映到德育中来,在确定德育目的时有所体现。

其次,确定德育目的需要根据教育对象自身发展的需要和心理发展水平。一方面,在年轻一代成长的过程中,他们有自身的需要。这种需要有物质的,也有精神的。精神方面的需要,主要表现为对真、善、美和自我完善的追求。德育是从精神方面满足学生的需要的。需要是个体进取的动力系统,是个性道德发展的力量源泉,是接受教育、参与德育活动的基础。德育过程不仅是培养学生完善品德的过程,而且也必须是激发教育他们为真、善、美和自我完善不断追求的过程。对学生这种进取、追求、激发的要求，应体现在德育目的中。另一方面，德育目的的确立，还需要认真考虑受教育者心理发展的特点和水平，特别是品德心理的发展水平。在德育过程中，受教育者品德的形成，要以他们已有的心理发展水平为前提。德育目的过于超出学生心理发展水平，会使学生感到望而生畏，失去努力的信心和动力；德育目的落后于学生已有的心理发展水平，必然压抑学生品德的发展，使德育工作失去内在的动力而直接影响德育目的的实现。所以在确定德育目的时，也必须从教育对象心理发展的水平出发。可见，德育目的的确定，也要受受教育者心理发展水平，特别是品德心理发展的已有水平所制约。

最后，德育目的的确定，还要受到一定的教育思想，特别是教育的哲学观点所影响。由于提出德育目的的人的世界观、道德观不同，确定德育目的的出发点就有所不同。在考察历代德育目的时我们不难发现，从德育思想上看，德育目的的存在以"人"为中心，或以"社会"为中心的不同出发点，这导致在德育的目的、规格的确定上，最终形成了完全不同的两种倾向①，即个人本位的德育目的和社会本位的德育目的。

个人本位的德育目的论强调个人权力至上，反对社会对个人的束缚，个人价值高于社会价值，德育目的在于改善人性。德育目的应以个人为本位，强调根据人本身的完善和发展需要制定德育目的和建构德育活动。卢梭在《爱弥儿》一书中有这样的描述："我的目的是只要他处在社会生活的旋流中，不至于被种种欲念或人的偏见拖进旋涡里去就行了；只要他能够用他自己的眼睛去看，用他自己的心去想，而且，除了他自己的理智以外，不为其他的权威所控制就行了。"这是个人本位的德育目的论的生动写照。

社会本位的德育目的论则认为，社会价值高于个人价值，德育目的应从社会的发展需要出发，旨在促进社会和谐，满足社会对个人道德品质的需要。其基本观点：① 德育活动要基于社会需要，以社会需要的满足为指向；② 德育目的要关注社会价值的实现，并立足于社会利益的实现。涂尔干认为：没有社会，道德就没有目的。道德的目的即社会的目的，合乎道德地行动就是为着集体的利益去行动，道德的出发点正是社会的出发点。

无论是个人本位的德育目的论，还是社会本位的德育目的论，都是一定国家或社会在不同历史时期可能采取的主张，都是满足于特定条件下的现实需要。然而，理论上的两种德育目的本位论都是过度地强调个人或社会的一个方面而忽视另一个方面，都是极端的理论观点。因此，为了从理论上中和两种截然不同的主张，德育目的融合论由此而生。德育目的融合论认为，个人与社会不可分离，是一体性的同构关系，因此，德育目的要以整合的态度处理二者的关系。德育目的融合论的基本观点是，德育目的的制定既要关注个人的需要、兴趣和个人价值实现，因为个体价值的实现是德育社会价值实现的前提。同时，德育目的还要关注社会的需要、状况，通过德育改造社会，实现进步，因为社会价值的实现是个人价值实现的归宿。例如，杜威的观点认为，德育目的应该对个人主义和社会主义的理想都应该予以应有的重视。

---

① 刘兴家. 德育目的简论[J]. 东北师大学报(哲学社会科学版),1995(2):88-92.

五、我国的德育目的

我国的德育目的通常以重要文件的形式固定下来,并转化为各级教育机构的德育目标,得到传递、理解和实现,最终达到培养有理想、有道德、有文化、有纪律的社会主义建设者和接班人的目的。

新中国成立以来,我国德育目的经历多次的变化调整历程,大致可以分为三个阶段。

(一) 改革开放以前的德育目的

1952年,教育部制定了新中国第一个中小学教育工作规程,颁布了《中学暂行规程(草案)》和《小学暂行规程(草案)》。中学规程将我国中学阶段的德育目的表述为发展学生为祖国效忠,为人民服务的思想,养成爱祖国、爱人民、爱劳动、爱科学、爱护公共财物的国民公德和刚毅勇敢、自觉遵守纪律的优良品质。小学规程将小学的德育目的表述为使儿童具有爱国思想、国民公德和诚实、勇敢、团结、互助、遵守纪律的优良品质。

1963年,中共中央制定并颁布了《全日制中学暂行工作条例(草案)》和《全日制小学暂行工作条例(草案)》,具体规定了中小学教育的任务和德育目的。条例调整规定了中学阶段的德育目的是使学生具有爱国主义和国际主义精神,具有共产主义的道德品质,拥护共产党的领导,拥护社会主义,愿意为社会主义事业服务,为人民服务;逐步培养学生的工人阶级的阶级观点、劳动观点、群众观点、辩证唯物主义观点。条例调整规定了小学阶段的德育目的是对学生进行共产主义思想品德教育,学习和继承革命传统,好好学习,天天向上,准备为建设社会主义祖国而努力;教育学生学习劳动人民的勤劳、勇敢、诚实、俭朴的优良品质,要爱科学、爱护公共财物、爱护集体、遵守纪律、尊敬师长,对同学、兄弟姐妹要相互友爱、对人要有礼貌。

(二) 改革开放至20世纪末的德育目的

1981年,教育部颁布了《全日制六年制重点中学教学计划(试行草案)》和《全日制五年制中学教学计划(试行草案)的修订意见》。其中规定了中学教育要"培养有社会主义觉悟的有文化的劳动者,使学生具有爱国主义精神,培养共产主义道德品质,逐步树立无产阶级世界观和人生观,立志为人民服务,为实现祖国的社会主义现代化服务"。

1985年,中共中央《关于改革学校思想品德和政治理论课程教学的通知》提出,小学德育要进行"五讲四美"教育,即讲文明、讲礼貌、讲卫生、讲秩序、讲道德,以及心灵美、语言美、行为美、环境美,进行"五爱"教育,即爱祖国、爱人民、爱劳动、爱科学、爱社会主义。初中德育要"使学生逐步养成爱国主义和社会主义人道主义的道德品质和高尚的审美情趣,了解和遵守社会主义民主、社会主义法制和民主集中制的原则,树立遵守法律和纪律的观念,对我国社会主义社会的实际情况和发展方向有一个初步的认识,树立自己对社会的责任感。"

1986年,原国家教委颁布了《全日制小学思想品德课教学大纲》,指出了思想品德课是向小学生比较系统地进行共产主义思想品德教育的一门课程,要通过以"五爱"和"五讲四美"为中心的社会公德教育和社会常识教育,从小培育学生具有社会主义国家公民应有的良好思想品德和行为习惯，使他们成长为社会主义建设事业所需要的有理想、有道德、有文化、有纪律的一代新人。

1988年，中共中央在《关于改革和加强中小学德育工作的通知》中，指出："中小学德育工作的根本任务是，把全体学生培养成为爱国的具有社会公德、文明行为习惯的遵纪守法的好公民，在这个基础上，引导他们逐步确立科学的人生观、世界观，并不断提高社会主义思想觉悟，使他们中的优秀分子将来能够成长为坚定的共产主义者。"

在有关德育工作的文件中，德育目的往往会采用"德育总目标"这样的提法。1993年颁布的《小学德育纲要》，规定了小学德育总目标："培养学生初步具有爱国家、爱劳动、爱科学、爱社会主义的思想情感和良好品德；遵守社会公德的意识和文明行为习惯；良好的意志、品格和活泼开朗的性格；自己管理自己、帮助别人、为集体服务和辨别是非的能力，为使他们成为德智体全面发展的社会主义建设者和接班人，打下初步的良好的思想品德基础。"

1995年颁布的《中学德育大纲》规定的中学德育总目标："把全体学生培养成为热爱社会主义祖国的具有社会公德、文明行为习惯的遵纪守法的公民。在这个基础上，引导他们逐步树立科学的人生观、世界观，并不断提高社会主义思想觉悟，使他们中的优秀分子将来能够成为共产主义者。"

1998年，中共中央在《关于改革和加强中小学德育工作的通知》中指出："现在的中小学生是21世纪社会主义建设的主力军。他们的思想道德和科学文化素质状况，不仅是当前社会文明程度的重要体现之一，而且对我国未来的社会风貌、民族精神有着决定性的影响。从现在起就必须努力把他们培养成为有理想、有道德、有文化、有纪律的一代新人。"可见，把学生培养成为有理想、有道德、有文化、有纪律的一代新人，就是我国当时学校的德育目的。

（三）21世纪以来的德育目的

进入21世纪以来，随着时代的变革，我国德育目的也被赋予了新的内涵。

2001年，教育部制定并颁布了《基础教育课程改革纲要（试行）》，指出新课程的培养目标应体现时代要求，要使学生具有爱国主义、集体主义精神，热爱社会主义，继承和发扬中华民族的优秀传统和革命传统；具有社会主义民主法制意识，遵守国家法律和社会公德；逐步形成正确的世界观、人生观、价值观；具有社会责任感，努力为人民服务，成为有理想、有道德、有文化、有纪律的一代新人。

2002年，教育部颁布了《全日制义务教育品德与生活课程标准（实验稿）》和《全日制义务教育品德与社会课程标准（实验稿）》，规定了小学低年段和中高年段德育课程的总目标。2003年，教育部颁布了《全日制义务教育思想品德课程标准（实验稿）》，规定了初中思想品德课程的总目标。2003年，教育部颁布了《普通高中课程方案（实验稿）》，规定了高中阶段的德育目标。2011年，正式颁布了《全日制义务教育品德与生活课程标准》(2011版)、《全日制义务教育品德与社会课程标准》(2011版)、《全日制义务教育思想品德课程标准》(2011版)，这些课程标准再次明确了我国的德育目的或称之为德育总目标。

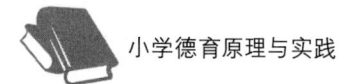

2017年，教育部颁布的《中小学德育工作指南》指出，中小学德育的总目标："培养学生爱党爱国爱人民，增强国家意识和社会责任意识，教育学生理解、认同和拥护国家政治制度，了解中华优秀传统文化和革命文化、社会主义先进文化，增强中国特色社会主义道路自信、理论自信、制度自信、文化自信，引导学生准确理解和把握社会主义核心价值观的深刻内涵和实践要求，养成良好政治素质、道德品质、法治意识和行为习惯，形成积极健康的人格和良好心理品质，促进学生核心素养提升和全面发展，为学生一生成长奠定坚实的思想基础。"

可见，当前我国学校德育目的紧密贴近社会发展形势，以培养学生的国家认同、文化认同、社会主义核心价值观，以及良好行为习惯和健康人格为目的，兼顾了德育满足社会发展和个体发展的德性需要。

小组讨论

结合材料阅读，讨论以下问题：
1. 小学阶段的德育目标和初高中阶段的德育目标有何关系？
2. 新时代小学德育目标关注小学生哪些方面的品德发展？

《中小学德育工作指南》规定的学段德育目标

小学低年级

教育和引导学生热爱中国共产党、热爱祖国、热爱人民，爱亲敬长、爱集体、爱家乡，初步了解生活中的自然、社会常识和有关祖国的知识，保护环境，爱惜资源，养成基本的文明行为习惯，形成自信向上、诚实勇敢、有责任心等良好品质。

小学中高年级

教育和引导学生热爱中国共产党、热爱祖国、热爱人民，了解家乡发展变化和国家历史常识，了解中华优秀传统文化和党的光荣革命传统，理解日常生活的道德规范和文明礼貌，初步形成规则意识和民主法治观念，养成良好生活和行为习惯，具备保护生态环境的意识，形成诚实守信、友爱宽容、自尊自律、乐观向上等良好品质。

初中学段

教育和引导学生热爱中国共产党、热爱祖国、热爱人民，认同中华文化，继承革命传统，弘扬民族精神，理解基本的社会规范和道德规范，树立规则意识、法治观念，培养公民意识，掌握促进身心健康发展的途径和方法，养成热爱劳动、自主自立、意志坚强的生活态度，形成尊重他人、乐于助人、善于合作、勇于创新等良好品质。

高中学段

教育和引导学生热爱中国共产党、热爱祖国、热爱人民，拥护中国特色社会主义道路，弘扬民族精神，增强民族自尊心、自信心和自豪感，增强公民意识、社会责任感和民主法治观念，学习运用马克思主义基本观点和方法观察问题、分析问题和解决问题，学会正确选择人生发展道路的相关知识，具备自主、自立、自强的态度和能力，初步形成正确的世界观、人生观和价值观。

第二节 德育目标

德育目的是一个国家或社会对德育工作所要造就的社会个体成员在品德方面的质量和规格的总要求。德育目的不是一个人或组织机构所独有，而是高度概括出来用以规定和引导一定国家或社会的德育总纲领。因此，德育目的不具有可操作性，在实践中需要转换为德育目标才能发挥指导德育工作的作用。德育目标在整个德育体系中起着"承上启下"的中介作用。它上涉德育目的，实际承担着德育目的的分解、落实的具体化工作；它下及德育实践活动，成为学校德育工作的具体方向和要求。所以，德育目标决定于德育目的并为其服务，又直接影响到德育实践活动的要求、行动和效果。

一、德育目标的含义

德育目标是德育实践活动预先设定所要达到的境地和标准，是德育过程所培养学生思想道德品质的具体规格和要求。[①] 德育目标作为德育目的的具体化，它既要立足社会现实，着眼于学生生活实际，又要面向未来，把握时代发展的趋势，在定位上达到现实性与理想性的统一，在作用上达到实践性与超越性的统一。基于此，德育目标可分为理想的德育目标和现实的德育目标，二者都是德育目标确立的共同遵循。

所谓理想的德育目标，是从社会发展对未来成员的道德期望与品德要求的角度而确立的目标。理想的德育目标不是空想的德育目标，它仍然需要考虑学生的年龄特征及道德接受水平，仍然需要考虑现阶段国民思想觉悟、道德水平和文化素质等现实情况。但是，理想的德育目标虽然也具有前瞻性，往往超越现实生活。这种"超越"以社会进步和人的道德品质发展趋势为存在前提，它是经过人们艰苦的主观努力完全可以实现的目标。因此，理想的德育目标具有永恒的道德人格上的提升作用，能为德育实践指明远期的发展方向。

所谓现实的德育目标，是比较接近社会生活实际，从当前社会和人的发展需要角度确立的目标。现实的德育目标不是对现实生活的妥协，而是立足社会生活现实，对学校德育工作确立的近期的发展目标。现实的德育目标能够使学校德育工作明确当下的任务，满足社会和个体当前德性发展的需要。因此，现实的德育目标应直接植根于社会生活实际，很容易得到有效的落实。

确定德育目标是学校德育工作的首要任务。在德育目标的确立上，使得理想的目标与现实的目标有机结合，才能体现德育超越性和实践性的统一。由此，德育现实性制约着德育的超越性，使德育的这种超越性不能脱离现实的基础和发展的可能，不能变成无本之木；德育的超越性又反过来制约着德育的现实性，使德育现实性不能脱离德育发展理想，从而失去成为引导社会及人们在道德方面前进动力的功能。只有这样，培养出

---

① 程建平.德育目标论[J].中学政治教学参考，2002(3)：14-16.

来的德育对象规格才能既有高度又有深度,既能面对现实又能适应未来,他们在复杂的社会现象面前,才能辨清真假、善恶、美丑。否则,不是导致德育要求过高,目的最终落空,就是把德育实践引向庸俗化境地,德育实效丧失殆尽。

二、德育目标的性质

德育目标与德育目的具有不同的性质,二者不能混为一谈。德育目的是在国家层面或社会层面,对受教育者在思想品德发展方面提出的总体规格与质量。德育目的具有浓厚的国家观念和意识形态色彩,具有统一性。德育目标则是不同层次、类型的学校德育所要完成的具体的德育任务要求,或者是德育专门课程设计的课程教学目标,或者是某一具体德育活动所要追求的具体目标。因此,德育目标具有差异性、多样性、灵活性特征。

除上述德育目的和德育目标的根本性质差异之外,从不同的角度看,二者还存在很多不同的性质表现。德育目的是对全体受教育者思想品德发展要求高度概括的抽象表述;德育目标则是因时制宜、因地制宜对所培养的受教育者品德素质的一种具体描述。德育目的既指向教育者,又指向受教育者;德育目标则更多的是指向受教育者。德育目的关注德育实践的价值取向;德育目标则关注德育工作的形式、内容、手段、方法。

尽管德育目标的性质不用于德育目的,但是德育目标的制定必须依据一定国家或社会的德育目的,并有利于实现德育目的。

拓展阅读

振华小学德育工作目标

- 帮助小学生初步培养起爱祖国、爱人民、爱科学、爱劳动、爱社会主义的情感。
- 引导小学生树立基本的是非观念、法律意识和集体意识。
- 培养小学生逐渐形成孝敬父母、尊敬老师、团结同学、讲究卫生、勤俭节约、遵守纪律、文明礼貌的良好行为习惯。
- 塑造小学生具备坚强的意志品格和乐观向上的性格。

三、我国德育目标的层次

(一)学校的德育目标

学校的德育目标是指在学校层面确立的德育工作目标,其制定往往结合学校自身的办学理念、办学方向、办学特色,形成具有学校个性化的德育工作总目标。在这个总目标的前提下,学校还可以根据年级制定不同年级学生的德育工作分目标。

学校的德育目标规定了学校整体德育工作的总任务和总要求,对学校德育工作人员、班主任以及各科教师起到德育行为的指挥棒作用。学校的德育目标最终体现在每一所学校中的学生思想品德发展的结果上,直接表达了一所学校德育工作的鲜明特征。

（二）课程的德育目标

严格来讲，课程的德育目标包括德育专门课程的德育目标和其他学科课程的德育目标，但是由于其他学科课程都是把德育目标隐含地融入学科教学目标之中，没有明确加以表述，因而课程的德育目标往往仅指德育专门课程的德育目标。

新课程实施以来，我国小学德育专门课程对低年级开设"品德与生活"，对中高年级开设"品德与社会"，这两门课程均有各自的德育目标。

"品德与生活"课程的总目标是"培养具有良好品德和行为习惯、乐于探究、热爱生活的儿童。""品德与生活"课程的分目标如下：

（1）情感与态度：爱亲敬长，爱集体、爱家乡、爱祖国；珍爱生命，热爱自然；自信向上，诚实勇敢，有责任心；喜欢动手动脑，乐于想象与创造。

（2）行为与习惯：初步养成良好的生活、卫生习惯；养成基本的文明行为习惯；乐于参加劳动和有意义的活动；保护环境，爱惜资源。

（3）知识与技能：掌握自身生活必需的基本知识和基本技能；具有与同伴友好交往、合作的基本方法和技能；具有初步的探究能力；初步了解生活中的自然、社会常识；初步了解有关祖国的知识。

（4）过程与方法：体验提出问题、探索或解决生活中的问题的过程；初步体验与社区和社会生活相联系的学习过程；学习几种简单的调查研究方法并尝试应用。

"品德与社会"课程的总目标是"培养学生的良好品德，促进学生的社会性发展，为学生认识社会、参与社会、适应社会，成为具有爱心、责任心、良好的行为习惯和个性品质的公民奠定基础。""品德与社会"课程的分目标如下：

（1）情感·态度·价值观：① 珍爱生命，热爱生活，养成自尊自律、乐观向上、勤劳朴素的态度；② 爱亲敬长，养成文明礼貌、诚实守信、友爱宽容、热爱集体、团结合作、有责任心的品质；③ 初步形成规则意识和民主、法制观念，崇尚公平与公正；④ 热爱家乡，珍视祖国的历史与文化，具有中华民族的归属感和自豪感，尊重不同国家和民族的文化差异，初步形成开放的国际视野；⑤ 具有关爱自然的情感，初步形成保护生态环境的意识。

（2）能力与方法：① 养成安全、健康、环保的良好生活和行为习惯；② 能够初步认识自我，掌握一些调整自己情绪和行为的方法；③ 学会清楚地表达自己的感受和见解，倾听他人的意见，体会他人的心情和需要，与他人平等地交流与合作，积极参与集体生活；④ 学习从不同的角度观察社会事物和现象，对生活中遇到的道德问题做出正确的判断，尝试合理地、有创意地探究和解决生活中的问题，力所能及地参与社会公益活动；⑤ 初步掌握收集、整理和运用信息的能力，能够选用恰当的工具和方法分析、说明问题。

（3）知识：① 理解日常生活中的道德行为规范和文明礼貌，了解未成年人的基本权利和义务，懂得规则、法律对于保障每个人的权利和维护社会公共生活具有重要意义；② 初步了解生产、消费活动与人们生活的关系，知道科学技术对生产和生活的重要影响；③ 知道一些基本的地理常识，初步理解人与自然、环境的相互依存关系，了解人

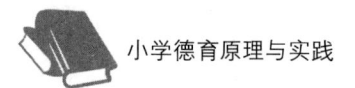

类共同面临的人口、资源和环境等问题;④了解家乡的发展变化,了解一些我国历史常识,知道在历史发展过程中形成的中华民族优秀文化和革命传统,了解影响我国发展的重大历史事件和社会主义建设的伟大成就;⑤初步了解影响世界历史发展的一些重要事件,知道不同环境下人们有不同的生活方式和风俗习惯,懂得不同民族、国家和地区之间相互尊重、和睦相处的重要意义。

2016年,教育部将义务教育阶段的《品德与生活》《品德与社会》《思想品德》课程教材统一更名为《道德与法治》,但相关课程标准规定的德育课程目标并没有改变。

(三)活动的德育目标

活动层面的德育目标是指在学校、年级、班级等不同范围内开展的每一次德育活动或者是德育专门课程的每一次教学活动所设计的德育目标。一方面,学校德育活动是针对一个特定的学生群体,按照学年、学期计划或根据特殊时间、空间、事件等的特点,开展的一种德育工作形式。学校德育活动需要设计一定的德育目标,用以指导德育活动的开展,并依此来评估活动的效果。另一方面,德育专门课程的教学活动是根据课程教学计划,设计每一次教学活动的德育目标,用以指导德育课程教学,并依此来评价德育教学的效果。

小组讨论

1. 参考材料,设计一个组织小学生学习"五星红旗的象征"少先队活动的活动目标。

2. 参考材料,设计一个组织小学生"参观革命烈士纪念馆"的活动目标。

小学主题班会德育目标设计举例

主题一:学会与人相处

德育目标设计:

1. 知识目标:学生了解与人相处的学问,懂得与人友好相处的重要性。

2. 能力目标:学生初步学会与人交往的基本原则和交往技巧。

3. 情感目标:学生体验与人友好相处的快乐。

主题二:心中有"规则"

德育目标设计:

1. 知识目标:学生了解社会对规则的态度,树立起规则在心中的意识。

2. 能力目标:学生培养起收集资料、获取信息、修正自我、约束自我的能力,并在生活中努力做到遵守规则。

3. 情感目标:通过学习一些故事,学生体会规则在生活中的重要性,形成自觉遵守规则,严以律己的态度。

主题三:男生女生不一样

德育目标设计:

1. 知识目标:学生科学地认识到男女生在性别上的差异所带来的体能、思维、个性心理等方面的不同,学会科学地面对这些差异。

2. 能力目标:学生理解男女生除了生理上的不同外,还有各方面的特征差异,这些差异没有优劣之分,只是特点不同而已。

3. 情感目标:学生学会发现异性同学的优势,学会扬长避短、取长补短,共同健康成长。

本章练习

1. 德育目的和德育目标的含义是什么?二者有何区别与联系?
2. 德育目的有何功能?
3. 一个国家或社会确立德育目的有哪些依据?
4. 我国当前的德育目的是什么?
5. 德育目标和德育目的在性质上存在哪些差异?

第四章 小学德育主体

配套数字资源

 名言警句

道德行为训练,不是通过语言影响,而是让儿童练习良好道德行为,克服懒惰、轻率、不守纪律、颓废等不良行为。

——夸美纽斯

道德准则,只有当它们被学生自己去追求、获得和亲自体验过的时候,只有当它们变成学生独立的个人信念的时候,才能真正成为学生的精神财富。

——苏霍姆林斯基

我觉得,对教师来说,力量的源泉就是来自对学生的爱,爱学生才会爱事业,才会保持对教育工作经久不衰的热情,才会充满献身精神。

——于漪

 知识导图

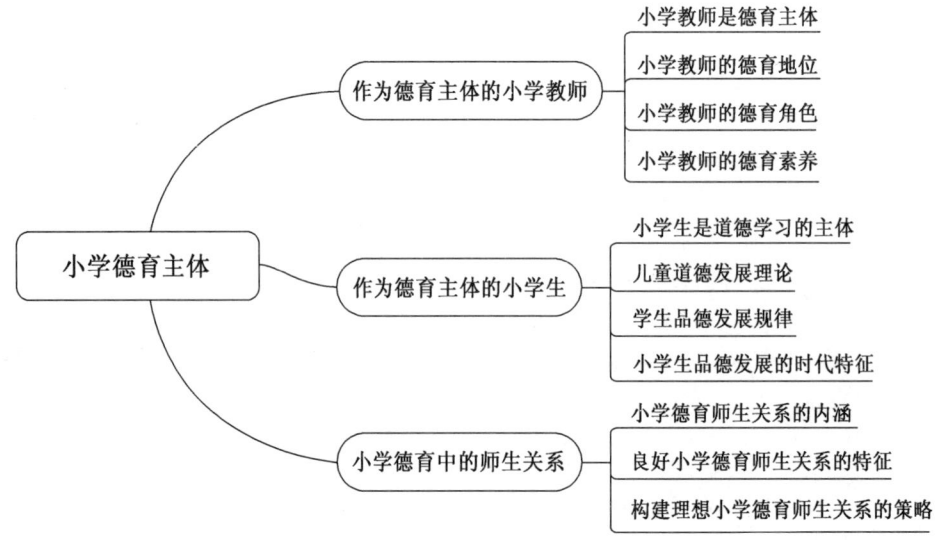

 **本章要点**

1. 小学教师是德育主体的具体体现。
2. 小学教师的德育地位。
3. 小学教师的德育角色。
4. 小学教师的德育素养。
5. 小学生是道德学习主体的内涵。
6. 儿童道德发展理论。
7. 学生的品德发展规律。
8. 小学德育师生关系及其特征和构建策略。

 本章导读

本章主要介绍小学德育中的两个主体,即小学教师和小学生,以及小学德育中的师生关系。在介绍作为德育主体的小学教师部分,从论述小学教师是德育主体出发,进一步讨论了小学教师的德育地位、德育角色以及德育素养三个问题。在介绍作为德育主体的小学生部分,分别讨论了小学生是道德学习的主体,有关儿童道德发展的理论,以及学生的品德发展一般规律。最后,本章介绍了小学德育中的师生关系问题,分别讨论了小学德育师生关系的内涵,良好的小学德育师生关系的特征,以及构建理想的小学德育师生关系的策略。

第一节 作为德育主体的小学教师

小学德育工作离不开小学教师。小学教师承担着促进小学生思想品德发展的重要使命。正确对待小学教师在小学德育中的地位和作用,是科学有效地开展小学德育工作的前提。我国各级教育主管部门一直提倡和要求学校努力构建"全员育人、全程育人、全方位育人"的育人体系。"三全育人"体系需要充分发挥小学教师的育人作用,使得小学教师能够在与学生日常交往的全过程中,时时处处地落实德育工作,保证德育工作的实效性。

一、小学教师是德育主体

在小学德育工作中,小学教师是一个活跃的、人的因素,具有工作的积极能动性,因而居于主体性地位,发挥主体性作用。小学教师能否意识到自己的德育主体性地位,承担起德育的主体性责任,直接决定了小学德育工作的根本成效。此外,小学的客观环境是否有利于小学教师发挥主体性作用,是否为小学教师履行德育职责提供保证,也是影响德育工作的重要因素。

小学教师作为德育主体应该包含三个方面的意蕴，分别从小学教师的三重身份强调了小学教师的主体性地位和作用。

（一）所有的小学教师都是德育主体

小学教师以"教书育人"为主要职责，"教书"只是手段，"育人"才是目的。从这个意义上讲，小学教师不能仅仅把自己看作一个教学人员，更要认识到自己是一位教育工作者，承担着培养和促进小学生成长与发展的重要使命。因此，所有的小学教师都承担着德育工作的职责，利用一切时机促进小学生的思想品德发展。但在实际工作中，对小学教师作为德育主体，还有很多人持有错误的认识。特别是不少小学教师认为，学校德育工作是学校分管德育的副校长、政教主任、政教干事、少先队辅导员和班主任的事情，只有他们才承担小学生的德育职责，普通教师只有教学的职责。很多小学教师在自己的教育教学工作中，对于发现的小学生思想品德问题不闻不问，甚至视而不见。

关于"所有的小学教师都是德育主体"的观点，正确的理解是，虽然小学教师的工作任务分工不同，但无论承担什么角色任务的小学教师都是德育主体，这是由教育活动的有意识地培养人的本质所决定的，也是由教师的教书育人根本职责所决定的。教育的本质在于有意识地培养人，就是使受教育者从一个自然人逐渐转化为社会人，在人的自然属性基础上附加社会属性，要帮助受教育者形成一定社会的道德人格并遵循一定的道德规范，古今中外的教育无不把培养人的品德作为首要的任务。而且，教师的教书育人职责要求教师不但要做"经师"，更要为"人师"。小学教师要能"以德立身、以德立学、以德施教、以德育德"，坚持教书与育人相统一、言传与身教相统一，争做"四有"好教师，全心全意做学生锤炼品格、学习知识、创新思维、奉献祖国的引路人。

所有小学教师都是德育主体，落实在工作中体现在两个主要方面。一方面，小学教师承担着一定的课程教学任务，在教学过程中应渗透贯穿思想品德教育的目标和内容，发挥课堂主渠道的作用，以润物无声的方式促进小学生思想品德的健康发展。另一方面，小学教师在与小学生的课外交往中，在小学活动的组织和指导中，在帮助小学生解答成长困惑中，在对个别学生进行学业辅导中，以及在其他任何方式的师生互动中，都要树立培养小学生思想品德的意识，促进小学生人格品质的健全和完善。

（二）小学学科教师负有德育责任

课堂教学是对小学生进行思想品德教育的主渠道和主阵地，因此小学学科教师负有德育责任。正如赫尔巴特所言："我想不到任何无教学的教育，正如相反方面我不承认有任何无教育的教学。"从这个意义上讲，教学活动中必然包含着对学生施加德育影响的成分。因此，小学德育也只有融于课堂教学，才能获得强大的生命力，真正对小学生的思想品德产生积极的促进作用。这就自然地赋予了小学学科教师肩负的德育责任，要求小学教师在传授知识、培养能力的同时发展学生的思想品德。

小学学科教学与道德教育具有内在的联系。小学各学科教学的知识内容本身，为小学生思想品德的形成和发展提供了科学知识的载体。任何学科的知识教学，都暗含着一定的德育价值。学科教师在传授知识的同时,理应深入挖掘知识本身所蕴含的育人价值,使教学的品德教育功能得到充分发挥。所有小学学科课程教学都应该从目标的设定到具体内容的选择、教学方式方法的设计等方面考虑到如何渗透有利于学生人格完善、道德成长的因素。事实上,学科教师一旦失去对学生的道德成长的关注和引领,教学就很容易沦为乏味的知识传授和枯燥的技能训练,丧失其育人的根本价值。教学与道德教育的内在联系,要求小学学科教师负有德育责任。

教学与德育的融合不仅是必须的,而且是可行的。自我国基础教育新一轮课程改革实施以来,小学各科的课程标准都以"三维目标"全面提出了对小学生在知识与技能、过程与方法、情感态度与价值观等方面的基本要求。这意味着小学学科教师必须在教学过程中,实现对小学生的德育目标。新课程还要求教育教学回归学生生活,教师在真实的教育生活中作为道德表率,言传身教,为学生的道德发展起榜样示范作用。

此外,小学学科教师还能够通过与小学生之间建立民主和谐的师生关系,以及营造富于道德感染力的课堂氛围等方式,对小学生良好品德的形成产生积极作用。

(三) 小学班主任工作要以德育为先

班主任不只是中小学班级管理的责任人,更是中小学日常思想道德教育和学生管理工作的主要实施者,是中小学生健康成长的引领者,班主任要努力成为中小学生的人生导师。因此,中小学班主任工作要以德育为先。

关于班主任的职责与任务,2009年教育部颁布的《中小学班主任工作规定》中明确要求:班主任要全面了解班内每一位学生,深入分析学生的思想、心理、学习、生活状况;班主任要关心爱护全体学生,平等对待每一个学生,尊重学生的人格;班主任要采取多种方式与学生沟通,有针对性地进行思想道德教育,促进学生德智体美劳全面发展;班主任还要做好班级的日常管理工作,维护班级良好的秩序,培养学生的规则意识、责任意识和集体荣誉感,营造民主和谐、团结互助、健康向上的集体氛围。但是,小学班主任的全部职责中,德育工作居于首要地位,必须得到优先考虑。

班主任作为班级的组织者、教育者和指导者,对于学生的全面成长负有义不容辞的责任,对学生的品德发展具有举足轻重的作用,是专职的德育工作者。班主任工作头绪多,细节小,任务繁,班主任老师应对自己的职责与任务有清醒的认识,作为学校开展德育工作的骨干力量,班主任在处理各项事务的过程中,应始终坚持"德育为先"的教育理念,将品德教育贯穿于各项教育活动中去。

二、小学教师的德育地位

小学教师到底处于学校德育工作的何种地位是一个基本的德育理论问题,对小学德育工作起到思想理念的指导作用。讨论小学教师的德育地位,有助于明确小学教师在德育工作中应发挥什么作用,以及怎样发挥自己的德育作用。

关于教师在德育过程中的地位问题,中外教育思想中历来存在三种不同的观点,即道德权威论、价值中立论和调和论。

(一) 道德权威论

教师德育地位的道德权威论认为,教师是道德权威,掌握着向学生传递道德观念、解释道德规范的内涵,判断行为的道德标准等权力。因此,在学校德育过程中,教师和学生分别处于道德约束和被约束的地位。教师拥有绝对的道德话语权、命令权,甚至是惩戒权。而且,教师作为社会的代言人,在向学生灌输一定社会的道德观念和规范的过程中处于绝对支配地位。

在中外教育史上,都有对教师道德权威论的坚定支持者。中国古代思想家荀子就认为:"礼者,所以正身也。师者,所以正礼也。无礼何以正身?无师,吾安知礼之为是也?"①

在西方,英国的洛克和法国的涂尔干都是主张教师道德权威论的代表。洛克说:"至于道德价值和规范,做导师的人应该随时灌输给他,应该用尽一切办法使他懂得,使他彻底信服。"②涂尔干则认为教师是社会的代言人,应当具有高尚的道德人格,也应该是道德教育的权威。他说教师是"社会与儿童之间的中介人,是社会强制儿童的代表者","正像牧师是上帝的解释者一样,教师也是他所处的时代和国家的伟大道德观念的解释者"。③

教师在德育过程中的道德权威论观点,在中西方历史上都长期占据学校德育的主流观点,这是受当时人们的保守的思想观念决定的。教师的道德权威论虽然对于古代学校德育的初步探索,对于一定社会道德观念的传播,都起到了积极的作用,但是,这种强调教师的道德绝对权威地位,在德育方式上过分地注重采用道德灌输,不利于学生自主、自觉的道德品质的形成和发展。

(二) 价值中立论

教师德育地位的价值中立论认为,每个人都有自己的道德观念和价值选择权,每个人的道德观念和价值立场都应该得到尊重。因此,教师在进行道德教育过程中应该保持价值中立的立场,不应该把自己的价值观念强加给学生。道德教育的主要任务应该是在尊重学生的道德自主选择权的前提下,引导学生逐渐澄清和发现自我的价值立场。从本质上说,教师价值中立论,是指教师在道德教育过程中采取一种价值相对主义的立场,因而在德育过程中应保持价值中立,是具有儿童中心主义倾向的一种德育观念。

古希腊哲学家苏格拉底是教师价值中立论的古代西方代表人物,他总是强调自己是以"无知"的态度出现在学生面前,然后引导学生积极思维追问自己的道德结论。在整个师生互动过程中,苏格拉底不会向学生传递任何知识,而是通过对学生的观点进行反问,帮助学生不断逼近真理。苏格拉底的这种以反诘法帮助学生对一个概念进行追问,被称为精神助产术。

---

① 荀子·修身篇.
② 洛克.教育漫话[M].傅任敢,译.北京:教育科学出版社,1999.
③ Durkheim, E. Moral Education [M]. New York: The Free Press, 1961.

拓展阅读

正义是什么

一天,苏格拉底和一个名叫欧提德谟斯的青年讨论正义与非正义问题。他在一根柱子上写上"正义",在另一根写上"非正义",然后问道:说谎应当归入哪一类?欧:归入非正义,这是显而易见的。苏:欺诈呢?欧:当然也属非正义。苏:偷盗呢?欧:和欺诈一样。苏:卖人为奴呢?欧:也是如此。苏:看来这些行为没有一样能归入"正义"一类了,是不是,欧提德谟斯?欧:是的,谁也不会荒唐到那个地步。苏:那么,如果一个被选为将军的人,带领部队去奴役一个同我们敌对的城市,我们也说他的行为不公正吗?欧:绝对不能这么说。苏:我们将会说他的行为是公正的,对不对?欧:一点不错!苏:假如他在作战时欺骗了敌人呢?欧:那也是正义行为。苏:如果他盗取或抢劫敌人的财物,他的行为不也是正义的吗?欧:一点也不错。可是我原先以为你问的那些只是对朋友而言的。苏:那么,刚才我们归入非正义的那些行为,同样也可以算作正义,对不对?欧:对的。苏:那么,我想改动一下刚才的分类。就是说,欺骗敌人是正义行为,但这样对待朋友就不是正义的了,可以这样说吗?欧:当然可以。苏:那么,在失利的时候,一位将军发觉士气低落,谎称援军就要来到。如果,士气竟被他鼓动起来,我们应当把这种欺骗士兵的行为归入哪一类呢?欧:应当归入正义一类。苏:一个小孩生病不肯吃药。父亲说,这是好吃的东西,不是药,骗他吃了下去,病也好了。这种欺骗儿子的行为应当归入哪一类呢?欧:我想这也是正义行为。苏:某人因为绝望而想自杀,他的朋友出于友谊而偷走了他的剑。这种行为应该归入哪一类呢?欧:当然也应当归入正义一类。苏:可是你刚才不是还说应该永远对朋友坦率无欺吗?欧:实在是我错了。如您允许的话,我愿意把原先说过的话收回。①

美国的价值澄清学派和英国的课程理论家斯滕豪斯是教师德育地位价值中立论的主要代表。价值澄清学派作为一个德育理论流派,主张在学生的价值观形成过程中,应通过分析和评价的手段,帮助学生减少价值混乱促进同一价值观的形成,并在这一过程中有效地发展学生思考和理解人类价值观的能力。因此,学生价值观的形成不是灌输而是通过澄清的方法,在评价过程中实现的,是通过选择、赞扬和实践过程来增进富于理智的价值选择的。斯滕豪斯也旗帜鲜明地指出,现代价值教育过程中的教师角色应实现由"权威角色"向"中立角色"转变,学生的道德自主性应得到最大程度的尊重。教师保持价值中立的立场,一方面可以避免教师将自己的价值观强加给学生,另一方面也可以为学生自主形成个人的价值观念创造时空条件。

教师德育地位的价值中立论,虽然充分肯定了学生在德育过程中的自主性,对教师

---

① 色诺芬.回忆苏格拉底[M].吴永泉,译.上海:商务印书馆,1984.

德育地位道德权威论的极端错误观点起到了修正的作用,但是教师德育地位的价值中立论要求教师放弃道德教育的立场和责任,不利于学生获得一定社会提倡的道德规范,以及主流价值观的形成。因而,这种观点会在很大程度上导致教师作用的弱化,使得学校德育陷入道德虚无主义的泥潭。

小组讨论

阅读以下材料,讨论在德育教学中,教师采用价值澄清法,会将自己置于怎样的地位?

德育课上的价值澄清教学

在德育课上,日本京都的村岗节子老师给学生们讲了一个故事:一个叫正子的小学生收到了远方好朋友的来信。邮递员告诉正子,对方少付了 80 日元邮资,需要由正子来补上。正子补上了邮资,但她不知道该不该把这件事告诉自己的朋友。她去问哥哥,哥哥告诉她,只要告知少付了邮资即可,不必说钱数。她又去问妈妈,妈妈说不要把这件事告诉朋友,以免伤了你们的友情。村岗老师向同学们提问:如果你是正子,你该怎么办呢?她在黑板列出四个选项(A) 哥哥的意见,(B) 妈妈的意见,(C) 完全告知对方和(D) 犹豫不决,让同学们选择。第一次投票选择结束后,老师组织同学们一起讨论,说说你为什么会有那样的选择。然后,老师再让大家重新投票选择。直到下课,同学们还是会有不同的选择,也各有自己选择的理由。关键是,村岗节子老师直到下课都没有发表自己的见解,而只是由学生表达自己的想法。

(三) 调和论

随着教育思想史的丰富和发展,人们越来越认识到:德育过程中教师地位的道德权威论和价值中立论,都是分别走向了两个极端的观点。事实上,现代教师的角色在不断的变化中,这在一定程度上表明教师在德育过程中的地位也在不断变迁。在权威主义的观点下,人们认为学生道德发展的本质就是学会运用意志力量服从外在权威的过程,教育者或教师就是社会权威的代表者。学生要绝对地服从教师,教师在德育过程中的权威地位毋庸置疑。然而,一味地把教师作为权威,以教师为中心,在一定程度上忽视了受教育者或学生的独立性和创造性。与之相反,价值澄清学派则认为教师不应提倡某种道德观点,而是让学生掌握价值澄清的技巧,自行选择价值观点。教师对学生的价值判断不介入也不加以评论,但可以回答符合价值标准的词语的意义等问题。这种价值中立说以学生为中心,意味着学生无须敬重任何权威,教师只是帮助学生澄清自己的价值观,完全作为中立者,促进学生德育发展。价值中立说有利于学生道德自律能力的培养,但教师不干预道德教育的内容,这种绝对的中立很难,也不利于德育过程的深化。

教师德育地位的调和论观点认为,应该将教师德育地位的道德权威论和价值中立论进行折中,既要发挥教师的价值引导作用,不能放任学生道德的自由发展,又要尊重学生的自主性,培养学生的道德发展自觉性。美国实用主义哲学家、教育家杜威认为,教师作为社会的代言人,应该为社会负责。因此,教师在德育过程中的地位和作用应该得到重视和肯定。但是,这并不意味着教师可以无视儿童的道德实际需要和道德学习自主性。教师的作用在于为儿童的道德成长营造良好的社会性环境,做儿童道德发展的引导者和指导者。

教师作为教育者,"既应该理直气壮地发挥权威指导作用,又要始终注重培养个人道德自律能力,把儿童接受指导的需要与人类道德自主性要求结合起来。一旦时机成熟,就给予学生自主选择道德原则、决定行为规范和判断道德是非的权力,并且能够按照道德方式勇敢地创造和表达新原则、新规范、新观念。"①教师是学生的向导、指导者、领导者,也是道德价值的学习者和活动的组织者,与此同时,教师的工作应当以促进学生的品德发展为中心。我们既要警惕教师的"权威",也要避免对学生的"放任",既充分尊重学生,又注重教师的价值引导,有利于良好的师生关系的发展,从而实现德育的有效性。

教师作为德育活动中"价值引导"的主体,其作用在于调动学生的积极性,使学生充分地享用德育的效果。在具体的德育实践中,强调教师外在的"教"怎么促进、怎么转化成学生内在的"学",这是一个复杂的过程。作为价值引导的主体,教师与每一个具体的学生和学生群体相交往时,他需要自己去理解、把握、设计和进行由他主持的教育活动,需要发现、选择、利用已有的各种知识去调动学生内在潜力的方法。也只有在这样的时候,教师才不会仅仅是成为规定要求的执行者,而且成为教育活动的自主创造者。②这意味着教师在教育引导中的主体地位是无法替代的。在设计和组织德育活动中,教师通过富有生命性、教育性的创造活动,把教学资源中各种丰富的养料和血液输送到学生的心灵世界,产生共鸣,从而促进学生品德的发展。

三、小学教师的德育角色

小学教师承担着立德树人的根本任务,因而在学校德育中扮演着重要的德育角色。小学教师的德育角色主要体现在如何通过学校德育活动促进小学生思想品德的发展。

(一)小学生思想品德的培养者

随时随地地培养小学生的思想品德是小学教师德育的主要角色。小学阶段是一个人的启蒙阶段,对小学生进行品德的启蒙教育,具有至关重要的奠基作用。《周易》有"蒙以养正"的说法,表明了童蒙时期进行正直品德教育的重要性。小学教师在日常工作中能够发现小学生思想品德发展中存在的问题,可以直接对小学生思想品德发展进行纠正和指导,也可以通过集体德育活动实现小学生思想品德培养的目的。小学教师作为小学生思想品德的培养者,应该积极承担小学生思想品德教育的职责,守护小学生的道德成长和发展。

(二)小学生道德成长的守护者

小学生正处于人生的起步阶段,他们在道德成长的过程中必然会存在很多困惑和

---

① 鲁洁,王逢贤.德育新论[M].南京:江苏教育出版社,2002.
② 叶澜.教师职业的本质[J].教师之友,2002(2):1.

迷茫的时候。小学教师应关注小学生的道德成长需要，帮助小学生走出道德迷雾，成为小学生的人生导师。特别是关于小学生的人际关系、品德情操、心理卫生、思想状况等方面的问题，小学教师应做到有所准备，积累经验，熟悉情况，以应对随时出现的小学生道德成长个案。小学教师承担的所有这些工作，要求小学教师扮演好小学生道德成长的守护者角色。

（三）小学生道德学习的示范者

小学教师作为小学生道德学习的示范者，要求小学教师能够"言传身教"，主动完善和维护自己的道德形象，以道德榜样的角色引领小学生的道德学习。小学教师至少应从三个方面完善自我道德形象。首先，热爱工作，热爱学生，勤于学习，不断提高科学文化素养，培养高尚的道德情操，用自己的道德素养熏陶学生。其次，树立积极、乐观的人生态度，热爱生活，珍爱生命，用自己的生命热情感染学生。最后，提升人生格局，胸怀家国天下，积极承担社会责任，树立远大的人生价值目标，用自己的人生志向引导学生。

（四）小学德育活动的组织者

组织开展小学德育活动是小学德育工作的常见形式。小学教师作为小学德育活动的组织者，承担着小学德育活动的主要工作任务。小学德育活动的设计、准备、组织和执行各个环节，都要依靠小学教师来完成。小学教师应该凭借自己的德育专业素养，科学地确定德育活动目标，设计德育活动过程，在德育活动之前进行周密考虑和充分准备，在德育活动实施过程中，通过协调配合引导小学生完成活动任务，活动之后还要进行总结评价和反思。

（五）小学德育的研究者

小学教师不仅要从事常规的学校德育工作，还可能不断地面临小学德育工作的新问题和新现象。这就要求小学教师运用研究的态度和手段，探索解决小学德育工作中遇到的难题。小学教师主要应关注和研究小学生的道德心理发展问题，以及小学生思想品德教育工作的内容、方法和规律等。小学教师作为小学德育的研究者，有利于提高自己的小学德育工作能力水平。而且，小学教师走科学化德育的道路，按照德育科学的规律和原则去工作，还能收到事半功倍的效果。因此，小学教师从事德育工作，要用实事求是的工作态度，边工作，边研究，不断探索德育领域里的客观规律，以研究促进工作，努力使自己成为小学德育工作的专家。

四、小学教师的德育素养

学校德育的质量取决于教师的德育素养。要想全面提高小学生思想道德教育质量，必须重视提高小学教师的德育素养。那么，小学教师的德育素养包括哪些方面呢？概括起来，小学教师的德育素养应该包括德育学科知识、教育观念和道德修养三个方面。

（一）小学教师要有丰富的德育学科知识

小学教师承担德育职责，除了掌握自己所教学科的知识外，还应广泛涉猎学生品德发展心理、道德教育哲学、小学德育工作经验等方面的知识,只有这样,小学教师才能保证德育工作的科学有效,对学生的品德发展起到积极的促进作用。

小学教师要具备丰富的德育学科素养,就要通过不断的学习和实践积累,有意识地储备关于小学生道德教育的理论知识和实践经验。小学教师只有经过长期的学习和实践,才能逐渐建立起个人关于德育学科知识的完整体系。

(二)小学教师要有先进的教育观念

随着时代的发展,人们对待教育的观念也在不断更新演变。小学教师从事德育工作,需要依靠先进的教育观念为指导思想,促进小学德育工作与时俱进。先进的教育观念集中体现在教师的学生观上。小学教师应树立正确的学生观,关注每一个小学生的思想品德发展,掌握小学生品德发展的规律和特点。

小学教师要形成先进的教育观念,还应该吸收中外教育思想理论,关注国家教育政策动态,遵循教育基本规律,科学有效地开展学校德育工作。

(三)小学教师要有较高的道德修养

德育工作不同于其他各育工作的地方在于,教师本身就是德育内容。小学教师自身的道德修养结果,正是小学德育的重要内容。因此,小学教师要有较高的道德修养,并不断追求高尚的道德情操。高尚的道德品质是小学教师开展德育工作所应具备的基本素养。

教师的道德修养不仅直接影响着学生的道德成长与发展,而且为社会所瞩目。"学为人师、行为世范"就反映了整个社会对教师个人道德修养的无限期待。小学教师的道德、情操、气质、言行随时随地影响着小学生,也成为人们衡量小学教育质量的重要标准。所以,小学教师开展德育工作要提高自身道德修养,并以自身道德修养来影响和教育学生。

第二节 作为德育主体的小学生

小学生的成长与发展离不开其自身的学习。小学生的思想品德发展需要通过道德学习来实现。但是,小学生的道德学习很容易被忽视。小学生在德育中的主体性,主要体现在小学生是其自身道德学习的主体。

一、小学生是道德学习的主体

在学校德育中,教师和学生都是德育活动中人的因素,都应该居于主体性地位。任何把教师或学生的一方视为主体,把另一方视为客体,从而形成教师和学生这两个主体性因素之间主客体二元对立的做法都是错误的、有害的。小学教师是学校德育工作的主体,这不能因此否定小学生成为道德学习的主体。小学生是道德学习的主体,这一命题可以从三个方面加以解释。

首先，从道德哲学的视角来说，道德具有自主、自由的本质特征，一个人愿意服从道德的约束，一定存在发自内心的需要，单纯依靠外界的力量不可能让人们变得很道德。正如《曾国藩家训》中讲"慎独"的思想："慎独则心安。自修之道，莫难于养心，心既知有善知有恶，而不能实用其力，以为善去恶，则谓之自欺。方寸之自欺与否，盖他人所不及知，而己独知之。"因此，道德不应成为束缚人的工具，而是为人而存在的。而且，道德是随着时代以及不同社会环境而不断演进、变化的精神产物，道德规范不应仅仅强调通过灌输被人接受、践履，还应注重把人作为道德主体，发展人的道德判断能力。

对于小学生而言，他们接受学校德育的影响，只是进入一个更加有利于自己思想品德发展的环境，但最终的结果仍然取决于小学生自身的道德学习。因此，小学生是他们自己的道德学习主体。

其次，从心理学的视角来说，儿童的品德心理发展需要在一定环境中，通过自主学习来获得道德的意义，从而促进个体品德完善。道德发展心理学表明，儿童的道德发展是在与环境的相互作用过程中主动建构的，因此儿童是道德学习和成长的主体。

最后，从现代教育学的视角来说，教育活动的本质在于促进学生的学习，强调以学生为中心，关注学生的学习过程。因此，道德教育必须尊重学生的道德学习主体地位，以培养自主、自觉的道德行为主体为己任。

小组讨论

结合案例材料，谈谈在学校德育中，应怎样让小学生成为道德学习的主体？

小学生的矛盾

小学生之间的矛盾虽然小但时常会发生，如果不妥善解决，再掺杂上家长的因素，问题就会复杂化。我们班的学生赵××和许××是同桌，经常为了小事发生矛盾，双方家长也经常为了孩子的事来找我，多次要求两个人不要再同桌学习，甚至在放学的路上，两个学生的家长也常常斗嘴，不但影响了孩子的成长，在其他的学生家长中也产生了不良的影响。

我首先做好双方家长工作，不让家长参与孩子之间的小矛盾。爱孩子之心人皆有之，孩子自己的事自己解决，不仅养成孩子自我交往和处事能力，还会加强同学间团结。我分别找来两名学生，谈了自己的想法，问他们愿不愿做团结同学的好学生，想和谁做同桌。两位同学都承认自己的不对，并保证以后不管同桌与否都不再闹矛盾。我根据他俩的意见进行了适当的调整，现在他俩成为很要好的同学，和其他同学的关系也处理得很好。（作者：孙克志，资料来源于网络）

二、儿童道德发展理论

学校德育不仅要从观念上确立学生是道德学习的主体，认识到儿童道德学习的重要性，还要遵循儿童道德发展的规律，科学地开展德育工作。人们关于儿童道德发展规律的研究，虽然取得了一些理论成果，但是还很不充分。这就决定了人们对儿童道德发展的本质和规律认识仍然比较肤浅。心理学研究的有关成果,对儿童道德发展的理论贡献最为突出,具有代表性的三个理论是道德认知发展理论、人格发展理论和观察学习理论。这三个理论分别从认知、情感和行为的视角,强调了儿童道德发展的本质特征和基本规律。

(一) 道德认知发展理论

道德认知发展理论首创于瑞士心理学家皮亚杰,后来被美国心理学家柯尔伯格继承和发展,他们主要关注儿童道德发展阶段的研究。

皮亚杰是公认的较早研究儿童道德发展阶段的心理学家。皮亚杰以其发生认识论为基础,通过观察儿童在游戏过程中对规则的遵守情况,将儿童的道德认知发展划分为四个阶段,即自我中心阶段(2～5 岁)、权威阶段(5、6 岁～8 岁)、可逆性阶段(9～10 岁)和公正阶段(11、12 岁以后)。

自我中心阶段(2～5 岁)又称前道德阶段,是从儿童能够接受外界的准则开始的。这时期儿童还不能把自己同外在环境区别开来,而把外在环境看作他自身的延伸,规则对他来说不具有约束力。皮亚杰认为儿童在 5 岁以前还是"无律期",顾不得人我关系,而是以"自我中心"来考虑问题,往往按自己的想象去执行规则,规则对他的行为不具有约束力。处于这一阶段的儿童没有义务意识,在游戏中没有真正的合作。

权威阶段(5、6 岁～8 岁)又称他律道德阶段,儿童服从外部规则,接受权威指定的规范,把人们规定的准则看作固定的、不可变更的,而且只根据行为后果判断对错,而不会考虑行为的动机。处于这一阶段儿童的道德判断受外部的价值标准所支配和制约,儿童是绝对尊重和服从权威,但他们常常违反细则,不完全了解规则的意义。

可逆性阶段(9～10 岁)又称自律道德阶段。可逆性阶段的儿童已不把准则看成是不可改变的,而把它看作同伴间共同约定的。儿童一般都形成了这样的概念:如果所有的人都同意的话,规则是可以改变的。儿童开始意识到自己与他人间可以发展互相尊重的平等关系("你让我遵守,你也必须遵守"),规则也不再是权威人物的单方面要求,而是具有保证人们相互行动的、互惠的可逆特征。同伴间的可逆关系的出现,标志着品德由他律开始进入自律阶段。

公正阶段(11、12 岁以后)又称公正道德阶段。公正阶段的公正观念是从可逆的道德认识脱胎而来的。处于这一阶段的儿童开始倾向于以公道、公正作为判断是非的标准,能够根据他人的具体情况,基于同情和关心来对道德情境中的事件做判断。

皮亚杰在研究儿童道德判断时,采用了一种讲"对偶故事"的方法。就是利用讲述两个相似的故事向被试提出有关道德方面的难题,然后向儿童提问。例如:① 一个叫约翰的小男孩在他的房间时,家里人叫他去吃饭,他走进餐厅。但在餐厅门背后有一把椅子,椅子上有一个放着 15 个杯子的托盘。约翰并不知道门背后有这些东西。他推门进去,门撞倒了托盘,结果 15 个杯子都撞碎了。② 从前有一个叫亨利的小男孩。一天,他母亲外出了,他想从碗橱里拿出一些果酱。他爬到一把椅子上,并伸手去拿。由于放果酱的地方太高,他的手臂够不着。在试图取果酱时,他碰倒了 1 个杯子,结果杯子倒下来打碎了。针对这两个故事,皮亚杰向被试儿童提出两个问题:① 这两个小孩是否感到同样内疚？② 这两个孩子哪一个更不好？为什么？然后根据儿童的回答，分析他们能否根据行为背后的动机进行道德判断。

皮亚杰认为，利用对偶故事法的这种难题，可以测定儿童是依据对物品的损坏结果，还是依据主人公的行为动机做出道德判断。通过被试的反应，皮亚杰发现，儿童的道德判断是从早期注重行为结果的评价向注重行为的动机发展，表明其道德认知水平从"他律"向"自律"发展。

皮亚杰认为，儿童与外界环境的交互，是促使儿童由前道德阶段，向他律和自律道德阶段发展的关键因素。因此，该理论强调儿童道德发展是其道德认知结构的建立和完善过程，突出了儿童道德发展中的认知因素。

1958年，美国心理学家劳伦斯·柯尔伯格在芝加哥大学攻读心理学时，受到皮亚杰著作的启发，对儿童面对伦理困境所做的反应产生了强烈的兴趣。他在写作的博士论文中，创立了儿童道德发展的"三水平六阶段"理论。

"三水平六阶段"理论将儿童道德发展划分为前习俗水平、习俗水平和后习俗水平，每个水平又分为2个阶段，共6个发展阶段，依次为① 以惩罚与服从为定向，② 以工具性的相对主义为定向，③ 以"好孩子"为定向，④ 以法律与秩序为定向，⑤ 以法定的社会契约为定向，⑥ 以普遍的伦理原则为定向。

在前习俗水平，儿童从行为的具体结果及其与自身的利害关系进行道德推理判断，带有自我中心倾向，认为道德的价值不决定于人及准则，而是决定于外在的要求。其中，在以惩罚与服从为定向阶段，儿童判定是非的标准，依赖于成年人的态度，也就是说儿童认为大人说的对就对。在以工具性的相对主义为定向阶段，儿童以对自己有利就是对的，对自己不利就是不对为标准，仍然以自我为中心，没有明白道德规范的意义。

在习俗水平，儿童着眼于社会的希望和要求，能够从社会成员的角度思考道德问题，开始意识到自己的行为必须符合群体或社会的准则，能够了解、认识社会行为规范，并遵守、执行这些规范。在以"好孩子"为定向阶段，儿童遵守道德规范的动机源于期望获得成人社会夸自己是好孩子，特别重视别人的评价。在以法律与秩序为定向阶段，儿童的是非标准发展为是否合乎规定或法律，开始重视制度的约束。

在后习俗水平，儿童不只是自觉遵守某些行为规则，还认识到道德规范和法律的人为性，以至于最后到达人的道德发展最高水平，就会在考虑全人类的正义和个人尊严的基础上形成某些超越法律和规范的普遍原则。到达这一时期，人在思想上并非反抗社会规范，而是在合于大众利益的基础上寻求更适当的社会规范。在以法定的社会契约为定向阶段，儿童进入对道德规范的批评阶段，认识到法律和规范原来是大家商议的结果，可以而且应该根据需要进行调整。在以普遍的伦理原则为定向阶段，表明一个人已经进入了根据个人的道德哲学处理问题的阶段，形成了固定的道德价值与取向，发展出尊重人本身的道德理性。

柯尔伯格采用虚构的"道德两难故事"认定受试道德发展水平。例如，"海因茨偷药"的故事：意大利有个名叫海因茨的人，他的妻子得了癌症，危在旦夕。有个药剂师，研制了一种治癌特效药，配制这种药的成本只有200元，但他要价极高，每剂要价2000

元。为了买到这剂药,海因茨变卖家产,并且到处借钱,但最终只凑得1 000元。海因茨恳求药剂师说,他的妻子快要死了,能否将药便宜点卖给他,或者允许他赊账。药剂师拒绝了他,并且还说:"我研制的这种药,正是为了赚钱。"海因茨没有别的办法,于是在一个晚上潜入药剂师的仓库把药偷走了,结果被警察发现,抓进警察局。故事讲完后,柯尔伯格会向被试提问:海因茨该不该偷药?为什么?并通过被试的回答,分析判断他所处的道德发展水平和阶段。

柯尔伯格认为,儿童道德发展的整个运动是按顺序前进的,六个阶段是不能跨越的。一个人或快或慢地通过各个阶段而发展道德,甚至在个别阶段会出现一半在一个阶段内,一半在下一阶段的情况。因此,个体在道德推理时并不一定使用单一阶段推理,而是通常使用几个相邻阶段进行道德推理,但会以某一阶段为主,他称之为存在"优势阶段"的概念。

(二) 人格发展理论

儿童道德发展的人格发展理论,来源于弗洛伊德的精神分析学说。弗洛伊德的精神分析学说提出了人格结构的概念,认为人格由"本我""自我"及"超我"三部分构成。"本我"是与生俱来的最原始的部分,由无意识的性本能和攻击本能组成,追求即时性的个人满足,对外部环境的习俗和道德一无所知,只追求最大的快乐和最小的痛苦,奉行的是"快乐原则"。在个体生命的前两年中,"本我"逐渐分离出"自我"。"自我"虽然也追求个人需要的满足,但是"自我"会把需要的满足纳入现实环境中进行考虑,奉行"现实原则"。"超我"是理想人格的象征,是社会道德的代表,反映成人社会的价值观和标准,是人格结构中最文明的部分。"超我"通过限制"本我",指导"自我",追求理想自我的实现,根据"至善原则"活动。

弗洛伊德认为,人的行为是人格结构中的三个部分相互冲突和斗争的结果。道德通过"超我"人格的发展而获得,而"超我"人格是通过良心和理想自我制约人的行为。当儿童受冲动的驱使做出不恰当行为时,父母、教师会对之加以阻拦、惩罚,儿童因惩罚而获得的经验会内化为"良心"。由于儿童对父母强烈的情感依附,以及对教师等成人权威的顺从,来自父母或教师的批评和惩罚对于强化儿童的羞耻感和是非观念具有重要影响。反之,当儿童的行为合乎成人世界的要求时,就会得到父母或教师的肯定、鼓励和表扬,这种因奖励而内化的经验以"理想自我"的形式表现出来,引导儿童重复那些受表扬的行为。弗洛伊德认为,成人的人格模型在5岁前就已经基本形成,儿童的早期经验对儿童的人格形成具有重要的作用。

弗洛伊德认为,"本我""自我""超我"之间因彼此互动,有冲突也有调和,从而产生一种内在动力,称为"人格动力"。"人格动力"是促使个体道德发展的动力来源。若这三者保持平衡,人的行为就是合乎道德规范的,人格就得以正常发展;若三者丧失平衡,就会引发人的不道德行为,甚至出现精神病。

弗洛伊德精神分析学说以人格结构论为基础,强调儿童道德发展的过程伴随着人格的发展,是一个无意识过渡到有意识、从不自觉过渡到自觉、从生理上的自制到心理上的自制的过程,反映了品德形成的基本规律。人格发展理论重视儿童早期的情绪、情感体验在道德发展中的作用,突出了儿童道德发展中的情感因素。这对于我们认识亲情、师情、友谊在人品德形成中的作用有重要的启示和指导作用。

(三) 观察学习理论

观察学习理论是美国社会心理学家班杜拉(Albert Bandura)所创立的社会学习理论的重要组成部分。该理论认为,儿童只需通过观察学习,就可获得大部分的新行为。而且,儿童可以通过替代强化习得新的道德行为。因此,环境、社会文化、成人榜样直接影响儿童的道德形成和发展。如果充分利用这样一些条件和方法,鼓励儿童的正确行为,抑制其不良习惯,将有助于儿童的道德成长。

班杜拉观察学习理论突出了榜样示范在儿童道德行为的形成、发展中的作用。一方面,儿童通过观察和模仿榜样的行为,可以获得新的行为方式;另一方面,儿童从观察和模仿榜样那里习得的新行为,会因外在的肯定鼓励或批评得到正向或负向的强化。如果儿童发现新的行为会受到惩罚,则会主动抑制对新行为的模仿;如果儿童新的行为会受到肯定和鼓励,则会强化对新行为的模仿。

在儿童观察学习过程中,行为示范和言语示范是最主要的信息来源。因此,父母、教师、伙伴等是儿童道德行为形成和发展的重要影响源。电视、电影、广播、网络等大众化媒介信息也在潜移默化地塑造着儿童的行为。

观察学习理论强调榜样示范在儿童道德行为形成、发展和纠正方面的作用,指明了儿童作为行为主体能够主动对新行为进行自我强化,突出了儿童道德发展中的行为因素。

> **自主学习**
>
> 阅读材料,思考埃里克森的心理发展阶段理论对小学德育工作有何启示?
>
> **埃里克森的心理发展阶段理论**
>
> 埃里克森把人的发展理解为生理、心理和社会的统一,把人的一生看作一个统一的发展过程,并且重视文化社会因素对个体心理发展的影响。他在继承和发展弗洛伊德思想的基础上,提出了人的心理发展阶段理论,将人一生的心理发展分为八个阶段。他认为,人的心理发展是一个经过一系列阶段的过程,每一阶段都有其特殊的目标、任务和冲突。一个人从出生到死亡,心理发展经历了相互连续的八个阶段,每一阶段都有一种确定的危机,都以一个特定的任务为其特征。如果要使随后的发展正常进行,所经历的任一阶段的发展任务就必须很好地完成。
>
> 第一阶段:乳儿期(0~1.5岁),主要发展任务是获得信任感,克服怀疑感。
>
> 这一阶段的婴儿开始探索周围的世界是否可靠。埃里克森认为信任感表现为一个人对他周围的世界,特别是他的社会环境的基本态度,可以通过父母在养育过程中以关心和爱护婴儿的需要而培养出来。当一个婴儿得到较好的抚养并与父母建立了良好的亲子关系时,儿童就会对周围的世界产生信任感;当父母的信念发生矛盾或父母在照料儿童的方式上不一致时,儿童就会出现恐惧和不安,产生一种不信任感。

第二阶段:婴儿期(1.5～3岁),主要发展任务是获得主动感,克服羞耻感。

这一阶段的儿童表现出较强的自我控制的需要与倾向,"让我来做"成了这一时期儿童的主流话题。儿童渴望自主,渴望按自己的想法去做事情。因此,在可能的情况下,父母要允许儿童自由活动,并以各种形式对他们的自主性和独立性表示认可和赞扬,以帮助他们形成自信心。相反,如果这个时期父母对儿童的行为干涉过多,甚至支配儿童的一切活动,儿童将对自己的行为或自身产生羞怯感,从而影响他们身心的发展。

第三阶段:学前期(3～6、7岁),主要发展任务是获得主动感,克服内疚感。

日益增多的语言和运动能力使这一时期的儿童把活动范围逐渐扩展到他们的家庭环境之外,开始追求出于自我利益和动机的活动。本阶段儿童的主要发展任务是获得主动感和克服内疚感,体验目的的实现。埃里克森认为,个体未来在工作、经济、生活上所能取得的成就,都与儿童在这一阶段主动性发展的程度有关。

第四阶段:学龄期(6、7～12岁),主要发展任务是获得勤奋感,克服自卑感。

本阶段儿童开始进入学校学习,活动和依赖的重心已由家庭转移到了社会。学龄儿童与学前儿童有着本质的区别,他们开始体会到勤奋与成功的关系,并开始形成一种成功感。在这一时期里,同伴在衡量儿童本身的成功或失败中有着相当重要的作用。如果能成功地完成各种任务和从事社交或集体活动,儿童就会获得一种胜任感而避免自卑感的产生。这些成功的体验有助于在以后的社会中建立勤奋的特质,表现为乐于工作和有较好的适应性。

第五阶段:青少年期(12～18岁),主要发展任务是形成角色同一性,防止角色混乱。

这一阶段存在着自我同一性对同一性混乱的危机,此时青少年个体最主要的任务就是试图建立一种新的自我同一感或一种关于自己是谁,在社会上应占什么样的地位,将来准备成为什么样的人以及怎样努力成为理想中的人等一系列的感觉和感情。埃里克森在此阶段提出了一个"社会心理的合法延缓期"的概念,认为随着青春初期的到来,青少年往往感到自己没有能力持久地扮演一种社会角色和承担社会义务,感到要做出的决断太多太快,因此在做出最后决断前,需要进入一种"暂停"期,以便延缓眼前必须承担的义务,避免同一性提前完结的内心需要。如果青少年没有形成一种积极的自我同一性,那么他们就会产生角色混乱,表现为在生活中不能选定一个正确的角色,不能确定自己是谁、干什么等。角色混乱的青少年常常焦躁不安,对社会所赞赏的角色表示蔑视和敌意。

第六阶段:成年早期(18～25岁),主要发展任务是获得亲密感,避免孤独感。

埃里克森认为,形成自我同一性的、走向社会的青年,由于太全神贯注于自己是谁,以致不能担当起此阶段形成亲密感的任务,因此可能产生孤独感。只有建立同一感才有可能形成亲密感。所以,这一阶段的发展任务就是努力获得亲密感,体验爱情和婚姻的实现,从而避免孤独感。在埃里克森看来,发展亲密感对是否能满意地进入社会有重要作用。

第七阶段:成年中期(25～60岁),主要发展任务是获得繁衍感,避免停滞感。

这一阶段的个体已建立家庭,其兴趣扩展到下一代。这里的繁殖不仅包括人的繁衍后代,而且包括人的生产能力和创造能力等基本能力或特征。因此本阶段的个体既要生育、抚养和指导下一代,又要不断工作以创造事物和思想,这样才能富有创造力,否则将出现人格的停滞。

第八阶段:成年晚期(60岁以上),主要发展任务是获得完善感,避免失望或厌恶感。

在这一阶段,进入老年期的个体对自己的一生进行回顾。如果对自己的一生做肯定和满意的回答,就能够完全接受自我,获得一种完善感。反之,个体就会充满焦虑和失望,对死亡产生恐惧感。

三、学生品德发展规律

在综合有关儿童道德发展理论的观点之后,人们对学生品德发展的基本规律有所认识。归纳起来,学生品德发展遵循四条基本规律。

(一)学生的品德发展是学生与周围环境相互作用的结果

学生的道德观念和道德规范,都是在特定的文化环境中通过活动和与人交往等方式,逐步形成和发展起来的。离开一定的社会文化环境,学生的品德发展就失去了生长的土壤,因而是不可能的。学生的品德发展,还要求学生与所处的社会文化环境进行交互,在人与环境的相互作用下,促进学生的道德认知发生,并形成一定道德认知结构。

(二)学生的品德发展是学生的知、情、意、行四个要素整体和谐发展的结果

人的品德结构包含知、情、意、行四个要素,也就是道德认知、道德情感、道德意志和道德行为。知、情、意、行四个要素之间并非孤立的,而是相互联系的。单纯地强调任何一个因素的发展,都不利于人的品德整体发展。学生的品德发展最终也要归结于这四个要素的整体发展。

(三)学生的品德发展是一个阶段性的连续发展过程

学生的品德形成和发展是由道德无律、道德他律向道德自律逐步过渡的连续的过程。这个过程本质上存在着一系列的发展阶段。学生的品德发展心理由量变到质变,逐渐经历不同的发展阶段,从而获得品德的完善。

(四)学生的品德形成和发展是在自身思想道德和新的道德问题情景之间的矛盾运动中实现的

在学生的品德发展过程中,需要不断地面临新的道德情景和道德问题。在学生自身思想道德和新的道德问题情景之间的矛盾中,学生原有的道德水平和品德结构是比较稳定的一面,每一个新的道德情景、新的道德问题都会引起人的品德发展的矛盾。学生的实践活动不断、新的道德情景和道德问题不断,学生的品德发展的矛盾就不断,学生的品德发展就不断。

四、小学生品德发展的时代特征

品德是一定社会或阶级的道德规范在个体身上的体现,它作为人个性特征的一部分,反映的是个人的精神面貌。因此,小学生品德发展必然受社会发展特点的影响,在表现内容与形式上体现出时代特征。

(一)小学生的基本道德价值观念整体积极健康

目前,我国小学生普遍具有积极的人生观和价值观,国家认同感高,九成以上的小学生为自己作为一名中国人感到自豪。小学生的职业理想普遍比较高尚,科学家、军人、教师和医生成为学生的理想职业选择。小学生普遍具有良好的行为规范,在勤劳节约、诚实守信、团结友善、遵守公德等方面均表现良好。小学生的基本道德价值观念积极向上,这与我国新时代的整体社会基调相一致,为我国小学德育工作提供了整体良好的局面。

(二)小学生品德发展过程中的主体意识增强

信息时代,我国社会发展更加强调尊重个人的价值。小学生的品德发展也不可避免地受到社会环境变化的影响。相比于过去强调规范、纪律、整齐划一的时代,当前小学生在品德发展过程中有更多的自主空间,家庭、学校和社会环境都允许他们对生活中的事物保持自己个性的想法、看法和做法,这一切使小学生品德形成过程中主体意识明显增强。小学生的这种逐渐增强的主体意识,对当前小学德育工作提出了新挑战,需要认真研究,并加以科学应对。

(三)小学生品德发展的社会环境不良

市场经济对我国社会思想观念带来了讲究公平、质量、效率等积极因素,但同时给我国各类社会活动确立了追求经济利益的主流价值观念。人们的生活目的、人际交往、工作动机都变得功利化,这种功利主义思想不断蔓延,逐渐导致人们对社会道德、公序良俗的背离和抛弃。小学生处于这样的环境之中,不可避免地受到功利主义思想的感染,过度竞争、攀比物质、追求享乐等思想风气影响着他们正常的品德发展,应该引起小学德育工作者的重视。

(四)小学生品德发展面临外来文化糟粕腐蚀的风险

当今是一个全球化的时代。随着我国日益全面深入地融于全球化进程,我国社会生活的方方面面都会与国际接轨。开放的大门,不可避免地让各种外来文化在中国传播。一些消极的外来文化趁机渗透进入我国社会。诸如西方的享乐主义、拜金主义、利己主义等思想,以及追求绝对自由、狂热的宗教信仰等文化糟粕,都在很大程度上形成对我国小学生品德发展腐蚀的风险。我国小学生的思想品德理应在我国优秀的传统文化和现当代的革命传统文化积极培育下成长,同时借鉴国外优秀文化为我所用,培养小学生具有国际理解的品质素养。但是,这些不良的外来文化通过各种渠道对小学生的品德发展产生负面影响,应当采取必要手段加以管控,过滤和净化小学生品德发展的文化环境。

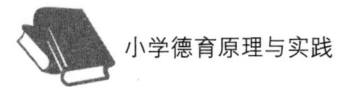

小组讨论

阅读材料,讨论当前小学德育工作对小学生品德培养的重要性。

小学生在校门口向国旗敬礼

2017年6月7日,早上8点30分左右,重庆市沙坪坝区森林实验小学一年级的小学生吴睿博背着书包一路小跑赶到了学校门口。这时候,学校正在举行升旗仪式。当国歌响起时,吴睿博突然停下了脚步,原地立正,面向学校的方向敬队礼。就这样,吴睿博在校门外参加了升旗仪式。国歌结束后,吴睿博又继续奔跑着到了教室。

没想到吴睿博站在校门口向国旗敬礼的画面,被一名路人随手拍了下来,并发到了自己的微信朋友圈中,引起了网络上大量的转载。人们纷纷对这名小学生的举动点赞。当记者问他上学都要迟到了,为什么还要在门口行队礼。吴睿博说:"我是一名光荣的少先队员。"

第三节 小学德育中的师生关系

在小学德育活动中,小学教师和小学生分别是德育工作的主体和道德学习的主体,师生之间的关系是主体间的关系。小学德育中的师生关系是学校生活中师生关系的一部分,对小学德育工作具有重要意义,应该引起足够的关注。

一、小学德育师生关系的内涵

有别于一般意义上的小学师生关系,小学德育师生关系特指在小学德育工作的范畴内,在涉及小学生思想品德教育的活动中,小学教师和小学生之间形成的一种特殊交往关系。一般意义上的小学师生关系对小学生整个学校生活的幸福感和自身成长与发展都具有深刻的影响,而作为特殊层面的小学德育师生关系,则更加强调这种师生交往关系对小学生思想品德形成与发展的促进作用。

由于道德学习是一种个体内在自主自愿的学习,学校德育从来就不是可以通过强迫或催促就能实现良好效果的工作。相比于中学生和大学生,小学生的道德学习更加依赖小学教师的引导,以及他们对小学教师的信任,他们会以教师的高尚品德为榜样,从人生的开始就注重自己的品德修养。因此,小学德育师生关系与小学德育工作的实效性具有直接的因果关系。从这个意义上讲,小学德育师生关系本身就是小学德育工作的重要组成部分,需要小学教师用心构建、精心维护。

二、良好小学德育师生关系的特征

我国社会主义核心价值观主张"自由、平等、公正、法治",这既是对美好社会的生动表述,也是从社会层面对社会主义核心价值观基本理念的凝练。它反映了中国特色社会主义的基本属性,是中国共产党矢志不渝、长期实践的核心价值理念。自由是指人的意志自由、存在和发展的自由,是人类社会的美好向往,也是马克思主义追求的社会价值目标。平等指的是公民在法律面前的一律平等,其价值取向是不断实现实质平等。它要求尊重和保障人权,人人依法享有平等参与、平等发展的权利。公正即社会公平和正义,它以人的解放、人的自由平等权利的获得为前提,是国家、社会应然的根本价值理念。法治是治国理政的基本方式,依法治国是社会主义民主政治的基本要求。它通过法制建设维护和保障公民的根本利益,是实现自由平等、公平正义的制度保证。

学校是社会的缩影,小学德育师生关系是社会关系在学校中的映射。为了追求"自由、平等、公正、法治"的社会理想,学校德育中应构建起良好的小学德育师生关系。根据我国社会主义核心价值观社会层面的基本内容,良好的小学德育师生关系应具备以下四个特征。

(一) 尊重教师职责,保护学生自由

在小学德育工作中,师生之间各自处于自己的主体性地位,相互之间存在频繁的交往活动。小学教师和小学生都可能站在自己的角度去审视德育活动,希望德育活动向着有利于自己的德育工作,或者自己的道德学习需要的方向发展。这就很容易使得师生双方产生自我中心主义的立场,也很容易从自我的立场出发,强制对方服从自己的意志,从而挟制对方的自由。小学教师在德育活动中过度要求小学生完成道德学习的任务,小学生为自己的自由意志,拒绝教师的德育影响,以致反对教师的德育主体作用,就是破坏小学德育师生关系的典型现象。

良好的小学德育师生关系应强调尊重教师职责、保护学生自由。也就是说,小学生在道德学习过程中应向教师学习,信任教师,并主动接受教师的思想品德发展引领。小学教师要尊重学生的道德学习需求、道德学习规律和道德学习兴趣,给予小学生充分的道德学习与品德发展的时间和空间自由,培养他们自主、自觉的道德品质。

(二) 倡导对话理解,追求师生平等

小学教师和小学生虽然在德育活动中扮演不同的角色,完成不同的任务,但他们在人格上都是平等的,具有完全独立的思想和行为。教师和学生之间需要通过对话向对方表达自己的思想观念,通过互相理解促进德育活动的正常进行。但是,事实上在很多情况下,小学教师容易将自己置于道德权威的地位,居高临下地要求小学生按照给定的道德规范行事,甚至扮演法官的角色,对小学生的错误言行横加评判。这种远离了对话和理解的德育方式,使得师生关系失去了平等的基础,不利于实现德育活动的目的。

良好的小学德育师生关系应倡导对话理解,追求师生平等。也就是说,小学教师要与小学生在人格平等的前提下,建立起对话关系。而且,小学教师要善于理解小学生的思想品德发展状况,理解他们在特定的德育环境中如何进行道德判断和推理,理解他们品德发展中存在的问题和需求。教师和学生在对话和理解的基础上,才能实现平等地交往,保证小学德育活动健康运行。

(三) 保障师生权利,坚守校园公正

小学教师和小学生都有法律和校园规章赋予的权利,小学教师有开展德育活动的

权利,有开展德育研究的权利,有对小学生进行品德评价的权利,而小学生有进行道德学习的权利,有参加德育活动的权利,有利用德育资源的权利。小学德育活动要求保障师生的这些权利。但是,在小学德育师生关系中,经常存在保障了教师权利,却侵害学生权利,或者保障了学生权利,又侵害教师权利的情况发生。

良好的小学德育师生关系应保障师生权利,坚守校园公正。也就是说,要把教师德育权利和小学生的权利统一起来,教师要以公正的态度教育学生,学生也要在遵守德育活动规范的情况下行使自己的权利,营造起公正的校园氛围。

(四)健全德育制度,践行教育法治

小学开展德育工作,要重视德育制度的建设和完善,以制度保障德育活动健康运行,做到有章可循,有法可依。小学德育负责人员要对违背德育制度的师生活动和行为及时制止和纠正,对师生关系中的矛盾及时协调和化解。

良好的小学德育师生关系应健全德育制度,践行教育法治。也就是说,为了保障良好的小学德育师生关系建立,就要求学校主动作为,建立健全德育工作规章制度,明确德育工作职责和规范要求。小学德育师生关系的构建和维护,要成为小学践行教育法治的典范。

三、构建理想小学德育师生关系的策略

在小学德育活动中,教师发挥主导性作用,直接决定着师生关系的质量。理想的小学德育师生关系需要教师去积极构建,需要学校管理者提供有效的支持,需要社会和家庭营造宽松的理解环境。小学教师肩负着构建理想小学德育师生关系的职责,这就要求小学教师能够以促进小学生思想品德发展为目的,用心钻研小学德育师生关系的特点,探索构建理想小学德育师生关系的策略。

总的来说,构建理想的小学德育师生关系可以采取以下基本策略。

(一)提升个人道德修养境界

小学教师作为小学生的启蒙人,必将在每一个小学生的人生起步阶段产生深远的影响。特别是在小学德育活动中,小学教师个人的道德修养就成为德育工作的重要内容,以润物无声的方式滋养、熏陶着小学生的品德养成。因此,小学教师应有意识地主动提升自己的个人道德修养,提高自己的人生观、价值观境界,将是构建理想的小学德育师生关系的必由之路。

大多数小学教师都是一个普通的社会成员,都有着普通人的生活需求。但是,小学教师在职业工作范围内,特别是在承担小学德育职责的时候,能够以身作则,树立起高尚的道德标准,并努力去追求,将有助于小学教师以更达观的态度处理师生关系中的问题,实现构建良好的小学德育师生关系的目的。

(二)加强自身教育理论素养

小学德育工作是小学教育的重要组成部分。小学教师承担德育工作职责,本身就要求具备完善的教育理论素养,以开放的教育思想观念认识教育现象、处理德育问题。

小学教师要构建理想的小学德育师生关系,离不开以自身的教育理论素养为支撑。小学教师只有对德育工作的性质、意义有了正确的认识,树立了科学的德育观和儿童道德观,才能保证正确地对待小学德育活动中的小学生,才能有利于构建理想的小学德育师生关系。

小学教师应通过不断的学习和阅读有关教育理论的书籍,用心体会教育理论家的思想内涵,在思想意识层面深入地思考学校教育工作的过去、现在和未来,分析德育工作的新情况、新问题,把个人的德育工作置于宏大的教育理论背景之下进行审视。

(三)把握小学德育工作规律

小学德育工作遵循一定的规律,这些教育规律需要小学教师积极主动地探索和掌握,并需要小学教师以工作规律指导工作实践,以及在工作规律的指导下积累工作经验。大多数小学教师在从事一定时间的德育工作后,通过总结和反思能够形成一些规律性的认识和经验。比如小学德育的长期性、系统性等特征。

小学教师遵循已发现的德育工作规律开展德育工作,将有助于确立正确的工作目标,理性认识德育工作过程,放弃对小学生品德发展不切实际的理想状态,从而为构建理想的小学德育师生关系提供保障。

(四)研究小学生品德发展特点

小学教师开展德育工作,构建理想的小学德育师生关系,不可以不研究小学生的品德发展特点。小学生的品德发展过程,总体上遵循系统性、阶段性、矛盾运动性等规律,但是个别小学生的品德发展又受到个性化的因素影响。随着社会形态的演变,小学生生活生长的外部环境也在变化,并且影响着小学生的品德发展趋势。这都对小学教师提出了研究小学生品德发展特点的要求。

小学教师应树立起研究的态度和意识,面对新的小学生品德教育问题和困难,深刻探索解决小学生品德发展的难题。只有如此,才能帮助小学教师知己知彼,构建起理想的小学德育师生关系。

 本章练习

1. 小学教师作为德育主体的具体表现有哪些?
2. 关于小学教师的德育地位论有哪些?
3. 小学教师扮演哪些德育角色?
4. 小学教师应具备哪些德育素养?
5. 怎样理解小学生是道德学习的主体?
6. 关于儿童道德发展的道德认知发展理论、人格发展理论和观察学习理论的基本观点各是什么?
7. 学生品德发展的一般规律有哪些?
8. 良好的小学德育师生关系有何特征?

第五章 小学德育课程与教学

配套数字资源

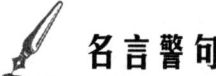

养成教育是管一辈的教育,是教给少年儿童终身受益的东西,它与素质教育紧密相关。

——关鸿羽

我们发现了儿童有创造力,认识了儿童有创造力,就须进一步把儿童的创造力解放出来。

——陶行知

没有任何东西比人类的爱更富有智慧、更复杂。它是花丛中最娇嫩的而又最质朴、最美丽和最平凡的花朵,这个花丛的名字叫道德。

——苏霍姆林斯基

 知识导图

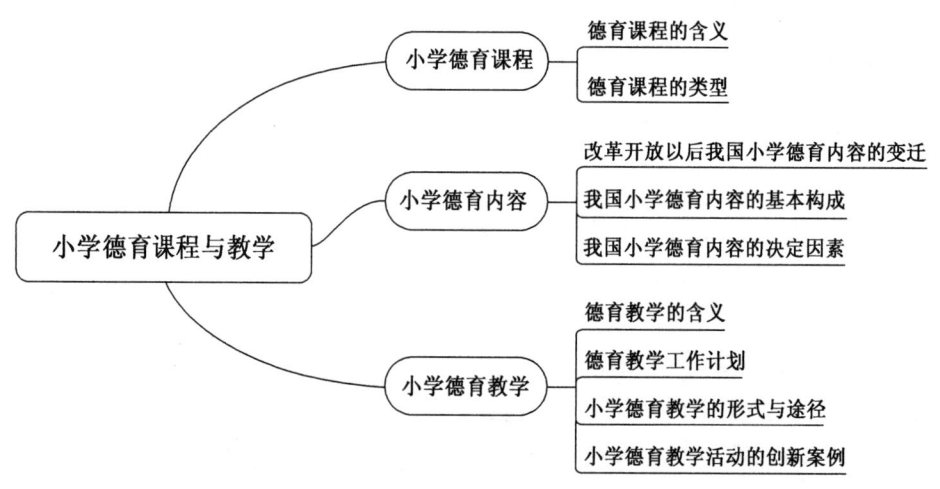

本章要点

1. 小学德育课程的含义、类型。
2. 小学德育内容的基本构成及决定因素。
3. 小学德育教学含义、工作计划、形式与途径。

 本章导读

本章旨在通过介绍小学德育课程的含义、类型,帮助学生掌握小学德育的课程,并且在介绍小学德育内容的构成上,让学生知道小学德育的构成与学生身心发展、时代社会发展、中华民族文化等之间的关系,以便于学生更好地明白课程标准内容的选择、目标的设置以及教学的实施等。

第一节 小学德育课程

一、德育课程的含义

任何教育教学的目的和要求都最终体现在课程上。设置何种课程以及如何组织和实施课程,不仅关系到教育教学内容的选择和确定,也反映着为教育教学活动提供什么样的依据。道德教育因其教育目的和要求不同于其他教育,所以,德育课程无论是从内容还是形式上都有其特殊的要求。科学理解德育课程的内涵,明确其基本类型具有较强的现实意义。

目前关于德育课程概念的两种具有代表性的观点如下:

(1) 侧重于课程开设的目的性方面:德育课程是具有育德性质和功能,因而对受教育者的思想品德发展有影响作用的教育因素,是整个教育课程的有机组成部分。①

(2) 侧重于课程的形式方面:德育课程是道德教育内容或教育影响的形式方面,是学校道德教育内容与学习经验的组织形式。②

对这两个德育课程的观点进行分析,能够发现两个观点对德育课程都有共同的认识,也就是,德育课程必须是一种主观上具有育德意向的,在效果上有育德功能的教育方式。而要判断是否为德育课程应该从这样两个要素进行分析,一是这种课程是否有着明确的道德教育目的,二是这种课程是否有明确的载体(如活动、课堂教学等)来实现这种目的。至于对学生起到怎样的育德作用则属于德育课程效果如何的问题,而不是

---

① 班华.现代德育论[M].合肥:安徽人民出版社,2001:157.
② 檀传宝.学校道德教育原理[M].北京:教育科学出版社,2000:116.

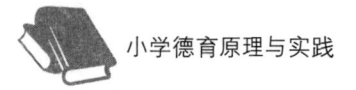

课程本身必须具备的要素。

因此,本书认为德育课程是为了促进学生形成某种品德,由一切对学生品德发展有影响力的教育因素组成的规划和内容的总和。① 由此可以推导出,小学德育课程是指小学生在教育者的引导下获得的富于道德教育意义的经验,这些经验是教育者依据小学生道德发展的需要和社会道德进步的需要精心选择和组织,并有计划、有目的地加以组织与安排的。②

要明晰小学德育课程的概念,需要注意以下几个问题:第一,小学德育课程的学习对象是小学生,而小学生自身具有的认知特点也会影响德育课程教育目的的设置、教学内容的选择、教学方式和策略的使用。第二,小学德育课程目标并不是简单传授一系列固定的道德规范体系,而重在使小学生确立合乎道德的价值观和人生态度,并形成与之相应的生活方式。第三,小学德育课程内容的选择需要符合时代和社会对人才的需求,不同的历史时期德育内容是有所不同的,这些不同均与时代和社会发展相关。第四,小学德育课程学习方式中更关注小学生的主动体验与实践参与;教学方式也必须更加多元化与多样化。

二、德育课程的类型

德育课程发展到今天有着多样的存在方式,人们按照不同的维度对其进行了分类。如有学者根据对学生产生道德影响的方式分为显性德育课程与隐性德育课程;根据德育课程对不同道德心理机制的作用分为认识性德育课程和活动性德育课程;根据德育课程在学校课程体制中的存在方式分为学科德育课程与活动德育课程③。还有学者把德育课程分为认识性德育课程、活动性德育课程、体制意义上的德育课程、气氛意义上的德育课程、隐性的认识性德育课程和隐性的活动性德育课程等④。这些划分的最终目的都是从不同的角度更好地把握不同德育方式所具有的特点和能够起到的作用。本书主要介绍以下几种德育课程类型:

(一)认识性德育课程⑤

认识性德育课程,是学校于正式课程之中规定的德育课程,是系统传授和学习有关道德的、思想政治的知识、观念、理论,以促进受教育者思想道德认识、观念、理想乃至道德情感、意志、行为习惯的形成与发展的课程。

认识性德育课程具有教学活动独立性和教学内容系统性的特征。在认识性德育课程中,教师根据课程计划和课程标准,在规定的时间内进行教学,引导学生系统掌握有关思想、政治和道德的知识,培养他们的世界观、人生观和价值观。认识性德育课程的

---

① 戚万学,唐汉卫. 学校德育原理[M]. 北京:北京师范大学出版社,2012:178.
② 刘济良. 德育原理[M]. 北京:高等教育出版社,2010:164.
③ 班华. 现代德育论[M]. 合肥:安徽人民出版社,2001.
④ 魏贤超. 整体大德育课程体系初探[J]. 教育研究,1995(10).
⑤ 班华. 现代德育论[M]. 合肥:安徽人民出版社,2001:163.

主要特点是教育性。德育课和各科教学一样,也要涉及大量自然知识和社会知识,要向学生传授比较系统的道德知识,要解决知与不知、正确与错误的矛盾,即具有科学性。然而,由于德育课程与各科教学所要解决的主要矛盾不同,德育课程的根本任务是进行思想品德教育,使受教育者养成良好的品德和行为习惯,其着眼点应始终放在进行道德教育,促进学生知、情、意、信、行等品德要素的协调发展。因此,教育性是德育课程的本质特征。

认识性德育课程的主要功能在于传授道德知识,发展道德认识能力。它重理智、尚系统,注重道德行为中智慧之启迪,诉诸学生的理解,养成学生正确的道德判断力,使他们对有关道德的知识、观念有系统的把握。凭着良知,我们才能判断善当行、恶当避,才能有持久、平衡的意志与情感准备。更重要的是,我们才能自觉地服从、遵守道德规范,促进个体道德由他律到自律的转变。

(二) 活动性(或实践性)德育课程

一些学者对于活动性(或实践性)德育课程的含义做了界定。例如活动性(或实践性)德育课程"是以学生为中心,实践活动为载体,以学生直接经验获得为主要内容的一种课程形式,是学生在实践活动中接受综合知识或经验为主要内容的一种组合方式"①。

活动性德育课程是以学生的兴趣、需要和能力为基础,利用校内外的教育资源,通过学校组织或学生自己组织的一系列活动,旨在增进学生的道德认识和实践能力,改善其道德生活而实施的德育课程。②

就认识性德育课程和活动性德育课程的关系而言,认识性课程是德育的基础课程,活动性课程则是德育的主导课程。活动性德育课程的主要功能在于可以弥补知而不行之弊,它着眼于学生的自主和谐的发展,以培养学生的道德能力和行为习惯为主要任务。把活动课纳入课程计划,并作为道德教育课程的主要部分,也正是在于活动在个性品德的形成和发展中所具有的独特作用。生产劳动、社会实践是活动性德育课程的重要形式。

活动课程的实施要注意以下几个方面:活动课程应当贯彻主体性原则;活动课程应当与其他课程相配合;活动课程应当与社会生活相统一。③

(三) 学科德育课程

学科德育课程是以学科为中心编制的课程。学科德育课程是我国唯一有专门的教材、教师、固定的时空环境的一种课程类型,是学校道德教育的基础和主要的课程类型。其主要任务是通过正规的课堂教学,帮助学生系统地把握、内化基本的道德知识、价值规范,提高道德认知能力,激发丰富道德情感体验,促进他们形成良好、积极的世界观、

---

① 余双好.现代德育课程论[M].北京:中国社会科学出版社,2003:27.
② 陈恒平.活动性德育课程:含义、特点及功能[J].扬州大学学报,2004(1).
③ 檀传宝.学校道德教育原理[M].北京:教育科学出版社,2000:133.

人生观和价值观。学科德育课程主要有两类:一是专门的德育学科课程;二是以学科课程方式存在的其他学科课程中包含的道德内容。所谓专门的道德教育学科课程就是指以专门介绍道德价值、规则的原理与知识体系,提高学生道德认知与判断能力等为主要内容的课程。中国一直采取的是学科课程的形式。从世界现当代德育发展的趋势来说,学科德育课程越来越得到肯定。① 各科教学的德育功能主要有两个方面:第一,系统的文化知识学习是提高学生理性能力的重要途径,这可为道德教育提供必要的工具性的前提。第二,各科教学本身包含着许多重要的价值或道德教育的因素。②

(四)隐性德育课程

隐性课程又称"潜在课程",潜在课程是从英文一词 potential course 翻译过来的。常见的翻译有隐性课程、隐蔽课程、潜在课程、隐藏课程等。按照权威性的《国际教育百科全书》的看法,隐性课程是指那些形成学生的非正式的各个要素,如能力分组、课堂里的规则与程序、暗含的课本内容、学生的性别角色差异,以及课堂里的奖励结构。隐性德育课程是德育课程体系的一部分同时也是隐性课程的一个分支,它不仅具有隐性课程的特点,而且结合德育本身的特点发挥独特的作用。在具体实践中,由学校内部各种环境因素构成的隐性德育课程主要是通过依靠环境育人的精神作用机制实现德育目标,以达到"潜移默化"的德育实效,成为德育中不可或缺的一部分。

隐性德育课程是"隐性课程"的下属概念,是德育课程的一个分支。对于隐性德育课程的概念界定,学界一直是各抒己见、众说纷纭。以下是三种最具代表性最具认可度的观点:其一,隐性德育课程主要是指学生在学校生活中通过各种途径获得的能够影响自身品德经验生长的各种隐性教育因素的总和,主要是学校物质环境与精神"动力场"构成的具有教育意义的德育资源的概括。其二,隐性德育课程主要是学校为了实现整体教育目标,以内隐的、不明确的方式,使受教育者无意识中获得的思想道德方面的经验的教育内容和因素的总和。其三,隐性德育课程一般是指存在于课内外、校内外、潜在的、有目的的、间接的教育活动中,并通过引起受教育者无意识、非特定的心理反应进而发生其潜在教育作用的教育性经验的渗透与传递。本书认为隐性德育课程是指广泛地存在于课内外、校内外教育活动中间接的、内隐的、通过社会角色无意识的、非特定心理反应发生作用的德育影响因素。简单说就是学校通过(或创设)一定的教育环境,对学生进行一种间接的教育性经验的传递与渗透。

关于隐性德育课程的构成要素,不同学者提出不同的建议。第一,从文化类型的角度,采用物质、精神二分法将隐性德育课程归纳划分为精神环境类和物质环境类隐性德育课程。第二,从存在领域角度划分,将隐性德育课程划分为文化—心理类隐性德育课程、物质—空间类隐性德育课程、组织—制度类隐性德育课程。第三,从主客体的角度划分,主要分为两大类:一类是存在于教师、学生以及师生"双主互动"之中的主体性要素,另一类是存在于校园文化之中的客体性要素。除此之外,关于隐性德育课程构成要

---

① 檀传宝.学校道德教育原理[M].北京:教育科学出版社,2000:125-130.
② 袁桂林.当代西方道德教育理论[M].福州:福建教育出版社,1995:254.

素的界定,还有一些其他的划分。例如,叶明非等认为隐性德育课程由六大因素构成,即认识性德育课程的隐性德育因素、非德育认识性课程的隐性德育因素、活动性德育课程的隐性德育因素、非德育活动的隐性德育因素、体制的隐性德育因素和气氛的隐性德育因素。① 季诚钧认为隐性德育课程可分为四类:显性德育课程背后隐含的隐性德育课程、物质形态的隐性德育课程、制度形态的隐性德育课程、精神形态的隐性德育课程。② 冀学锋从静态层面,将隐性德育课程领域划分为三个方面:学校物质层面隐性德育课程,学校组织和制度层面的隐性德育课程,学校精神和文化层面的隐性德育课程。③ 冀学锋从内容因素、学生的因素、方式因素三大基点对隐性德育课程的设计进行了探讨④。余双好对隐性德育课程设计与开发的基本方法进行了研究,提出隐性德育课程设计与开发的基本方法,如公正团体建设法、校园文化建设法、环境优化法等⑤。

(五)校本德育课程

校本课程亦称"学校本位课程"或"学校自编课程",即由学生所在学校的教师编制、实施和评价的课程。具体地说,校本课程就是某一类学校或某一级学校的个别教师、部分教师或全体教师,根据国家制定的教育目的,在分析本校外部环境和内部环境的基础上,针对本校、本年级或本班级特定的学生群体编制、实施和评价的课程。

目前,我国实行国家课程、地方课程和学校课程三级管理模式,要求学校从实际出发,参与本社区学校课程具体实施方案的编制,同时结合本校传统和优势、学生的兴趣和需要,开发或选用适合本校的课程。可见,校本德育课程的研究开发和实施是现代课程发展方向之一。

第二节　小学德育内容

小学德育内容是一定的阶级或阶层,依据德育目标的要求,为了实现德育目标通过一定的活动去教育培育年轻一代的思想、政治、道德、法纪和心理等方面的知识、理论、观点、准则和规范等。德育内容作为教育者对受教育者影响的中介,德育内容的问题,关系到未来一代的思想政治面貌和道德面貌的问题。

一、改革开放以后我国小学德育内容的变迁

改革开放以来我国小学德育内容与课程内容的变迁大致经历了恢复与重建期(1978年—1988年)、探索与改进期(1988年—1998年)、丰富与完善期(1998年—2008

---

① 叶明非,金明亮.隐性德育课程的构成初探[J].教育探索,2002(10).
② 季诚钧.试论隐性德育课程[J].课程·教材·教法,1997(2).
③ 冀学锋.试论高校隐性德育课程设计[J].伦理学研究,2003(2).
④ 冀学锋.试论高校隐性德育课程设计[J].伦理学研究,2003(2).
⑤ 余双好.隐性德育课程设计与开发的基本构想[J].当代教育论坛,2003(12).

年)、深化与提升期(2008年—至今)四个阶段。①

(一) 恢复与重建期(1978年—1988年)

"文化大革命"十年带给社会的不仅仅是社会经济文化的极大损害,更严重的是在社会价值观念上所造成的破坏,在很大程度上形成了社会价值体系的"失范"②。面对当时的现实情况,人们将问题解决的希望寄托于学校教育,特别关注学校德育工作的开展与落实。1979年4月22日—5月7日,教育部召开全国中小学思想政治教育工作座谈会,会后印发会议纪要,明确要求学校德育工作内容的具体开展要求。1981年,国家教委印发《关于小学开设思想品德课的通知》,当年秋季小学各年级普遍设立思想品德课。1982年5月,教育部制定了《全日制小学思想品德课教学大纲(试行草案)》,这是新中国成立以来第一个思想品德课教学大纲。1985年,中共中央发出《关于改革学校思想品德和政治理论课程教学的通知》,基于时代特征明确了各个阶段学校德育课程的建设目标,基于教育阶段的划分对德育课程提出了不同要求,为小学德育课程的科学化、专业化发展提供了可能。1986年,国家教委颁发了六年制《全日制小学思想品德课教学大纲》,增加了"大纲实施"部分,提高了可行性与实效性,且"允许各地根据大纲要求,实行'一纲多本,委托编写,审查通过,自由选用'的原则",结束了我国小学德育课程建设缺乏大纲指导的局面。它进一步明确了小学思想品德课的性质、地位和作用,指出思想品德课是向小学生比较系统地进行共产主义思想品德教育的一门课程。这是我们学校教育社会主义性质的一个重要标志,在小学教育中居于重要地位。

(二) 探索与改进期(1988年—1998年)

1992年,邓小平"南方谈话"和党的第十四次全国代表大会标志着我国改革开放和社会主义现代化建设进入了新阶段。随着我国计划经济体制向社会主义市场经济体制的转变,物质文明与精神文明协调发展的要求更为迫切,德育课程内容的改革侧重于为社会主义现代化建设服务。围绕新形势下的政治与社会发展需求,小学德育课程在新的历史时期逐渐规范化,呈现出新的特点与发展趋势。小学德育课程内容如何与政治保持适度的张力,兼顾政治方向与现代化发展,成为这个阶段的核心议题。1992年,国家教委在《九年义务教育全日制小学、初级中学课程计划(试行)》中提出要把坚定正确的政治方向放在第一位,其培养目标突出了基础性、时代性与针对性,明确提出课程具有全面育人的整体功能,特别强调要通过各类课程与活动向学生进行思想品德教育。同时,国家教委也制定了与此课程计划配套的各科教学大纲,其中1992年《九年义务教育全日制小学思想品德课教学大纲》总结了小学的思想品德课程设立以来的宝贵经验,强调教育内容的基础性与科学性。紧接着,国家教委于1993年3月26日正式颁布了《小学德育纲要》。为更好地贯彻落实《中共中央关于进一步加强和改进学校德育工作

---

① 李敏,崔露涵. 改革开放四十年小学德育课程的嬗变与反思[J]. 当代教育科学,2019(9):33-39.

② 班建武,檀传宝. 改革开放30年中小学德语课程的变迁与发展[J]. 思想理论与教育,2008(24):14.

的若干意见》,国家教委于1997年颁布了《九年义务教育小学思想品德课和初中思想政治课课程标准(试行)》(用"课程标准"取代了原有"教学大纲"称谓),"教学大纲"向"课程标准"的转变标志着德育课程的改革进入了由教师的教学立场转向学生的学习立场的发展阶段,这是新中国成立后第一次将九年义务教育作为一个有机的系统进行整体的综合设计,是对克服小学与中学德育相脱节问题的一次主动尝试。

(三)丰富与完善期(1998年—2008年)

随着素质教育的开展与推进,以德育为首的课程改革呈现出良好的发展态势,也逐渐转向对于德育课程内容自身发展规律与逻辑的关注。1999年颁布的《中共中央国务院关于深化教育改革全面推进素质教育的决定》指出:"进一步改进德育工作的方式方法,寓德育于各学科教学之中,加强学校德育与学生生活和社会实践的联系,讲究实际效果,克服形式主义倾向。"2001年中共中央印发实施的《公民道德建设实施纲要》作为新世纪公民道德建设的指导性文件,是贯彻落实依法治国同以德治国紧密结合重要思想的重大举措,强调了公民道德建设与社会主义公民培养的重要意义。为了落实《公民道德建设实施纲要》的精神与要求,2002年教育部颁发了小学《品德与生活课程标准(实验稿)》(1—2年级)和《品德与社会课程标准(实验稿)》(3—6年级),分别指出:品德与生活课程是以儿童的生活为基础,以培养品德良好、乐于探究、热爱生活的儿童为目标的活动型综合课程;品德与社会课程是在小学中高年级开设的一门以儿童社会生活为基础,促进学生良好品德形成和社会性发展的综合课程。这一时期,小学德育课程内容逐渐摆脱聚焦于政治形势与社会现状的运动式状态,扭转德育课程内容对于生活的疏离状态,强调关注学生的真实生活状态,以提高德育课程内容的实效性与针对性,发挥德育的个体发展功能。

(四)深化与提升期(2008年—至今)

新媒体时代不断绽放社会活力,在不断协调个人需要与社会需要的过程中,此阶段偏重于德育课程的个体享用功能,遵循学生的品德发展规律,注重德性养成。2011年,《品德与生活课程标准》(1—2年级)和《品德与社会课程标准》(3—6年级)完成了修订,贯彻了《国家中长期教育改革和发展规划纲要(2010—2020年)》坚持德育为先、立德树人的理念,并根据实施情况进行删减与调整,逐渐去成人化,打破小学德育课程与学生思想实际的鸿沟,旨在促进学生的德性成长与发展。2014年11月,十八届中央委员会第四次全体会议拟定了《中共中央关于全面推进依法治国若干重大问题的决定》,提出把法治教育纳入国民教育体系,在中小学设立法治课程。

新时期,在中国特色社会主义建设进入新时代的背景下,立德树人作为教育根本任务得以确认,国家教育方针中的"德"也被赋予了新的内涵,主要指社会主义核心价值观[1]。社会主义核心价值观教育和立德树人的新要求,要求新时期的儿童道德教育,要

---

① 吴潜涛,郭灏. 新时代党的教育方针的创新发展及其实现路径[J]. 中国高校社会科学,2019(2):21-32+157.

致力于将儿童培养成具有高尚道德、法治精神、健全人格、健康体魄的社会主义建设者和接班人。为了解决儿童道德教育的难点和适应新时期的道德教育要求,2016年秋季开始,新的统编版教材《道德与法治》正式进入全国各地中小学,这也标志着小学品德与生活(社会)课程正式更名为"道德与法治"课程。教材名称的改变,不仅是课程对新时代培养什么样的人的直接回应,而且也是落实党中央决策行动的具体表现。① 2017年印发的《中小学德育工作指南》在德育的总体目标中提出使学生养成良好的法治意识。德育课程注重以育人为本,关注人本身的需要和发展,关注德育的个体享用功能,强调只有在真实的生活中,德育课程功能才能得以实现。

综上,改革开放四十多年以来,小学德育内容经历了恢复与重建、探索与改进、丰富与完善以及深化与提升四个阶段。在不同的历史发展阶段,小学德育内容展示出不同的适应方式与反映模式,从政治挂帅的单维价值取向,到适应社会主义现代化建设的需求;从满足小学德育课程本身的发展特点与规律,到致力于学生的德性成长,扭转了工具主义与功利主义倾向,促使小学德育转向关注学生道德精神世界的建构。在崭新的历史时期,小学德育课程在改革与发展中不断积累经验,致力于彰显德育课堂的德性价值,不断发展学生在德育课堂中的话语权。同时,结合新时代的新特点与新要求,小学德育课程如何在专业化、科学化的道路上理性发展,在遵循顶层设计的基础上实现理想状态的回归生活,平衡好社会发展和个人发展的需要,将成为德育课程探索的重要命题。

拓展阅读

统编教材《道德与法治》解读——以小学一年级教材为例②

一、教材更名的课程定位

根据党的十八届四中全会关于"把法治教育纳入国民教育体系,在中小学设立法治课程"的总体精神要求,由于法治教育必须纳入国民教育体系,所以中小学法治课程就成为每一个中小学生的必修课程。为了将中小学法治教育落到实处,教育部2016年专门拟定颁布了《青少年法治教育大纲》。该大纲指出,义务教育阶段的法治教育以基础性的行为规则和法律常识为主,侧重法治意识、遵法守法行为习惯的养成教育。结合小学阶段的"品德与生活(社会)"课程标准的相关规定,如《品德与生活课程标准(2011版)》指出:"引导儿童热爱生活、学会关心、积极探究是课程的核心。"《品德与社会课程标准》则指出:"'品德与生活课程'旨在培养学生的良好品德,促进学生的社会性发展,

---

① 江峰.统编教材《道德与法治》解读——以小学一年级教材为例[J].中国德育,2018(16):25-29.

② 江峰.统编教材《道德与法治》解读——以小学一年级教材为例[J].中国德育,2018(16):25-29.

为学生认识社会、参与社会、适应社会,成为具有爱心、责任心、良好行为习惯和个性品质的公民奠定基础。"从中就能基本明确道德与法治课程的课程定位:首先,从传承关系上讲,道德与法治课程是对先前的品德与生活(社会)课程和思想政治课程的继承。道德与法治课程,是以学生生活为本位,立足于培养学生的品德,根植于塑造学生的思想。其次,从学科本质上讲,《道德与法治》教材从以往以道德为主线转向道德和法治相融合的本质内涵上来,真正鲜明地体现了党的十八大提出的"用道德滋养法律,用法律支撑道德"的道德与法律主体思想。诚如成尚荣先生所言,道德与法治课程体现中央以德治国与以法治国的治国理念,符合青少年身心发展需求与特点,在学理上是站得住的,也彰显了中华文化的特色。最后,从课程育人上讲,道德与法治中的道德是需要社会主义核心价值观教育、中华优秀传统文化教育、红色革命传统教育为根柢,法治是需要以习惯规则教育、生活实践教育、法治信仰教育为支撑,从而真正培养出具有良好行为习惯和个性品质的公民。义务教育阶段,尤其是小学一年级的起始时期,儿童道德教育至关重要,道德与法治教育不可偏废。一方面,既要着重于儿童良好行为习惯养成和个人人格完善的品德培养;另一方面,更要强调法治理念、法治意识、法治价值与法治信仰等法治素养的根植培育。唯其如此,在社会主义核心价值观引领下,道德与法治课程才能真正实现立德树人的根本任务。这为新时期儿童道德教育开创了新局面,构建了新范式。

二、教材编写的基本逻辑

统编教材《道德与法治》的编写,真正反映了道德与法治的学科本质。

(一)教材主体上,创生了暗合个体认知的"我到你推及到他"的人本逻辑

随着时代的发展与视野的拓展,刚入学的小学生需要在认识自我的同时,逐渐学会与外在世界建立联系。基于这一认识,新的统编教材《道德与法治》遵循了"由我及人"的人本逻辑,即由认识自我,到认识你,再到结识更多的小朋友——"他"的人性固有逻辑。这样一来,统编教材的重点不仅在于学生自我品德的形成,更重要的是还要促进所有学生的社会性发展。这在一定程度上改变了过去的知识工具主义与人性功利主义,引导学生结合自身特点,探索过去、现在与未来构成的纵向关联和由我、你、他构建的横向共在关系。纵向的时间与横向的人本在统编教材中交集,时间规定了教材的时空跨度,人本则定义了教材的关系属性,二者最终还是由小学生构成的人本决定的。人本的社会性程度,一定程度上影响并决定了自我品德的形成。

依据道德与法治的课程定位,根据小学生的基本认知、生活经验和育人要求,一年级教材的整体框架是围绕着"自我—校园—家庭—天气—大自然"的逻辑线索进行编排的。如一年级上册设计了"我是小学生啦""校园生活真快乐""家中的安全与健康""天气虽冷有温暖"单元主题,下册则设定了"我的好习惯""我和大自然""我爱我家""我们在一起"等单元主题。这种人本逻辑,体现的是以自我为本位、由小我推演到你再拓展到他的人际间的共在关系。

(二)教材内容上,构建了契合学生体验的"生命—生活—生态"的圈层逻辑

在编写内容上,统编教材《道德与法治》一改传统的道德教育与个体生活割裂的状态,改变了过去一味地强调道德价值至上与生命个体对道德规范的服从,导致了将生命

个体置于传统和秩序之下,从而忽略了个体生活的独立价值。为此,《道德与法治》教材从三个方面构建适应小学生发展的圈层逻辑:首先,从生命本真开始,循着生命的哲学命题"我是谁",构建了"我的自我初步认知"的生命圈层逻辑。如一年级上册第一单元"我是小学生啦"这一单元主题,就是从我的初步认知开始,让每一个小学生从入学第一天起,就知道我是一名小学生,并用"人不学,不知道"的经典强调小学生肩负的学习重任。其次,从儿童生活实际入手,循着"校园生活—家庭安全"的生活主线,建构了真实的儿童生活圈层逻辑。如第二单元的"校园生活真快乐",就从我们的校园、校园里的号令、课间十分钟、上课了四个主题,全面阐述快乐的校园生活到底包括哪些方面;第三单元的"家中的安全与健康",从玩得真开心、吃饭有讲究、别伤着自己、早睡早起四个方面,讲述了小学生在家庭生活中要注意哪些安全,才能促进自身健康。最后,从与学生真正感受到的大自然入手,将教材内容扩展到天气的生态逻辑。如第四单元"天气虽冷有温暖",从美丽的冬天、健康过冬天、快乐过新年、新年的礼物四个方面突出了单元主题中的自然变化与节日温暖。这种编排逻辑体现了人与自然万物之间的共生关系。

(三)教材形式上,设计了符合活动课型的"主题—课题—问题"的形式逻辑

在教材的编写形式上,统编教材《道德与法治》以道德践行为原则、以活动体验为形式,构建了体现新课改理念的政治活动基本课型,即"主题—课题—问题"的形式。如关于"我"的主题,一年级学生要重在培养自我习惯与身份转换,二年级学生要养成过好闲暇生活的习惯,高年级学生则关注自己生活中的挑战。这样,就在"我"的同一主题下形成了不同年段的课题。不同的课题又要设计不同的问题。如一年级上册第一单元中的"我是小学生啦"的单元设计,主要培养小学生的身份转换;到了一年级下册第一单元中的"我的好习惯"的单元设计,主要培养整洁、精神的正向行为和良好习惯,坚决杜绝拖拉、马虎的负向行为和不良习惯。再如,"我们爱整洁"一课中,要求小学生上学前养成注意领子平整、红领巾扶正、毛巾挂起的整洁习惯,最后以"这样是爱整洁吗"的问题,列举了诸多不良习惯。一定程度上,体现了小学生之间良好行为习惯的共享关系。

自主学习

请扫描本章章首二维码,阅读《义务教育品德与生活课程标准(2011年版)》《义务教育品德与社会课程标准(2011年版)》,了解其具体内容和基本要求。

二、我国小学德育内容的基本构成

德育内容主要由五个方面的教育内容构成,即基本的文明习惯和行为规范教育、基本的道德品质教育、爱国主义教育、集体主义教育、民主与法制教育等。[①] 它们各有各的特点,同时又相互联系,相互制约,一起构成了德育内容整体。

(一)基本的文明习惯和行为规范教育

学校德育的重要任务之一是使青少年养成基本的文明行为习惯,遵守日常生活中

---

① 刘济良.德育原理[M].北京:高等教育出版社,2010:158.

的各种行为规范,这也是现代公民应具备的基本素养。因此,基本的行为规范教育一直是学校德育的重要内容。文明行为教育的内容很多,涉及儿童生活的方方面面。诸如,在学校生活中要热爱集体,同学之间要互相尊重、团结互助、理解、宽容、真诚相待、诚实守信、礼貌待人,尊重教职工,热爱学习,乐于探究等;在家庭生活中要孝敬父母,尊敬长辈,与邻里和睦相处等;在社会公共生活中要爱护公物,遵守公共秩序,遵守交通法规等。学生无论在学校、家庭还是社会公共场所,都应当遵守文明行为规则。文明行为的内容广泛,看起来似乎是日常小事,却是一个有教养的人的文化修养和精神内涵的标志或表现。

(二) 基本的道德品质教育

基本的道德品质,如诚实、守信、守法、公正、仁爱等,作为人的立身之本,一直是道德教育的重要内容。现代社会变迁迅速,人际交往日益频繁,价值观日趋多元化。面对复杂的现实生活,很多国家都极为重视儿童基本道德品质的养成。早在1980年国际道德教育会议的报告中曾经归纳出各国道德教育计划应当共同强调的内容,共有四类:第一,社会价值标准,如合作、正直、社会正义、尊重他人、公民精神、社会责任感、尊重人类尊严、人权、劳动尊严等;第二,有关个人的价值标准,如忠厚、诚实、守纪律、宽容、襟怀坦荡等;第三,有关国家和世界的价值标准,如爱国主义、民族意识、和平的公民责任、国际理解、人类友爱、民族间相互依存的意识等;第四,认识过程的价值标准,如追求真理、慎于判断等。我国学者突出强调核心道德品质的建构应关照人的"私人生活领域"和"公共生活领域",并体现在生命个体的"处世""行事"和"立身"三大方面。

(三) 爱国主义教育

小学爱国主义教育的内容主要有以下几个方面:

第一,帮助儿童从小培养热爱祖国的深厚情感。

第二,帮助儿童初步了解民族和国家两者的内涵以及民族与国家间的相互依存关系,逐步树立起民族和国家意识。

第三,帮助儿童初步了解我国各民族和社会发展现状,引导儿童自觉地将自己乃至本民族的国家的利益结合起来;帮助儿童逐步树立为民族与国家强盛而努力奋斗的精神。

第四,教育儿童在热爱本民族与国家的基础上,正确地理解其他民族与其他国家的利益,帮助儿童逐步树立起自尊、友爱和合作精神。

第五,重视各民族的传统美德教育。

(四) 集体主义教育

小学集体主义教育的内容主要有以下几个方面:

第一,教育儿童关心、热爱集体,成为集体的积极一员。

第二,用集体主义精神调节言行。

第三,初步了解个人在集体中的地位和作用,正确认识个人与他人、个人与集体之间的关系,并在此基础上培养起尊重他人与服从集体的意识。

(五)民主与法制教育

当前,我国正稳步推进政治文明建设的步伐,社会主义民主与法制建设不断完善。民主与法制既是现代社会的重要标志,也是重要保障。在培养现代民主社会的公民这一问题上,学校德育大有可为。民主与法制教育作为学校德育的重要内容对于培养现代民主社会的公民意识和公民道德具有重要意义。民主与法制教育的主要任务是使青少年理解宪法是国家的根本大法,以宪法为基础的一系列法律法规是全体人民意志和利益的体现;了解我国的政治制度、经济制度和其他各项制度;增强国家观念和主人翁责任感,养成遵纪守法的习惯,在正确行使宪法和法律规定的公民权利的同时,忠实履行宪法和法律规定的公民义务,坚决维护国家利益。

三、我国小学德育内容的决定因素

德育内容的选择与设计,不是由德育工作者随意决定的,而是有其自身的科学根据。我们只有正确地认识德育工作的规律,才能科学地确立教科书的德育内容,从而完成德育任务,实现培养人的德育目标。

德育内容的编排要依据德育目标、学生身心发展的阶段性和思想品德发展规律、形势的要求和学生的思想实际情况,此外,还需遵循一定的原则,把它们有机地组合起来,由浅入深、由低到高、由近及远、由具体到抽象、由感性到理性、螺旋式上升,构建每个年级的德育内容,形成科学化、系统化、规范化、相对稳定的德育内容体系。

(一)青少年思想品德形成、发展的规律及心理特征

学生思想品德的发展规律决定了德育内容的深度和广度。德育内容有其稳定性和一贯性,但人的思想品德的形成、发展、变化,有着自己的特殊规律,其政治观念、思想道德的发展在不同年龄阶段表现出不同的特点。从个体思想品德形发展的规律来看,个体从小到大,逐渐形成的道德品质,不是同时、毫无次序形成的,而是遵循一定规律,按照一定的次序和水平,由低级到高级,由感性到理性逐渐形成和发展的,是一个波浪式前进和螺旋上升的过程。而且道德与人的知识经验、思维能力也有着直接的关系。这不仅体现在某种道德品质只有到一定的年龄阶段才有可能形成,而且体现在同样一种道德品质在不同年龄的学生中也有不同的内容和标准。因此,由于年龄和身心发展水平的差异,不同教育阶段的受教育者所能接受的德育内容层次的高低、深浅和广度也就迥然不同。小学阶段是6~7岁至11~12岁,称之为儿童期,这是人的思想品德形成的初级阶段。其发展更多地体现在由不知到知、由不懂到懂、由不会到会做的过程。在这一阶段,学生良好的思想品德的形成将会为他的一生的发展奠定坚实的基础。从思想品德发展的角度来看,小学生主要表现为幼稚性与可塑性、模仿性与易变性、自我中心性与缺乏自律性的特征,因此,德育内容的选择与设计,既要有一定的稳定性和连续性,也要适应学生身心发展的特点,遵循思想品德形成发展的规律,科学地设置相应的内容。

(二)国家的教育方针和教育目的

国家的教育方针和教育目的直接决定着德育内容的选择与设计。国家德育目的是

德育工作的出发点和归宿。德育内容则是依据德育目标的要求加以选择和设计的,是德育目标要求的具体展示,也是德育本质的直接反映。我国各级各类学校德育的总目标是,把全体学生培养成热爱祖国的,具有社会公德、文明行为习惯的遵纪守法的好公民。在这个基础上,引导他们逐步树立科学的世界观、人生观、价值观,不断提高社会主义思想觉悟,成为有理想、有道德、有文化、有纪律的社会主义现代化事业的建设者和接班人,并为他们中的优秀者在将来成长为具有共产主义觉悟的先进分子奠定基础。各个阶段的具体目标都应包括政治素质、思想素质、道德素质、法纪素质和心理素质等方面的要求,以保证德育要素在各个教育阶段的完整性和连续性。要根据学生的年龄特点、知识水平和成长规律有所侧重,不可求全。同时,《义务教育品德与社会课程标准》在课程目标中也有具体的说明,如在情感、态度、价值观方面要培养学生珍爱生命,热爱生活,养成自尊自律、乐观向上、勤劳朴素的态度;爱亲敬长,养成文明礼貌、诚实守信、友爱宽容、热爱集体、团结合作、有责任心的品质等。因此,德育内容的选择和确立要以德育目标、课程标准为主要依据。

(三) 民族文化及道德传统

作为东方文明古国的中国,在漫长的历史发展过程中,形成和发展了相对具有稳定形态的、博大精深的中华民族传统文化,它是中华民族几千年来创造的精神现象的总和,它包含思想观念、思维方式、道德情操、礼仪制度、宗教信仰、风俗习惯、价值取向、科学技术等诸多层面的内容。它不仅在中国几千年的历史长河中光辉灿烂,而且在当代的教育教学中,尤其是德育教学中起了十分重要的作用。中华民族传统具有以下几个特点:崇尚伦理,自强不息;追求真理,辩证思考;倡导本源性的精神基础——孝道;具有独特的审美意识和人文精神。这些特点影响着学生的价值观、思维方式、道德情操及礼仪制度等等。

党的十七届六中全会通过的《中共中央关于深化文化体制改革推动社会主义文化大发展大繁荣若干重大问题的决定》指出:"加强对优秀传统文化思想价值的挖掘和阐发,维护民族文化基本元素,使优秀传统文化成为新时代鼓舞人民前进的精神力量。"十八大以来,习近平总书记从实现中华民族伟大复兴的中国梦及培育和践行社会主义核心价值观的高度,多次强调了弘扬中华优秀传统文化的重要意义。他在主持中共中央政治局第十三次集体学习时指出:"中华传统美德是中华文化精髓,蕴含着丰富的思想道德资源。"为贯彻落实党中央关于完善中华优秀传统文化教育的精神,教育部于2014年发布了《完善中华优秀传统文化教育指导纲要》,对中华优秀传统文化教育提出了明确而具体的要求。这些都对德育内容的选择具有十分重大的影响。中华优秀传统文化蕴含着丰富的道德修养内容,所倡导的许多道德规范和价值理念与现代德育相契合,是现代德育的宝贵资源。重视优秀传统德育资源的挖掘与阐发,有利于提高德育实效,推动德育创新。在中华优秀传统文化中,蕴含着丰富的德育方法资源,它们对现代德育创新同样起到重要作用。

(四) 时代与社会的发展需要

由德育目标和受教育者身心发展特点及思想品德发展水平所制约的德育内容是一

些基本的、相对稳定的内容。在德育实践中还有另一类不稳定的或者说是多变性的内容,即由时代形势要求出发而确定的德育内容,这是由社会环境的动态性决定的。因为各个时期的国内外形势不同,党在各个历史时期的中心任务和方针政策也就不同,所以,德育内容也就应与之做相应的调整。我们要在继承和发扬优良传统的基础上,根据形势的发展变化,不断探索新时期的德育内容、方法与途径,增强德育的时代性与实效性,更好地为实现新时期的德育目标服务。当前我国对外开放进一步扩大,为广大学生了解世界、增长知识、开阔视野提供了更加有利的条件,而时代的发展也向人才培养提出了新的思想道德要求。我们的德育要不断地改革、完善,其中也必然包括确立新的合乎时代、社会、人类和未来发展的德育内容。现代生产和科技的发展要求现代人具有新的时效观、空间观、人才观、价值观以及相互协作的精神等,这些现代人所必须具备的思想品德素质必然要反映到学校的思想品德教育内容中来,使德育内容能够体现时代的特征。此外,每个人所处的具体情况不同,对待生活、学习、事物等都会有各自不同的具体现实思想,这就要求依据学生的思想实际确立和编排德育的内容。

第三节 小学德育教学

一、德育教学的含义

德育教学是实现德育目标的有效途径,是将德育内容通过教师与学生的双边互动进行传递和生成的重要方式,也是引导学生认识自我、感知自我、形塑自我的主要途径。德育教学属于"教学"这一概念的下位概念,为了更好地认识德育教学的含义,我们首先来回顾一下教学的内涵。

"教学"一词最早见于《商书》中,但在《商书》中,教学只是一种教者先学后教,教中又学的单向活动,即强调"学"的活动。之后在《学记》一书中,提出了"教学相长"之后,教学才真正有了"教"与"学"的双向活动之义,但此时的教学和教育的含义又很相近。

"教学"一词的英语表达为 Teaching,该词语与 Learn(学习)属于同源派生出来的两个词,"教学"一词的俄语表达为 Обучение Обучение,这个表达也有传授和学习之意。美国教育心理学家布鲁纳认为,"教学是通过引导学习者对问题或知识体系循序渐进的学习来提高学习者正在学习中的理解、转换和迁移能力"[①]。王策三认为"所谓教学,乃是教师教、学生学的统一活动;在这个统一活动中,学生掌握一定的知识和技能,同时身心获得一定的发展,形成一定的思想品德"[②]。李秉德认为"教学就是指教的人指导学的人进行学习的活动。进一步说,指的是教和学相结合或相统一的活动"[③]。可见不同

---

① 顾明远. 教育大词典(上)[M]. 上海:上海教育出版社,1998:711.
② 王策三. 教学论稿[M]. 北京:人民教育出版社,1985:88-89.
③ 李秉德. 教学论[M]. 北京:人民教育出版社,1991:2.

的学者对教学的界定都有着自己的认识和理解,但是从他们的界定中,我们不难发现这么几个共同之处:第一,教学是教师和学生的双边活动;第二,教学是围绕一定的目标和内容展开的;第三,教学是一种对学生形成影响的社会实践活动;第四,教学是一种人与人之间的交往互动的活动。

根据教学的含义,我们可以将小学德育教学界定为:小学德育教学是小学德育教师依据教学目标,围绕教学内容,遵循学生身心发展规律,通过引导学习者对德育知识和技能进行循序渐进的学习,以此引导学生形成正确的思想品质,并能够行塑自己的行为的一种教与学相互统一的社会实践活动。在这个定义中,我们需要关注以下几个关键点:第一,德育教学必须以德育目标为纲领,且所有活动必须要围绕德育内容进行展开;第二,德育教学策略的选择除了要以目标的实现、内容的落实为前提外,还需要考虑学生的身心发展水平;第三,德育教学是一个双边活动,在活动中需要教师和学生共同参与才能达到目标;第四,德育教学是一种人与人之间交往互动的过程,在交往互动中掌握知识、陶冶情操、行塑行为,由此对德育教学的评价不能仅仅以学业成就测试为主,还需要辅之以其他评价方式。

二、德育教学工作计划

德育教学工作计划是德育教学工作的起始环节,是德育教学工作能够顺利实施的前提保障。在管理学中,计划具有两重含义,其一是计划工作,是指根据对组织外部环境与内部条件的分析,提出在未来一定时期内要达到的组织目标以及实现目标的方案途径。其二是计划形式,是指用文字和指标等形式所表述的组织以及组织内不同部门和不同成员,在未来一定时期内关于行动方向、内容和方式安排的管理事件。而德育教学工作计划是指德育工作者根据学校内外部环境资源的分析,通过文字或图表的形式将某一时期内要实现的德育目标表示出来,并指明相关的行动目的、内容、方式、参与人员、活动安排等。

德育教学工作计划在德育教学工作中具有十分特殊的地位,它有以下几个性质:

(一) 德育教学工作计划是为实现德育教学目标服务的

计划的实质是确定目标以及规定达到目标的途径和方法。因此,如何朝着既定的目标步步逼近,最终实现组织目标,计划无疑是教学活动中人们一切行为的准则。它指导不同空间、不同时间、不同分工的人们,围绕一个总目标,秩序井然地去实现各自的分目标。行为如果没有计划指导,被管理者必然表现为无目的的盲动,管理者则表现为决策朝令夕改,随心所欲,自相矛盾。结果必然是组织秩序的混乱,事倍功半,劳民伤财。在现代社会里,可以这样说,几乎每项事业,每个组织,乃至每个人的活动都不能没有计划蓝图。

(二) 德育教学工作计划是德育教学工作活动顺利开展的前提保障,是组织、开展、监控教学活动的基础

计划不仅是组织、指挥、协调的前提和准则,而且与教学活动紧密相连。计划为各

种复杂的管理活动确定了数据、尺度和标准,它不仅为教学活动指明了方向,而且还为教学活动提供了依据。经验告诉我们,未经计划的活动是无法控制的,也无所谓控制。因为教学活动本身是通过纠正偏离计划的偏差,使教学活动保持与目标的要求一致。

(三)德育教学工作计划具有相对的普遍性和秩序性

德育教学工作计划的相对普遍性是指任何的德育教学工作计划都有一些共同的特征,这些特征在所有的活动中均具有一定意义的普遍适用性。比如说任何的计划都需要有参与者,都要有活动的主题、内容、方式等。而德育教学工作计划的秩序性是指任何的德育教学工作都是有步骤、有安排、有顺序的。

(四)德育教学工作计划最终的目的是效率最大化

我们正处在一个经济、政治、技术、社会变革与发展的时代。在这个时代里,变革与发展既给人们带来了机遇,也给人们带来了风险,特别是在争夺市场、资源、势力范围的竞争中更是如此。如果管理者在看准机遇和利用机遇的同时,又能最大限度地减少风险,即在朝着目标前进的道路上架设一座便捷而稳固的桥梁,那么,组织就能立于不败之地,在机遇与风险的纵横选择中,得到生存与发展。如果计划不周,或根本没计划,那就会遭遇灾难性的后果。这在教学活动中也是同样的道理。教学工作计划能够为我们的教学活动指明方向,减少风险,以达到效率最大化,也就是教学目标的实现。

拓展阅读

德育教学工作计划案例

××小学2017—2018学年第二学期小学德育教学工作计划

一、指导思想

新学期,我们紧紧围绕学校实际工作,以创"人民满意的学校"为目标,以养成教育为重点,以创建优秀班集体和少先队活动为载体,以家庭、社会教育相结合,以师德教育为保证,优化常规管理,深化德育活动,为学生快乐学习、幸福成长、主动发展,奠定坚实的思想道德基础。

二、工作目标

1. 加强少先队队伍建设,强化浓厚的育人意识。
2. 坚持活动育人思想,提升学生的综合素质。
3. 狠抓规范养成教育,培养良好的行为习惯。
4. 推进校园文化建设,创设和谐的德育环境。
5. 搭建家校沟通平台,创建人民满意的学校。

三、主要措施

(一)狠抓队伍建设,强化德育意识

1. 加强师德规范教育。师德是教师素质的灵魂,要逐步健全完善制度,不断充实师德教育内容,通过教育引导、学习培训和考核奖惩等形式,加强教师队伍建设,让每一位教师做到关爱学生、理解学生、尊重学生,时时为师,处处为表。

2. 加强班主任队伍建设。采取理论学习、现场观摩、工作交流、专题讲座等形式,提高班主任的德育工作水平和能力。通过培训会、新老班主任结对子活动,加强年轻班主任的培养。

3. 确立"以人为本"思想。努力构建"平等、民主、和谐、合作"的师生关系,要全面认识学生的学习主体地位,把学生作为"人"——真实的人、发展中的人、有差异的人、有潜能的人来看待,教育中要充分发挥学生的积极性、主动性、内驱力,坚持激励和正面教育。

(二) 扎实开展德育活动

1. 强化养成教育。加强新学期学生日常行为规范的检查、考核力度,确保常规工作持之以恒,抓细抓实。各班队继续组织学生学习《守则》《规范》和《班级公约》,要求学生熟背并落实到行动中,以培养学生良好的行为习惯。重点抓好两操、路队、安全活动。继续推行领导班子值周、红领巾监督岗制度,加大督查、巡查力度,及时公布情况,保持校园良好的秩序和风气。

2. 抓好法制、安全教育。学校将继续把安全教育和法制教育作为德育工作长期坚持的重点。各班队要把安全教育、法制教育贯穿到整个学期,常抓不懈。要通过专题讲座、知识竞赛、主题班队会、参观展览和安全演练等形式,增强学生遵纪守法的自觉性和自我保护意识。

3. 开展心理健康教育。心理健康教育是学校教育工作的一项重要内容,要通过观察、座谈、问卷调查等形式了解学生的心理现状,在认真上好健康教育课的同时,发挥校心理咨询室的作用,及时矫正某些学生的畸形心理,特别是对一些单亲学生及留守儿童进行心理辅导,尽最大努力使每一个学生的身心能健康发展。

4. 落实感恩教育。以三八妇女节、母亲节、劳动节为契机,从感恩父母入手,弘扬中华民族传统美德,开展"把忠心献给祖国,把关心献给他人,把爱心献给社会,把孝心献给父母,把信心留给自己"的"五心"活动。如:开展"争当爸爸妈妈的好帮手"主题活动,以班级为主体,举办"感恩教育"主题班队会,组织开展观看感恩影片、吟颂感恩诗歌、传唱感恩歌曲、阅读感恩美文、征集感恩格言的活动。开展"我能行"的活动,每个队员在家庭中选择一个岗位进行体验,帮爸爸妈妈做一件事,说一句心里话,送爸爸妈妈一件礼物等。

三、小学德育教学的形式与途径

(一) 小学德育教学的基本形式

中国的道德教育形式主要是以开设专门的道德教育课程并辅之以经常组织学生进行课外辅导及社会实践活动为主。教学活动方式多样,如阅读、讨论、辩论、参观、调查、访问、游戏、角色扮演、模拟活动、两难问题辨析,以及撰写报告书、制作图表等,每一种活动都有其适用的范围和价值。进行小学德育教学时,强调切合实际地运用图书(包括教材及教辅)、报刊、图片、地图、图表等文本资源,影视节目、录音、录像、VCD、网络、软件等音像资源,博物馆、教育基地、图书馆、实验室、纪念馆、文化馆、自然和人文景观、各种社会组织和政府机构等。

表现如下:

(1) 讨论:讨论是最常用的儿童学习、交流活动形式,可以是小组的,也可以是全班的;可以是随机的,也可以是专门安排的。讨论活动能使儿童有机会运用多种方法表达自己的感受、想法,展示自己的成果,分享交流,锻炼表达能力等。

(2) 资料调查:在成人的指导下,通过图书、报纸、电视、电话、网络等途径搜集资料是儿童自主学习的主要方式之一。可根据学习内容的要求、儿童的兴趣和水平进行组织与指导,确定搜集的目标和范围,将得到的资料按要求或以儿童熟悉的方式进行整理、利用、交流。

(3) 现场调查:通过组织儿童到现场观察或与当事人交流,使儿童对所关注的问题通过亲身体验,获得直观的印象和更加深入的了解。调查活动中,要指导儿童用自己擅长的方式进行记录,对调查结果进行总结、归纳并相互交流。调查活动适用于熟悉环境、了解学校及周围的发展变化、革命传统教育等方面的活动。

(4) 情景模拟与角色扮演:这类活动是为了让儿童获得某些难以身临其境去学习的体验、经验、知识等,而有目的地创设某种情景,令其经历的仿真性演习活动。活动的关键是让儿童获得体验,演技好坏并不重要。如学习生活中待人接物的一般礼节、在紧急情况下的求助和自救、交通安全标志的识别与遵守交通规则、遵守公共秩序等方面的教育等都可利用这一形式。

(5) 操作性、实践性活动:这类活动包括儿童自己动脑动手的小实验、小制作、饲养、种植等活动,适用于开展科学探究学习、发展情趣和操作技能、学习实际的劳动本领等方面的活动。小实验、小制作等类型的活动可安排在课堂教学中,也可作为课后的实践或专题活动进行。饲养、栽培等活动一般需要持续较长时间,应加强过程指导,并可与班级、学校的其他活动配合进行。

(6) 教学游戏:这是在教学中所采用的带有"玩"的色彩而又与学习内容配合的活动方式。游戏是儿童有效的学习方式,对培养儿童的情感,让儿童体验集体生活的乐趣,理解规则、学习科学知识等是很有用的。

(7) 参观访问:这类活动旨在充分利用各种校外教育资源,让儿童走出学校,到社会中去学习、实践,以开阔眼界、增长知识、扩展兴趣、发展实践能力。如参观烈士陵园、博物馆、科技馆、工厂、农村以及各种社会设施,访问社区和各种社会人士等。可在了解家乡的变化、进行革命传统教育和科学教育以及培养儿童的社会实践能力等方面应用这种活动形式。

(8) 欣赏:这是一种以儿童的体验、感受为主要学习方式的活动。欣赏的对象可以是人文作品、自然景色,也可以是儿童喜欢或佩服的同伴或其他人物。如师生共同搜集某一专题的故事、绘画、照片、录像、电影、多媒体作品等一起欣赏;通过欣赏雪景、星空、春色等感受大自然的美;儿童通过讲述同学的优点和自己的成长来欣赏自己和同学的进步;等等。

(9) 练习:这是指针对某一项或几项教育目标,进行有针对性的课堂练习或课后强化练习,以让儿童学会正确的方法,养成良好的习惯。如学会正确的坐、立、走姿势,学会正确的阅读姿势或刷牙方法,自己整理书包等。

(10) 讲故事:讲故事是以故事情节或主人翁的形象去感染、教育儿童的活动方式。作为教学活动的讲故事可有多种形式,如可在课堂教学中穿插一个或几个故事;把讲故事与角色表演相结合;举行"故事大王"演讲会等。故事要有趣味性和教育性,让儿童能通过故事激发情感,领悟道理。

(11) 讲授:这是以教师言语传授为主的活动形式。为让讲述生动、有效,应在充分了解儿童理解水平的基础上,尽量利用各种直观教具、故事和能够调动儿童积极性的方法。

(二) 小学德育教学的基本途径

1. 思想品德课与其他学科教学

这是学校有目的、有计划、系统地对学生进行德育的基本途径。学校工作以教学为主,教学是学校德育的基本组织形式,这决定了各科教学是对学生进行德育的主要渠道。通过教学实施教育是通过传授和学习文化科学知识实现的。学校把课堂教学作为学校道德教育的一个重要途径。除了特设道德课进行道德教育以外,还通过整个课程实施,把道德教育内容渗透到各学科的课堂教学中。各学科教学是教师在向学生传授知识的同时进行道德教育的最经常的途径。

2. 课外、校外活动

课外、校外活动是整个教育体系中必不可少的组成部分,它不受教学计划的限制,是向学生进行德育的一个重要途径,也是促进学生身心健康发展,培养良好道德情操的重要途径。通过这个途径进行的德育符合小学生的特点和需要,能够充分调动他们的积极性。

3. 劳动

通过劳动,学生容易产生对劳动科学与技术的兴趣与爱好,激发出巨大的热情与力量,经受思想与行为的磨炼与考验,从而能够培养学生勤俭、朴实、顽强等优良品德。

4. 少先队活动

少先队、学生会是学生自我教育的重要组织形式,是学校道德教育工作中一直最有生机的力量。少年先锋队是中国共产党委托共青团领导的少年儿童的群众组织,是少年儿童学习共产主义的学校。通过自己的组织进行德育,有利于调动学生的积极性和创造性,培养主人翁意识以及自我教育和管理的能力。

5. 班主任工作

班级是学校实施道德教育的基层单位。班主任工作是培养良好思想品德和指导学生健康成长的重要途径。通过班主任,学校可以强有力地管理学校基层学生集体,教育每一个学生,更好地发挥上述各个德育途径的作用。

6. 心理咨询和职业指导

心理咨询是培养学生健康心理品质的有效途径；职业指导是发展学生个性、进行理想教育的有效途径。

7. 校园文化建设

整洁、优美、富有教育意义的校园环境是形成整体性教育氛围的不可缺少的条件，学生会受到良好的熏陶和影响。

8. 家庭与社会

家庭对学生行为习惯的培养、品德的形成、个性的发展有着重要的影响。学校应主动与家长取得联系，相互配合、协调一致，提高道德教育效果。政府和社会各部门按国家有关法律和中央文件规定均应履行关心、促进和保护学生健康成长的义务。

四、小学德育教学活动的创新案例

小学德育教学活动是一种以生活德育、主体德育、实践德育的理论为指导，以建构具有教育性、创造性、实践性的学生主体活动为形式，以激励学生主动参与、主动实践、主动思考、主动探索、主动创造为基本特征，促进学生德行素质、创新意识、实践能力发展和良好个性养成为目的的新型教学形态。教学活动是小学德育课程实施的主体内容，是将教学目的、教学理念、教学设计、教学内容、教学评价等都连接起来的纽带。下面将介绍三个小学德育活动的创新案例：

（一）案例一：德育创新之爱国情怀——《小小影评人》[①]

爱国主义教育是学校开展德育的永恒主题，但这一主题范围比较广泛，许多教师在教育教学过程中对学生进行爱国主义教育存在说理较多、内容空洞等问题，学生听来也觉得索然无味，无法从感性和理性上去理解爱国主义，使学校德育流于形式、浮于表面。于是，602中队坚持利用有效的影视资源，以看电影、评电影的形式创造性地培养学生的爱国主义情怀。

1. 观看"爱国主义"题材影视剧

602中队坚持每月在班队课安排"爱国主义"题材影视剧观看已经持续了3年，班主任从"百部爱国主义教育影片"中，挑选适合学生观看的电视影片。四年级时学生观看了通俗易懂的《举起手来》《小兵张嘎》《铁道游击队》等爱国影片，五、六年级时学生观看了紧跟时代的《建国大业》《太行山上》等爱国影片。鲜活的人物形象、感人的电影画面、忘我的献身精神……深深地震撼着每一位学生的心灵，使学生在欣赏电影中受到爱国主义教育。

看完影片，同学们纷纷畅谈观后感，知道了新中国的诞生和今天的幸福生活的来之不易。让孩子们更加珍惜今天的美好生活，坚定了他们勤奋学习奋发图强、长大后报效祖国的决心。观影也增进了小学生对父母、对老师、对学校的爱，从内心增强了对祖国

---

① 张骏乐. 直面困境的精彩——中小学德育创新101例[M]. 宁波：宁波出版社，2015：16-18.

的爱,让学生心中充满自豪感,为自己是一名中国人而感到骄傲。

2. 举行"爱国影评人"主题班会

602中队三年来每月班队课观看"爱国主义"题材影视剧,还定期举行以影片观后感为主题的班会。以有代表性的两个班会为例:

"《建国大业》观后感"主题班会利用PPT展示共产党建立、壮大的过程,通过播放英雄人物感人事迹、爱国知识有奖竞赛等方式,帮助学生了解祖国的过去,认识祖国的现在,展望祖国的未来,激发民族自豪感。

"《周恩来》观后感"主题班会利用收集周恩来生平事迹并演说、以小组为单位演唱爱国主义歌曲等方式,坚定孩子们为中华崛起而努力奋斗的信心,树立了崇高远大的理想。

3. 以"爱国主义"为衍生的操行评价

"爱国主义"培养的本质是让学生内化成自然的爱国情怀,由此衍生出来的操行其实包括了更广义的爱国主义道德观,比如爱校、爱班级、爱学习等。

602中队利用爱国主义教育的契机,通过观看"爱国主义"题材影视剧培养学生各方面的道德操守,从而形成"爱祖国—爱学校—爱班级—爱学习"多层次立体的爱国主义观。

【案例感悟】

一是爱国主义教育的激励性。爱国主义是中华民族的光荣传统,是社会主义精神文明建设主旋律的重要组成部分,同时也是学校培养"四有"新人的基本要求,引导人们特别是青少年树立正确的理想、信念、人生观、价值观,对促进中华民族的振兴与腾飞意义重大。

二是爱国主义教育的常态性。德育受主题限制,由学校或者班级开展的活动往往"广而不精",602中队坚持爱国主题影视剧播放并使之常态化,这是有益的实践,不但加强了学生的思想教育,对帮助他们树立正确的人生观、价值观发挥了积极的作用,而且为德育工作的长效性做出了有益的探索和实践。

三是爱国主义教育的衍生性。由狭义的爱国主义观衍生出来的广义爱国观念更贴近学生的生活和现实。由此,"爱祖国—爱学校—爱班级—爱学习"多层次立体爱国主义更成了日常行为品德养成的实践,这样的模式更有利于使原先爱国主义教育的空洞性变为有效的实践性,使原先的形式化变成德育管理常态化模式,真正使学校的爱国主义教育落到实处。

(二)案例二:德育创新之生命教育系列活动①

1. 活动主题

肺炎疫情"停"下来,生命教育"动"起来。

2. 活动时间

2020年2月15日—2月20日。

---

① 选自淮阴师院附中生命教育系列活动方案 http://www.hysyfz.com/article/show/3323.aspx。

3. 指导思想

突出第一要务：进一步引导全体同学高度重视疫情防控，不因过程长而麻痹大意，共克时艰让肺炎疫情"停"下来。

抓住教育契机：此次疫情，损失巨大、教训深刻，积极抓住蕴含其中的教育契机，引发学生对生命"丰富、细腻、系统、深入"的思考，面向核心素养，进行深层次的生命教育。

深化生活体验：通过引导学生通过多种"动"起来，体会"美好生活来之不易"，通过了解此次疫情中值得学习、领悟、珍视、动容的一些人和事，学会尊重生命，理解生命的意义，理解生命与天人物我之间的关系。

4. 简要说明

- 隐性价值指向：生命意识、生命知识、生命技能。
- 显性价值指向：身体安全教育、心理安全教育、学会生活教育、价值认知教育、公民意识教育，以上五个方面即本系列生命教育的范畴。
- 学生参与方式："读写书画思做，吹拉弹唱听看"动起来。

5. 生命教育"动"起来系列活动内容

（1）生命教育新闻"读"起来

- 活动内容：阅读"疫情期间从患者、医生、官方、自媒体等多视角推送的实录、评论"，感受生命的宝贵和意义；阅读钟南山等最美逆行者们的感人事迹，体会"奉献、坚守、责任"的伟大，思考生命的价值，判断追什么星？如何追星？要成为一个什么样的人？
- 主要指向：显性"身体安全教育，价值认知教育"；隐性"生命意识"。
- 参与学生：全体学生。
- 负责人：家长、班主任。

（2）生命教育知识"学"起来

- 活动内容：学习疫情相关知识，增强疾病预防能力。在科学、体育等学科中感受生命的活泼，在语文、政治、生物等学科学习中，提高生存技能和生命质量。
- 主要指向：显性"身体安全教育，学会生活教育"；隐性"生命技能"。
- 参与学生：全体学生。
- 负责人：学科教师、班主任，教研组、备课组负责宣传展示。

（3）生命教育观念"树"起来

- 活动内容：从疫情中的众多人和事中，品读"有天人合一、自强不息，也有草营人命、明哲保身"，树立辨别筛选的意识表达和价值认知。
- 主要指向：显性"公民意识教育、价值观教育"；隐性"生命知识"。
- 参与学生：初三、高三。
- 负责人：家长、班主任，形成文字材料，年级总结展示宣传。

（4）生命教育歌曲"唱"起来

- 活动内容：欣赏和学唱《挺住，武汉》《武汉，你好吗》等疫情相关的创作歌曲，在感动的旋律中体会感恩。音乐专业班和特长的同学，鼓励进行微创作。

- 主要指向：显性"价值认知教育"；隐性"生命意识"。
- 参与学生：初二、高二。
- 负责人：专业教师、社团教师、班主任，年级总结展示宣传。

（5）生命教育感受"写"起来

- 活动内容：一是书法作品征集活动，通过硬笔、软笔等书法形式，书写疫情期间的经典语录或自己心得，表达对生命的敬畏和祖国的强大；二是征文活动，从疫情中学会思考、学会敬畏、学会尊重，培养同理心，关注心理安全，通过写作的形式，抒发"心理安全""感恩""责任""人与自然"等多方面的生命感悟，突出"我爱我家、致敬父母"等主题。
- 主要指向：显性"价值认知教育，心理安全教育"；隐性"生命意识"。
- 参与学生：全体学生。
- 负责人：各年级，语文备课组，按年级汇总展评。

（6）生命教育情景"画"起来

- 活动内容：通过简笔、素描、水彩、速写等形式，绘画病毒传播机理、疫情防控方法、防控宣传海报、典型人物事迹等，增强生命技能，表达生命情感。
- 主要指向：显性"身体安全教育、价值认知教育"；隐性"生命意识、生命知识"。
- 参与学生：初一、高一。
- 负责人：相关年级美术组教师，年级汇总展评。

（7）生命教育劳动"做"起来

- 活动内容：加强劳动教育，充分发挥劳动综合育人功能，实现五育并举。学生在抗击疫情的同时不忘劳动，开展形式多样的"实时劳动"教育和"现场劳动"教育，结合劳动与技术学科教学，指导学生开展劳动与技术学习和实践活动，培养学生积极劳动的热情，养成爱劳动的好习惯。初一学做家庭小技师，初二学做家庭面点王，高一学做家庭小厨师，高二学做家庭种植员。
- 主要指向：显性"劳动意识教育、劳动与技术学习和实践能力"；隐性"生命知识"。
- 参与学生：初一、初二、高一、高二。
- 负责人：家长、班主任，年级收集汇总展评。

（8）生命教育课程"开"起来

- 活动内容：生命教育内容涉及各个学科领域，科学、品德与生活、品德与社会、体育等学科是生命教育的显性课程。语文、音乐、美术等学科是生命教育的隐性课程。疫情防控阶段，学校开展停课不停学的过程中，各学科主动开展防控专题的教学渗透以及生命教育学科渗透的研究，并运用于线上教学的课堂实践当中，形成文字材料（论文、案例、题目等）。
- 主要指向：显性"生命意识教育、知识运用能力的教育"；隐性"生命知识"。
- 参与学生：全体学生。
- 负责人：学科教师，按照备课组报送课程中心。

(三) 案例三:德育创新之主题活动——《小小纸张大学问》①

在历年的感恩主题教育月中,学生常常会把美术课堂上收获的知识和技能化作一张张自制的纸质贺卡表达自己的感恩之心。看着那一张张自制贺卡,在赞叹其精妙绝伦的设计和真挚爱心的同时,制作贺卡的原料却让我们陷入了沉思。

科技不断进步,倡导环保低碳生活的今天,我们的生活依然离不开纸。在美术教学中,纸质材料更是一种不可或缺的学习材料,不仅使用频繁且数量较大。虽然我们在日常教学中已极力提倡对废旧纸张的循环利用,但科学用纸意识不强依然是不容忽视的普遍现象。由此,从一堂美术课为起点,依托小小纸张研究生活中有效利用和节约用纸的"小小纸张大学问"主题实践活动应运而生。

1."纸上谈兵"来讨论

说到用纸,除去学生日常的常规使用,美术课绝对是个用纸大户。学生早已对上课过程中使用大量的纸张习以为常了。因此活动的进程也就从课堂的"纸上谈兵"开始,引发了一场关于纸张使用的大讨论。随着讨论的不断深入,讨论的范围也从小课堂延伸到了社会大课堂。纸的发明者是谁?纸的发展史是怎样的?师生一年大约需要消耗多少书本和纸张?家庭中用纸情况如何?怎样更科学地节约用纸?一个个富有价值的研究课题也应运而生。

2."纸间游走"巧调查

伴随着一个个待解的谜题,在初步确定了实践活动主题之后,学生开始根据兴趣爱好、特长等分配活动小组,并依据活动目标进行自主分工,一场"纸间游走"大调查随即展开。为了更客观地获得有效数据,学生们利用多种途径开始了资料的收集、分析和论证。"游走"于课堂,他们获得了日常课堂用纸的调查数据;"游走"于图书馆,查阅到了纸的发展历史和基本知识;"游走"于文印室,通过采访了解师生的纸张用量;"游走"于家庭,通过调查问卷得到了家庭用纸的数据统计。随着"纸间游走"调查的不断深入,学生综合素质也悄然得到了提升。

3."挥毫落纸"现数据

经过近一个月的"纸间游走"实践调查,学生们经过小组合作、数据统计、结果验证,一份份极具说服力的数据也挥毫落纸,得以展现在师生面前。PPT《纸的故事》揭示了纸的历史演变;《现代造纸过程》描述了纸的原材料以及加工方式;《社会用纸情况调查》真实地反映了在家庭中人们用纸的习惯不科学、浪费严重等信息;《师生用纸情况调查》客观地呈现了一学年中师生用纸约 12 吨的震撼数据。

4."纸贵洛城"话收获

真实客观的统计数据和调查报告让所有参与实践活动的学生探寻到了小小纸张所蕴含的大学问,同时如何去改变现状引起了师生的普遍关注。经过探讨,一场"纸贵洛城"绿色环保行动拉开序幕。学生们有的发挥自己的特长,绘制了一幅幅表达美好愿景

---

① 张骏乐.直面困境的精彩——中小学德育创新 101 例[M].宁波:宁波出版社,2015:224 - 226.

的环保宣传画;有的结合调查的数据材料设计了图文并茂的手抄报;有的则利用生活中的废旧纸张、物品制作环保小制作;有的则广泛收集节约用纸、科学用纸的宣传语整理成《节约一张纸保护一片绿》的倡议书。学校德育处也积极配合,通过提供校宣传窗、电视台、文化长廊为孩子们的行动提供展示成果的平台,让这股正能量不断辐射、壮大。

小组讨论

结合对本节内容的学习,分组进行以下活动:

课堂教学有效的着力点是着眼生活、突出生活,增强体验。在教学实践中,教师应积极创设各种活动情境,寓教于乐,让学生快乐、积极、主动参与课堂教学全过程,增强学生的自我体验,发展学生的主体。学生通过自我的体验活动获取知识、形成良好的品德。

以小组为单位,请结合部编版《道德与法治》教材选择一单元中的一节课,独立设计一节德育教学活动。

本章练习

1. 简述德育课程的基本含义。
2. 简述德育课程的基本类型。
3. 简述我国小学德育内容的基本构成。
4. 简述德育教学的基本含义。
5. 简述小学德育教学的基本形式与途径。

第六章
小学德育原则与方法

配套数字资源

名言警句

德育问题层出不穷,但办法总比问题多。把握规律,就能找到有效对策。要求为下策,引导是中策,启发为上策,体验感悟至上策。而从理想处着眼,常规处着力,细节处着手,乃万全之策。

——李季

我们的基本原则永远是尽量多地要求一个人,也要尽可能地尊重一个人。实在说,在我们的辩证法里,这两者是一个东西;对我们所不尊重的人,不可能提出更多的要求,当我们对每一个人提出很多要求的时候,在这种要求里也就包含着我们对这个人的尊重,正因为我们向他提出了要求,正因为他完成了我们的要求,所以我们才尊重他。

——马卡连柯

知识导图

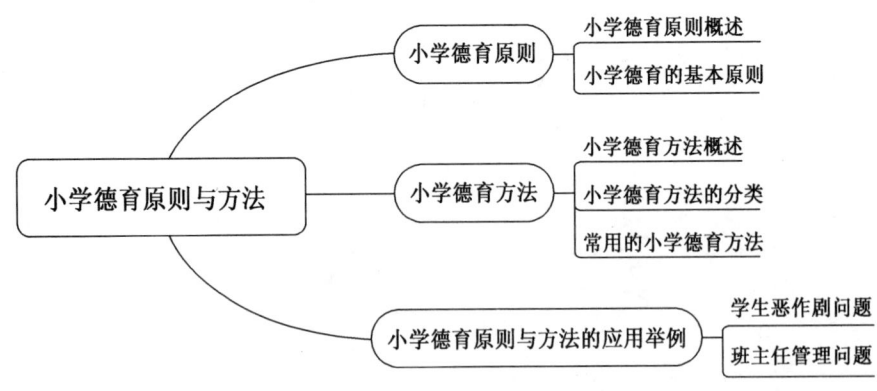

第六章 小学德育原则与方法

 本章要点

1. 掌握小学德育的原则。
2. 掌握常见小学德育方法。
3. 学会综合运用小学德育基本原则开展德育工作。
4. 学会综合运用小学德育方法分析与解决常见小学德育问题。

 本章导读

小学德育原则是指根据一定的小学德育目的和对于小学德育过程的规律性认识，人们制定出来以指导小学德育教育教学实际工作的基本要求。它是教育者对受教育者实施德育时必须遵循的基本要求，是处理德育过程中一些基本矛盾和关系的基本准则。学生为本原则、科学性原则、渐进性原则、问题导向性原则是常见的小学德育原则。小学德育方法是指为达到一定小学德育目的，实现小学德育内容，运用小学德育手段而进行的，由小学德育原则指导的，一整套方式组合的，师生互动作用的活动。根据德育方法抽象程度，可将小学德育方法分为两个基本层面，一是方法论意义上的小学德育方法；二是具体方法意义（操作意义）上的小学德育方法；按照所要完成的德育目标分类，具体可以分为思维训练法、情感陶冶法、理想激励法、行为训练法、修养指导法；按照学校德育实施主体进行划分，具体德育方法可以包括两类，即自我教育的方法与教师指导教育的方法；按照多度性或综合性的分类方法，分为以语言说理形式为主、形象感染形式为主、实际训练形式为主、品德评价形式为主和指导学生品德养成形式为主进行德育的五类方法。本书在关注小学德育方法分类的基础之上，结合具体小学教学实际，从德育活动实施的主体出发，并结合德育手段（语言、榜样、情境、环境、体验、评价等）的不同，具体将常见的小学德育方法划分为三大类，即教师指导教育的方法（具体包括说服法、榜样示范法、陶冶教育法、实践锻炼法、品德评价教育法等）、学生集体教育的方法（具体包括讨论法、公正团体法等）、学生自我教育的方法（自我修养指导法）。

第一节 小学德育原则

小学德育原则是德育理论和实践的一个重要问题，对德育具体实践方法有直接、现实的指导作用。本节在对小学德育原则进行概述的基础之上，具体探讨了学校德育应遵循的几大主要原则。

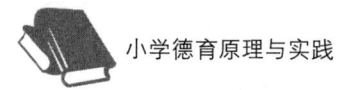

一、小学德育原则概述

(一) 小学德育原则的内涵

小学德育原则在德育原理中处于十分重要的地位。它是主观见诸客观,理论见诸实践的中介。把德育的基本原理运用到实际的小学德育工作中去,其中间必经环节即德育原则。小学德育原则是指根据一定的小学德育目的和对于小学德育过程的规律性认识,人们制定出来以指导小学德育教育教学实际工作的基本要求。它是教育者对受教育者实施德育时必须遵循的基本要求,是处理德育过程中一些基本矛盾和关系的基本准则。[①] 在培养学生思想品德的过程中,会出现教育者与受教育者、德育要求与教育者、德育要求与受教育者以及受教育者思想品德形成过程中知与行、内因与外因、个体与群体等多方面多层次的矛盾,德育原则就是根据德育过程的客观规律正确处理这一系列矛盾的基本要求或基本准则。

(二) 小学德育原则与德育规律的关系

两者既相互区别,又相互联系。小学德育规律即德育内部所包含的矛盾关系。德育过程的进行、发展和提高,都是德育活动之中各种矛盾运动的结果。小学德育规律是客观存在于我们意识之外的东西,不管被反映与否,如何反映,如何表述,它都客观地那样存在着,人们能够发现、认识、掌握、运用它,却不能改变或废除它,更不能制造或创造它。小学德育原则即小学德育工作者对小学生实施德育时必须要遵循的基本准则,是处理德育过程中一些基本矛盾和关系,提高德育质量和效果的基本性要求。它是根据教育目的、德育目标和德育过程规律制定的,是德育实践经验的科学总结与概括,具有强烈的目的性与实践性。小学德育原则对德育规律的反映不是直接的,而是需要借助德育原理(是科学工作者用名词、概念、命题来反映表述德育规律[②])的中介作用而实现的,也就是说小学德育原则不直接取决于德育规律,而是直接取决于对德育规律的主观认识。小学德育原则是德育规律的具体化反映,对于德育客观规律的主观认识不同,提出的德育原则也会有差异。而随着人们对小学德育客观规律认识的不断深化,也可能提出新的小学德育原则。

二、小学德育的基本原则

小学德育原则作为德育论的重要范畴,一方面是沟通小学德育理论与德育实践的桥梁与中介,另一方面也是促使小学德育矛盾向积极方向转化,进一步深化和发展德育理论的重要环节。它具有明显的历史时代性、继承性、主客观统一性、理论和实际的统一性、多样性和互补性等基本特征。在把握小学德育原则体系的次序结构与层次结构特性的基础之上,具体提出以下基本原则:

---

① 王桂艳.德育与班级管理[M].北京:北京师范大学出版社,2015:53.
② 王策三.教学论稿[M].北京:人民教育出版社,2005:140.

(一) 导向性原则

1. 基本含义

导向性原则是指在小学德育过程之中,要有一定的科学性、理想性和方向性,以指导小学生向正确的方向发展,既要坚持以马克思主义为指导,高标准、严要求地教育学生,又要遵循社会主义初级阶段的现实需要和可能,做到实事求是,讲求实效,把思想性、方向性作为我国德育原则首要特点,遵循科学性。

2. 基本依据

德育过程是一个客观的、在一定程度上并不完全以教育者主观意志为转移的活动过程,它不仅成为科学研究的对象,而且也要求教育者按照这一过程规律去实施德育。要以科学的理论来指导德育过程,这样才会有德育过程理论的发展。[1] 因此,德育原则作为德育规律的具体化反映,需要遵循导向性原则,以指导学生向正确的方向发展。导向性原则是德育的一条重要原则,因为6~12岁小学阶段的儿童处在品德发展的形成阶段,一方面可塑性大,另一方面又缺乏社会经验与基本识别能力,易受外界社会等多方因素的影响。学校德育工作的构建需要符合教育目的、德育目标、德育任务的要求,符合我国政治、经济、文化、社会的发展要求,符合人类进步、科学发展和社会文明发展的要求,符合学生基本特点、身心发展和思想道德水平的要求。2011年我国开始新一轮的课程改革,中小学德育课程标准与教科书发生了一些新的变化,特别突出表现在核心的价值观层面,有了新的导向性,具体在价值取向上体现在:其一,更多突出强调生活取向的教育,突出强调中小学德育课以学生的生活为轴心展开教育,强调"以学生为本"的价值取向。小学的《品德与社会》课程标准中也提出"课程必须贴近他们的生活,反映他们的需要,让他们从自己的世界出发,用自己的眼睛观察社会,用自己的心灵感受社会,用自己的方式探究社会,并以此为基础,提升学生的生活";其二,淡化"人民教育",强调"合格公民"培养取向的教育,鲜明地提出了培养合格公民的价值理念,具有一定导向性。在小学的《品德与社会》课程目标中提出"品德与社会课程旨在培养学生的良好品德,促进学生的社会性发展,为学生认识社会、参与社会、适应社会,成为具有爱心、责任心、良好行为习惯和个性品质的公民奠定基础"。其三,摒弃"知性德育",强调"践行模式"的价值取向的教育,鼓励学生在实践中进行积极探究和体验,通过道德践行促进思想品德的健康发展。

3. 基本要求

(1)坚持正确的政治方向,以马克思主义为指导。在开展小学德育活动过程之中,德育内容、方法、形式以及德育活动等都需要符合马克思主义,这是坚持正确的政治方向,坚持社会主义、共产主义方向性的根本要求和保证。

(2)德育目标必须符合新时期的方针、政策和总任务的要求。强调促进受教育者全面发展的同时,认为德育是教育者按照社会要求,对受教育者施加影响以形成所期望

---

[1] 易连云. 德育原理[M]. 武汉:武汉大学出版社,2010:119.

的政治立场、世界观和道德品质的教育。德育的任务是引导学生树立无产阶级的思想政治观点和世界观,组织和指导学生的道德事件,培养学生的社会主义品质①。

(3) 要把德育的理想性和现实性结合起来,摒弃"知性德育",强调"践行模式"德育价值取向的教育。一方面,注重引导学生把日常学习、生活同建设国家、实现共产主义理想联系起来。另一方面,在德育工作之中关注知性相统一原则与基本要求,注重学生在体验、探索和问题解决的过程中,形成良好的道德品质,实现社会性发展。在德育过程之中,教育者注重以小见大,由近及远,就事论事,紧密结合国家建设的实际,从而教育学生从大处着眼、小处着手、立足当前、放眼未来,把国家、社会、理想渗透到自己的学习、生活各个层面。

(二) 知行统一性原则

1. 基本含义

知行统一的原则也称作提高认识与指导实践相结合原则(理论与生活实践相结合),指在进行小学德育工作时,既要坚持马克思理论教育、思想政治法纪观念和道德规范的教育,又要引导学生进行实际锻炼,要把提高小学生思想认识与培养小学生养成道德行为习惯有机结合起来,使其言行一致,做到知行统一,促使学生知、情、意、行全面发展。

2. 基本依据

这一原则建立在辩证唯物主义认识论原理和社会主义教育目的理论基础之上,符合小学德育过程基本要求,旨在促进学生在教师的教导之下能动地构建思想道德活动,培养学生知情意行全面发展。

3. 基本要求

(1) 理论学习要结合实际,切实提高学生的思想认识;学校在强调坚持马克思主义理论教育,注重"合格公民"培养取向的同时,需要根据小学生的生活环境、交往对象及身心发展特点,帮助学生认识自己与自己、个人与他人及集体的关系,并在此基础之上进行相应的规范、意识和行为教育。

(2) 注重实践,组织学生进行多种多样的实践锻炼,培养学生思想品德行为习惯;结合小学德育内容体系的基本内容,即心理健康教育、法纪教育、道德规范教育、思想教育、政治意识教育等相关内容②,积极组织小学生参与开展各种实践活动、集体活动,对小学生进行实践教育,使其晓之以理、动之以情、导之以行。例如,可以在小学开展"以读养德,打造书香校园""以礼明德,弘扬传统文化""以仁善德、行善成为习惯""以行悟德,强化知行统一"等校园文化活动。③ 为弘扬"崇文尚学"的优良传统,营造浓厚的好学上进氛围;为发扬中华传统文化精华,内聚中华民族精神,将国学纳入校本课程;为引导学生积善成德,学会与人为善,坚持开展"日行一善、续写雷锋"日记活动;为引导学生

---

① 黄济,王策三. 现代教育论[M]. 北京:人民教育出版社,2012:208.
② 易连云. 德育原理[M]. 武汉:武汉大学出版社,2010:138.
③ 王豫生. 福建省中小学德育工作研究[M]. 上海:上海人民出版社,2016:54.

"自己的事情自己做、集体的事情争着做、公益的事情积极做",促使学生从小事做起,一点一滴积累,主动养成良好思想。

(3) 对学生道德品德的要求和评价,需要坚持知行统一、言行一致的原则。教师需要在具体德育工作中坚持师德为先的基本理念,在评价学生道德品德时,需要始终坚持知行统一、言行一致原则。"平等对待每一位小学生。不讽刺、挖苦、歧视小学生""尊重个体差异,主动了解和满足有益于小学生身心发展的不同需求"等[①]。小学教师的一言一行常常会被小学生记住一辈子,影响一生。因此,小学教育是需要高度责任感和奉献精神的事业,小学教师要具有良好的职业道德,要有爱心,有耐心和细心,给予小学生健康的成长学习环境,善待每一位学生,做到言行一致,起到行为示范的教育作用。

(三) 因材施教原则

1. 基本含义

从字面上来理解,"因"是依据、根据的意思;"材"是人的意思,这里指学生;"施"是实施、实行;"教"是教育教诲[②]。因材施教原则是指在具体小学德育教学中,要求教师对每个学生的特点做出充分的了解,从学生的实际情况出发,找到每个学生不同的具体情况和个别差异(主要是年龄特点和身心发展特点方面的差异),有针对性地采取不同的德育方式方法,进行不同的教育,促使每一位同学都能在各自原有的基础上得到充分发展。

因材施教原则的理论基础是现代心理学,特别是发展心理学理论。还有学者从认识论、教育论和西方教育家的实践论三个方面论述了因材施教原则的理论基础。

2. 基本要求

开展小学德育教育教学工作,如何做到因材施教基本原则,它要求德育工作者要照顾个别差异,处理好集体与个别、统一要求与发展学生个性两者之间的对立统一关系。在集体、统一要求下照顾个别,在面向大多数前提下照顾少数,反对机械化、个人主义自由化的德育工作。[③] 需要把握以下几点基本要求:

(1) 深入了解学生的个性特点和内心世界,根据个体的实际进行道德教育,深入细致地、重点和普遍地了解学生的实际道德发展情况,注重不同年龄和阶段下儿童的心理认知水平,以及性格、气质类型,采取有针对性的小学德育活动,促使集体教育与个别教育相结合、统一要求与发展个性相结合的小学德育活动的开展与实施。

(2) 根据学生个体特点有的放矢地进行德育工作,重点把握德育任务难度,做好适当安排,不仅做到"有的放矢",更要做到"有的选矢"。根据小学生心理发展特点,把握学生的"最近发展区"、个人兴趣以及任务的难易程度,在德育内容选择上充分考虑学生实际情况。

---

① 教育部教师工作司.小学教师专业标准(试行)解读[M].北京:北京师范大学出版社,2013:20.
② 李定仁,徐继存.教学论研究二十年[M].北京:人民教育出版社,2001:180.
③ 王策三.教学论稿[M].北京:人民教育出版社,2012:157.

（3）根据学生的年龄特征有计划地进行德育工作,在选择德育任务、德育内容、德育方法等实际问题时,需要充分把握小学生年龄特征,以及品德形成存在的无律—他律—自律的客观规律。具体来说,在儿童思想品德形成的初级阶段,道德认识、行为规范的传授是必要的,随着年龄的增长、知识及阅历的丰富,儿童的道德判断力逐渐增强,要适时地进行多种形式的疏导,以引导儿童走向自我修养之路。

（四）疏导性原则

1. 基本含义

疏导性原则是指在德育过程中,要做到循循善诱,以理服人,用事实和道理进行正面疏导,启发学生,调动学生内在动力和主动性,促使学生积极向上。

2. 基本依据

符合社会主义教育目的的基本要求,培养学生成为"有理想、有道德、有文化、有纪律的德、智、体、美等全面发展的社会主义事业建设者和接班人";符合德育过程的基本规律之一,即受教育者思想内部矛盾运动的规律;德育不仅仅是受教育者个体思想品德形成的过程,而且是教育者的施教活动成功地引起受教育者思想品德变化的过程,促使学生思想品德朝着积极方向发展的过程。

3. 基本要求

小学教师开展德育活动过程之中,遵循疏导性原则,需要把握以下几方面具体要求：

（1）平等对话,促使学生敞开心扉。所谓"疏"就是"疏通隔阂,广开言路,展开教育主体与客体的平等对话,让教育对象在教育主体面前敞开心扉,把自己的意见、看法、要求充分表达,将不满情绪情感释放出来"①。小学教师首先需要积极主动了解学生思想动向方面存在的常见问题及原因,分清楚问题性质,为开展疏导教育工作做预设准备。其次需要学会运用技巧与方法,营造平等的、和谐的对话氛围,鼓励学生敞开自我心扉。最后小学教师需要善于换位思考,懂得积极肯定、关心学生,尊重与信任学生,促使学生自我反思与进步。

（2）循循善诱,以理服人。"导"就是开启和引导,在"疏"的基础上和过程中,循循善诱,开启思想,引导教育对象从正确的立场观念和角度去认识和分析问题,进而转变错误认识,提高思想觉悟②;小学教师面对学生具体的思想和行为问题时,需要尽量做到摆事实、讲道理,循循善诱地提高小学生认识,促使小学生在启发教育之中,能够形成正确的是非观念,自觉地分清真假、善恶、美丑,严禁采取训斥或体罚的方式教训学生,防止出现逆反心理。

除此之外,小学教师在德育活动过程之中,还需要树立榜样与典型,引导学生积极向上;建立起健全的、合理的规章制度,将说服教育与制度教育有机结合;尽量采取表扬为主、批评为辅的方式,促使学生在"疏"与"导"的过程中不断完善与进步。

---

① 易连云.德育原理[M].武汉:武汉大学出版社,2010:152.
② 同上.

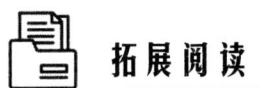

拓展阅读

陶行知四颗糖的故事①

有一个男生用泥块砸自己班上的男生,被校长陶行知发现制止后,命令他放学时到校长室去。

放学后,陶行知来到校长室,男生早已等着挨训了。可是陶行知却笑着掏出一颗糖果送给他,说:"这是奖给你的,因为你按时来到这里,而我却迟到了。"男生惊疑地接过糖果。随后陶行知又掏出第二颗糖果放到他的手里,说:"这是奖励你的,因为我不让你打人时,你立即住手了,这说明你很尊重我,我应该奖你。"

男生更惊疑了。这时陶行知又掏出第三颗糖果塞到男生手里,说:"我调查过了,你用泥块砸那些男生,是因为他们欺负女生;你砸他们说明你很正直善良,且有跟坏人做斗争的勇气,应该奖励你啊!"男生感动极了,他流着眼泪后悔地喊道:"陶校长,我错了,我砸的不是坏人,而是同学……"陶行知满意地笑了,他随即掏出第四颗糖果递过来,说:"为你正确地认识自己的错误,我再奖给你一块糖果,我没有多的糖果了,我们的谈话也可以结束了。"

第一颗糖——关爱

爱是一种信任,爱是一种尊重,爱是一种鞭策,爱是一种激情,爱更是一种能触及灵魂、动人心魄的教育过程。爱孩子,关爱每一个孩子。短短一句话,做起来却远远比说难多了。一个班几十个孩子,来自不同的家庭,有幸福快乐的,有缺少温暖的,有父母离异的……不同的家庭环境,培养出来的孩子也是个性迥异。每一个孩子就像是一本书,身为人类灵魂工程师的我,在读懂它的同时,还要学会如何去珍视它。就像一位名人所说的:"要学会俯下身去关心爱护每一个孩子,加强与孩子情感的双向交流,架起通向孩子心灵的桥梁。"

第二颗糖——宽容

日常教学中,经常会听到老师们感叹:现在的孩子越来越不听话了;现在的孩子越来越难管了。是啊,哪个孩子不犯错?哪个班没有"问题孩子"?只要是一个正常的社会人,由于心理、个性、家庭条件、社会背景等方面的原因,总会犯一些这样那样的错误。记得著名的文学家郭沫若先生曾经说过:"要用放大镜把别人的优点争取来,不要用显微镜去观察别人的缺点。"诚然,"人非圣贤,孰能无过。"要善于发掘孩子的长处,不要斤斤计较于他们所犯的错误。苏霍姆林斯基说过:"每一个人都有一颗成为好人的心。"即使再调皮的孩子,在他们内心深处,也希望自己能成为一个学习好、行为好、受老师喜欢的学生。只是他们缺少了一份自制力和恒心,经常受批评,使得他们对自己彻底失去了信心。所以,负有教书育人责任的我们,不应该是高高在上的,而应该和孩子站在同一

---

① 资料来源:http://blog.sina.com.cn/u/1780779960.

条起跑线上,去爱护,去关心,去帮助他们,让他们找回信心,重新认识自我,让他们知道自己是这个集体不可缺少的一分子。

其实,对"问题孩子"一味地打压更会加剧孩子的抵触情绪,使他们顽固地坚持错误,不愿改正。所以,我认为对经常犯错的孩子,我们要多一份耐心,少一份急躁,多一点宽容,少一份斥责。

俄罗斯最受学生爱戴的老师布达林娜曾说过这样一句话:"你认为可以往一个盖着盖子的瓶子里灌水吗?"的确,训斥、向家长告状这类粗暴的举动都不是拨动孩子心扉的办法,只有想办法如何旋开"瓶盖",将关爱、宽容的清泉注入孩子的心田,才能收获孩子良好的行为,才能使这些所谓的"问题孩子"成为老师眼中的好学生、同学心中的好伙伴、父母口中的好孩子。

第三颗糖——信任

苏霍姆林斯基有这样一句话:让每一个孩子都抬起头走路。每一个成年人都明白信任对自己的重要,有人甚至把信任看得比生命都来得可贵,可实际上,孩子对于信任的企盼不会比成年人少,甚至有时他们比你更渴望得到大人尤其是老师对于他们的信任。

信任的魅力,没有尝试就千万不要放弃,就像在黎明前的黑夜,不要随便舍弃一枚你自己心目中的石子,光明来临时,它也许是你梦寐以求的珍宝。

第四颗糖——激励

记得一位名人曾说:如果孩子生活在鼓励中,他便学会自信。这说明积极的教育态度对孩子影响很大,就像植物需要阳光一样,每个孩子都需要鼓励,鼓励是培养学生自信心的有效方法。

"没有教不好的学生,只有不会教的老师。"每个孩子都有其闪光的一面,就看你有没有发现。郁梓铃很自由,屁股老坐不住,上课爱插嘴,画画乱涂一气。可一个偶然的机会,让我对她有了新的发现。一次彩虹屋时,她第一个画好,贴好。我及时表扬了她:"郁梓铃,真能干啊!第一名哦,厉害!"老师的赞美和同伴的掌声给了她莫大的鼓励,渐渐的,我发现她上课爱举手了,画画、手工进步很大。

正如陶先生所说的:"真教育是心心相印的活动。唯独从心里发出来,才能达到心灵深处。"对于在教育第一线的我,陶先生教给我们的远远不止这些,"捧着一颗心来,不带半根草去",相信陶先生的博爱精神将激励我们在教学的道路上越走越好!

(五) 长善救失性原则

1. 基本含义

长善救失性原则,即在学校德育工作之中,学生身上既有积极先进思想,又有消极落后思想,教师需要在德育过程之中,一分为二看待问题,充分调动学生学会依靠与发扬积极因素,并学会克服消极因素,长善救失、因势利导,促使学生品德发展内部矛盾的转化,促使学生品德健康发展。

2. 基本要求

贯彻长善救失这一基本原则,作为一名小学教师需要把握以下基本要求:

(1) 学会"一分为二"地看待每一位学生,在德育过程中既要看到他们的缺点与不足,更要关注他们的优点与积极因素,启发学生在教师的帮助下,全面认识与提升自身。

(2) 根据学生自身特点,引导学生自觉评价自己,提升自我修养与自我教育能力。人的品德形成过程之中有两种力量,其一是外在教育力量,其二是内在自我教育力量,而外在教育力量只能通过自我教育力量才能发挥作用,如苏霍姆林斯基所言:"只有能够激发学生进行自我教育的教育,才是真正的教育。"① 因此,发扬学生自身积极因素,克服消极因素,需要教师引导学生不断提升自身素质以及自我教育能力。

(六) 平行教育原则

1. 基本含义

平行教育原则即集体教育与个别教育相结合原则,教师在德育工作中一方面要学会组织和培养好学生集体,依靠和通过集体对每位学生产生教育影响;另一方面又要注意个别教育,通过对个别学生的教育,影响与带动集体的发展,从而提高集体水平,提升德育工作的质量与效果。

2. 基本依据

平行教育原则最早由苏联教育家马卡连柯提出,强调通过集体生产劳动来教育儿童以及在集体中进行教育的原则和方法。马卡连柯认为,集体是"具有一定目的的个人集合体,参加这一集体的每个人是被组织起来的,同时也拥有集体的机构"。衡量一个群体是否为集体,看它是否具有如下特征:① 共同的奋斗目标;② 健全的组织机构;③ 正确的集体舆论;④ 有一定的集体活动的原则。所以,集体不是单个人简单相加的总和,也不是一群人的偶然聚集。②

3. 基本要求

贯彻平行教育原则,需要小学教师在德育工作中认真落实"在集体中、通过集体、为了集体"这一集体教育原则,把握以下基本要求:

(1) 小学教师重视教育和培养集体,能够引导小学生关心、热爱集体,为建设良好的集体而努力;学会关注"在集体中"这一基本原则,将集体作为教育的基础,对学生的教育,应该在集体中进行,如果离开集体很难收到良好的教育效果。因此,要求教师发挥学生集体的教育作用,重视学生集体的培养。有方法、有策略、有途径、有组织地精心培养一个具有共同目标和正确集体舆论、良好风气、严格组织纪律、团结友爱的学生集体。

(2) 充分发挥学生集体的教育作用。重视"通过集体"这一基本原则,将集体作为教育的手段,教师充分发挥学生集体的教育作用,教师不是单枪匹马地仅凭个人力量去教育学生,而是凭借集体教育手段去充分影响学生。

(3) 将个别教育与集体教育结合起来,通过集体教育学生个人,又通过教育学生个人转变和影响集体。关注"为了集体"这一基本原则,集体不仅仅是教育的手段,更是教

---

① 易连云. 德育原理[M]. 武汉:武汉大学出版社,2010:152.
② 赵玉如. 集体教育[M]. 北京:教育科学出版社,2011:11.

育的目的与对象。教育个人时，应当使整个集体也受到教育，学会用典型带动全面，促使每一个学生的个性都在集体中得到充分发挥与表现。

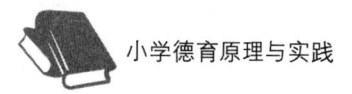

拓展阅读

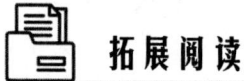

平行教育——使学生成为教育的主体

有一天，队员彼特连柯上班迟到了。马卡连柯得知了这件事情后，不是和某些老师一样，把学生立刻找来，申斥一顿或给以适当惩罚，而是把彼特连柯所属分队的队长叫了来，对队长说："你的队里有人上工迟到。""是的，彼特连柯迟到了。"队长答。"以后不要再有这样的情形。""是，以后不会有了。"

可是彼特连柯第二次迟到了，马卡连柯仍然不把他本人找来，而是把全分队集合起来，并责备他们说："你们分队里的彼特连柯第二次迟到了。"

马卡连柯责备了全分队，分队集体答应保证以后不会再有这样的情形。散会后，分队立刻教育彼特连柯，并对他说："你上工迟到，这就等于说我们全分队都迟到了。"该分队以后就把彼特连柯当作分队的一个成员，当作整个集体的一分子而向他提出了许多严格的要求，而彼特连柯也在集体的影响下，逐渐克服了迟到的现象。

(《教育诗》——马卡连柯，集体教育代表作)

这是著名的"平行教育影响"教育方法，它是教育和影响个人的一种形式，它是以集体为教育对象，是通过集体教育个人，在这里，教育者对集体中每一个成员的教育影响是同时的、平行的。

学生瓦夏因为醉心于玩足球，以致忽视了家庭作业。马卡连柯不是找瓦夏本人谈，而是找来了他的好朋友舒拉谈起班上的一些事情，随后很自然地提到了瓦夏："按瓦夏的能力来讲，他可以成为班上的优秀生，但是他沉迷于玩足球，结果什么都弄坏了。"接着又感叹道："难道你的朋友的意志就是这样薄弱，不能克制自己？不，绝不会，我相信瓦夏是能够抑制住自己的。"随后马卡连柯又谈到其他的问题上去了。谈话之后，舒拉立即跑到瓦夏那里去，转告老师谈话的内容，并用老师的姿势和声调使谈话更为有力。从这一天起，瓦夏已能坐下来做功课，在没有准备好课以前，他一直没有离开座位。

资料来源：http://www.chinateacher.com.cn/zgjsb/html/2013-04/24/content_93414.htm.

（七）教育影响的一致性与连贯性原则

1. 基本含义

教育影响的一致性与连贯性原则即在实现德育目的的过程之中，需要有计划地将来自各方面的教育力量（学校、家庭、社会等）有机结合起来，并加以组织、调节，使其互相配合、协调一致、前后连贯地进行，以保障学生品德的形成与发展。

2. 基本要求

苏联马卡连柯曾经说过:"一个人不能够一部分一部分地来教育,而是由人所受的种种影响的全部总和综和地教育出来。"①德育过程是在教师的指导下学生自身能动的道德活动过程,这一过程具有长期性与反复性等基本特性。贯彻这一原则的基本要求具体包括:

首先,作为学校教育来说,需要保持校内各个方面教育影响的一致性,充分发挥学校德育的主导作用,成为学校德育的整体优势。其次,发挥学校教育主导作用的同时,使学校、家庭和社会对学生的教育影响互相配合,密切联系家庭与社会,统一协调各方面的教育影响,积极组织学生开展社会实践活动课程,培养学生道德思维与践行能力,优化外部环境作用与影响。最后,一方面做好各阶段和各方面教育的衔接工作,促使教育影响的前后一致与连贯性;另一方面要学会根据学生的身心发展特点,适时与适度提出要求,促进学生品德形成的连贯性。

拓展阅读

家校配合成就好习惯
——小学德育中的向阳花点币积分管理②

现在在学校教育过程中,班主任普遍会遇到这样一种现象,许多家长认为教育是学校的事,与家庭无关,于是一推了之,或者以"学生最爱听老师的话"为借口,将教育责任完全放任在学校或者老师身上。通过积分管理制度,家校之间可以互通孩子成长的情报,以便双方全面地把握孩子学业、品行发展的状况,及时给予干预和纠正。因此在学期初,班级制定相应的积分管理制度,并将制度印发给每一位家长,让家长签字,并签上意见。告家长书如下:

尊敬的家长:您好!

为鼓励学生养成良好的学习习惯,培养孩子重视个人与团体荣誉,主动与积极的学习态度,特别设计此奖励制度。让学生在互相竞赛、团结的情境中快乐主动地学习,我们班决定采取积分管理制度,方法如下:

(一)凡符合下列情况,可获得一个积分,五个积分换取一朵向阳花,盖在存折上,一周结算一次。

作业认真,书写端正;练习册、作文、周记得优,听写满分均可获得一个积分。

见到老师请老师先行等讲文明懂礼貌的行为,由老师提供获得一个积分。

上课专心听讲、发言积极正确,每节课赢得一个积分。

热心主动帮助别人,换取一个积分。

---

① [苏]马卡连柯.论共产主义教育[M].刘长松,杨慕之,译.北京:人民教育出版社,1980:227.
② 王豫生.福建省中小学德育工作研究[M].上海:上海人民出版社,2016:195-196.

测验在班级中处于前三名的或者成绩明显进步者换取两个积分。90分以上换取一个积分。

承担一次班级主题班会的主持,完成较好的奖励1~2个积分。

参加各项活动并获奖的,按照班级、学校级别的不同分别给予2、3积分,参加市级以上的比赛,获得五个积分(即一朵向阳花)。

班级获得流动红旗,每人获得两个积分。

(二)学生每周做到以下几点基本行为规范,可以得到两个积分的奖励,在下周一的班会课上进行兑换,以班级日志的记录为准。

每天佩戴红领巾,不得中途摘下。每周一升旗仪式或大型集会时穿好校服。

个人卫生良好,课桌内外干净整洁。

课间不奔跑,不追逐打闹,不做危险性游戏。

能认真做好两操(广播操或眼保健操)。做操时严肃认真,动作标准。

(三)凡是出现以下情况的则要扣除积分。

上课不专心听讲,经老师提醒两次后仍然不改的扣一个积分。

上课无故离开座位的扣一个积分。

不讲文明,骂人说脏话的,扣一个积分,动手打人的扣两个积分。

作业没有完成的扣除一个积分。

请家长每周及时看孩子的积分卡(即积分存折),及时了解孩子的学习习惯、礼仪习惯等。

小组讨论

请各学习小组围绕课本给出的三个案例,自主选择一则案例,采取合作学习的方式,展开小组讨论学习任务。

- 学习内容

拓展阅读:陶行知四颗糖的故事

拓展阅读:平行教育——使学生成为教育的主体

拓展阅读:家校配合成就好习惯——小学德育中的向阳花点币积分管理

- 学习要求

课后以小组为单位,认真阅读案例并做好资料搜集工作;

课后结合所学以及相关资料,提出组内探讨的具体问题;

课堂上以问题为驱动,完成本小组学习分享与汇报工作。

- 学习清单

小组名称	
学习内容	
学习问题	
资料搜集	
学习分享	

第二节 小学德育方法

德育方法是德育理论与实践中的一个重要问题,也是联系德育主体与活动的中介,在德育活动中起到桥梁的作用,不仅仅是德育目标的依托,也是开展德育活动的基本工具。因此,明确小学德育方法是开展小学德育活动的必要条件之一,本节内容在对小学德育方法概述的基础上,提出四类比较有代表性的小学德育方法分类,介绍小学德育教学之中常用的德育方法。

一、小学德育方法概述

人们常常说"教学有法,教无定法,贵在得法",而小学德育方法是"定法"与"不定法"两者的有机统一。所谓"定法"是指小学德育工作者经常言及、用到的基本德育方法,譬如集体教育法、个别教育法、说理教育法等等,是开展德育活动的基础;"不定法"是指在开展德育教学活动之中,灵活选用这些德育方法,使德育实践效果实现最优化的方法。① "贵在得法"是指需要教师遵循"有法要学习,无定法靠智慧"这一基本原则,灵活开展小学德育工作,将其视为一门科学,一门艺术。说它是科学,是因为它包含一套技术程序,能加以系统地描述和研究,能加以传授和改进;说它是艺术,是因为它需要天赋和创造性的反复实践。因此,作为小学德育工作者,德育方法的研究,是基础研究、应用研究与开发研究的"三位一体"有机结合。

何谓"方法"? 作为"达到某种认识或实践目标的手段和方式",其实质是"以现实之道为根据,又规范现实本身"②,是根据事物运行的内在规律来干预其当下发展状态的一种艺术。③ 小学德育方法是德育理论的基本问题,任何小学德育活动都需要借助一定的小学德育方法才能进行。关于小学德育方法的含义,国内代表性观点如下:

"小学德育方法是指在德育活动中将师生关联起来,促使他们之间发生道德信息、道德情感、道德精神、道德行为的沟通和互动,最终实现师生道德共同发展的各种德育方式及其综合体。"④

"小学德育方法是指为达到德育目的,实现德育内容,在德育原则的指导下,运用德育手段进行的教育者和受教育者相互作用的活动方式的总和。"⑤

"小学德育方法是指在受教育者思想和道德主体人格建构过程中,为了实现德育目

---

① 刘济良.德育原理[M].北京:高等教育出版社,2010:17.
② 杨国荣.存在与方法[J].中国社会科学,2003(5).
③ 刘济良.德育原理[M].北京:高等教育出版社,2010:172.
④ 刘济良.德育原理[M].北京:高等教育出版社,2010:173.
⑤ 胡厚福.德育学原理[M].北京:北京师范大学出版社,1997:286.

标、完成德育任务,教育者、受教育者共同参与德育活动所采取的各种方式方法的总称。"①

"小学德育方法分广义和狭义两类。广义的既包括教育者为完成德育任务、实现德育目标所采取的各种方式的总和,又包括受教育者为了提高自己的思想道德素质所采取的各种方式的总和。或者说,一是指教育者教的方法,二是指受教育者自我教育的方法。狭义的仅指前者。"②

现代德育论强调,德育过程是师生之间在心灵参与、理解对话、双边交往中进行道德学习的过程,德育活动的本质是教师价值引导、学生自主建构、催生学生道德人格、实现师生道德共同发展的一种精神建构活动。德育活动由许多要素构成,如德育主体、德育目标、德育内容、德育方法、德育环境、德育管理等,整个德育活动就是这些要素在协调运转、相互配合、交互作用中达到预期的德育效果的过程。用比较通俗的语言来说,我们把小学德育方法定义为:"为达到一定小学德育目的,实现小学德育内容,运用小学德育手段而进行的,由小学德育原则指导的,一整套方式组合的,师生互动作用的活动。"③如图6-1所示:

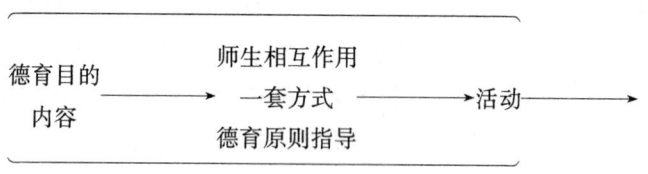

图 6-1 小学德育方法定义

二、小学德育方法的分类

20世纪90年代以后,关于德育方法分类的研究问题逐渐进入人们视野。小学德育方法怎样分类?分成哪些类?这是现代德育理论和实践尚需认真深入研究的一个重要的课题。不同学者依据不同标准,对小学德育方法分类各抒己见,这里重点介绍以下四类有代表性的分类。

(一)按照德育方法抽象程度分类

根据德育方法抽象程度,可以具体将小学德育方法分为两个基本层面,一是方法论意义上的小学德育方法;二是具体方法意义(操作意义)上的小学德育方法。

方法论意义上的小学德育方法包括:第一,启发法。承认人性的善良或道德教育在人性上是可能的,认为道德教育并非在于简单地告知,而是调动受教育者思维的积极性和能动性,在教师的指导下主动获得道德知识,发展道德能力。第二,塑造法。这一方法强调道德教育对个体道德成长的积极作用。第三,雕琢法。这一方法强调道德教育

---

① 戚万学,唐汉卫.学校德育原理[M].北京:北京师范大学出版社,2012:258.
② 易连云.德育原理[M].武汉:武汉大学出版社,2010:144.
③ 王策三.教学论稿[M].北京:人民教育出版社,2002:239.

要根据对象的实际扬长避短地进行教育,道德教育要由小处着眼,次第进行。第四,树人法。这一方法强调道德教育应当是一种精神人格的整体培育活动,是一个需要日积月累、精心运作的工作。第五,系统法或综合法。这一方法强调对各种德育方法理念的综合协同。① 另外,还包括发现法和建构法。方法论意义上的德育方法实际上就是理念性的德育方法,它仅仅提供了一种方法上应当追求的原则,并不意味着一套具体的做法。

具体方法意义上的小学德育方法包括:以语言交流为主的方法;以直接知觉为主的方法;以实际训练为主的方法;以陶冶为主的方法。② 但是,由于现代德育对象思想的复杂性以及显示社会价值的多元性,在具体小学德育活动之中很少只用到一种德育方式,需要结合小学德育教学活动,采取具体的、可操作的小学德育方法。

(二)按照所要完成的德育目标分类

具体可以分为思维训练法、情感陶冶法、理想激励法、行为训练法、修养指导法。③ 思维训练法主要强调以道德知识学习和思维能力提高为主要目标的德育方法,在小学德育教学中常见的讲授法、谈话法、讨论法等都属于此类;情感陶冶法主要是通过设置一定的情境让学生自然而然地得到情感与心灵的熏陶、教育的一种方法,它的实施途径一般包括教师的爱、环境的陶冶、艺术的陶冶等方式;理想激励法是通过适当方式促进学生形成道德理想、信念,进行道德教育的方法;修养指导法(自我修养法)是教师指导学生进行道德上的自我修养,从而提升道德水平的方法。

(三)按照学校德育实施主体分类

学校德育的主体即参与德育活动的人——教师和学生。从道德学习者的角度来看,道德教育是教师的价值引导与学生的道德自主建构相统一的过程。因此,按照学校德育实施主体进行划分,具体德育方法可以包括两类:第一类是自我教育的方法,强调受教育者在自我意识基础上产生进取心,并向自己提出道德学习任务,具体包括自我认识、自我体验、自我控制、自我评价、自我修养以及自我批评等方法。第二类是教师指导教育的方法,强调受教育者在教育者的指导下达到预期的德育目标,具体包括说理教育法、榜样示范教育法、品德评价法、实际锻炼法等。

(四)按照多度性或综合性分类

有学者将小学德育方法按照德育手段、师生相互作用方式、品德形成过程、德育过程、德育方法所具有的功能等多种角度,综合起来加以分类。按照多度性或综合性分类,德育方法可以分为以语言说理形式为主、以形象感染形式为主、以实际训练形式为主、以品德评价形式为主和以指导学生品德养成形式为主进行德育的五类方法。对前

---

① 檀传宝.德育原理[M].北京:北京师范大学出版社,2006:214-218.
② 戚万学,唐汉卫.学校德育原理[M].北京:北京师范大学出版社,2012:258-259.
③ 檀传宝.德育原理[M].北京:北京师范大学出版社,2006:215.

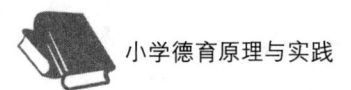

四类德育方法所反映的角度和顺序列表如表 6-1 所示①:

表 6-1 四类德育方法所反映的角度和顺序简表②

方法类型	德育方法	德育手段	师生关系	品德形成过程	德育过程的环节及德育功能
语言说理	讲解、谈话、讨论、阅读指导	语言	教师为主	品德认识	提高品德认识
形象感染	参观、示范、陶冶	直观	学生半独立教师半放手	品德情感	陶冶品德情感
实际训练	常规训练、活动锻炼	活动	学生独立自主	品德形成	培养品德形成习惯
品德评价	奖励、惩罚、评比、操行评定	反馈信息	师生结合教师为主	品德	品德考查与评定进行激励与抑制

总之,各种小学德育方法都有它的一定功能、起作用的范围和条件,也就是都有它的优点和局限,且各种方法之间又是相互联系的,是一个综合化的结构体系,因此,各类方法要配合使用,以充分发挥各类德育方法的综合整体作用和效能。

三、常用的小学德育方法

在关注小学德育方法分类的基础之上,结合具体小学教学实际,从德育活动实施的主体出发,并结合德育手段(语言、榜样、情境、环境、体验、评价等)的不同,具体将常见的小学德育方法划分为三大类,即教师指导教育的方法、学生集体教育的方法、学生自我教育的方法。每一类结合所采取的德育手段不同,又可以细化。

(一)教师指导教育的方法

教师指导教育的方法重在强调在教师指导下学生实现道德发展与品德形成的德育目的的方法,从教师所采取的德育手段差异性上来看,具体可以包括说服法、示范法、陶冶教育法、实践锻炼法、品德评价教育法等。

1. 说服法

以语言为主的说服法是小学德育活动中最常用的一种方法,它是指教师根据学生的道德认识发展水平和个性发展特征,借助语言向小学生提供道德事实、阐明道理,从而引发小学生内在道德认知冲突与矛盾,促使其形成正确价值观、道德观的一种德育方法,即我们俗话说的"言传"。说服法具有较强的针对性、指向性、启发性等特征,实质重在"提供教育事实或教育道理来启发学生思考,促使学生积极接受教育、信服事实"③。具体又可以细化为多种方式,譬如讲授法、谈话法、讨论法、参观法、调查法等等。

---

① 黄济,王策三. 现代教育论[M]. 北京:人民教育出版社,2012:382-383.
② 黄济,王策三. 现代教育论[M]. 北京:人民教育出版社,2012:382.
③ 王大亚. 浅谈小学德育工作中的说服教育[J]. 教育评论,1995(6):71.

但是在运用说服法时,需要把握说服的基本目的是让小学生做到心悦诚服,做到因人而异、因地制宜地合理利用说服方式,以达到小学生品德形成与道德发展的目的。具体注意以下几方面问题:

(1) 学会把握说服的条件与时机

小学教师开展说服法,需要明确说服教育的基本前提条件,即学生是有理性思考的,而非"提线木偶"。教师在开展说服教育的过程中需要遵循客观的道理、事实、规范与主观人之间发生心理关联这一基本原则。

首先,学会把握内在条件,即小学生道德认知发展水平、认知方式、个性特征、个性需求等,以尊重学生认知水平、认知方式为基础,在满足学生个体发展需要的条件下,促使学生道德认知得到提升。其次,还需要注意以外在条件为支撑,即教师自身的关爱与情感投入、教育氛围与个体心理氛围、周围环境等的作用。教师想要促使学生心悦诚服地接受,一方面需要特别注重自身的情感投入与语言感染力,教师积极的情感投入会直接增强学生的关注度,语言的丰富程度也会影响到学生的投入状态;另一方面也要做到既有"言传"又有"身教",以身作则,起到道德师范与引领的作用。最后,还需要把握关键时机,它是说服发生积极效果的必备条件,时机选择的好与坏直接影响道德说服教育开展的成功与失败。学会把握时机,选择最佳时机,即"当学生自己在原有的计划或者打算受到挫折而不能实现的情境下"①,教师开展说服教育则是转变学生态度,产生道德影响的绝佳时机。

(2) 学会讲事实、讲道理、讲规范

小学教师在运用说服教育法开展德育工作过程之中,需要学会灵活地运用客观事实与道理,有效激发小学生的道德认知冲突,促使小学生发生价值观念的转变。讲道德事实就是需要教育者在开展说服教育过程中,以他人道德行为的结果为依据,通过饱满的语言传递一种道德行为结果背后所揭示的道理,为学生下次开展道德行为提供参考依据的过程。讲道理,所谓"道理"是指"行得通的做法"②,通俗地讲即事物因果关系,被前人反复实践验证了的事实。讲道理是强调要摆清事实依据,有理有据地告诉学生什么事情可以做、什么事情不能做,促使道理源于生活,而又高于生活,从生活中出发,提升到哲理层面,通过通俗易懂的语言传递道理,促使学生转变原有道德观念、道德认知,形成新的观念。

(3) 学会灵活运用说服方式,提高说服力

根据时间、地点、人物的差异性,在遵循因材施教德育原则的基础之上,根据德育目的与德育任务的差异性,学会灵活采取多种说服方式,增强说服力。常见的方式主要包括举例子、打比方、引用、比喻等。

---

① 保莉.班主任要讲究说服学生的艺术[J].北京教育,1999(5):16.
② 赵汀阳.赵汀阳自选集[M].桂林:广西师范大学出版社,2000:215.

拓展阅读

说服学生的六种方法[1]

一、开门见山法。对待已经意识到自己犯错误的学生,可以开门见山说明其错误的危害性及不良影响,通过摆事实、讲道理促其改正。

二、诱导法。如果学生对某事有抵触情绪,可以通过谈心的方法,诱导该生一步一步跟着你的思想走,最后同意你的观点。

三、引用典型事例法。用英雄人物或名人的典型事例进行说服,能收到良好的效果。

四、推己及人法。对于犯了错误的学生,让其站在对方的位置上,考虑其行为的影响,认识到办事情应考虑别人,顾及他人的利益。

五、分段法。对于较难做思想工作的"刺儿头",不可能一次说服,应分为几个阶段,由浅入深地达到要求。

六、权衡利弊法。说服学生该干什么或不该干什么事,可以对事情既谈其利,亦摆其弊,使该生通过比较而趋利避弊,达到说服的目的。

说服学生"三法"[2]

一、寓言故事说服法

我所教的班级中,有特长班。特长班的学生中有的除了钟情于自己的爱好以外,对其他各门学科学习的积极性不高,上课经常打瞌睡。怎样唤起他们对学习的兴趣呢?一次上课,我讲了一则寓言故事:一天,一个人在海边散步,忽然听到一个声音:捡一些贝壳和石头放在你的口袋里吧。他下意识地捡了些。回到家里一看,那些石头和贝壳全都变成了光闪闪的金子。于是,他感到又高兴又后悔:高兴的是他毕竟捡了些,后悔的是他没有捡更多。学习何尝不是如此呢?如果我们能利用在校时的优越条件多学些东西,何愁将来不能立足于社会呢?"艺多不压身"哪!自此,学生上课情况大有好转。

二、反问说服法

每年的期末考试,学校都三令五申强调考风考纪,但仍有极个别学生抱有侥幸心理。上学期期末考试时,我班一名学生作弊被监考老师当场抓住。在与该生谈话时,他不仅认识不到自己的错误,反而气冲冲地说:"作弊的又不是我一个人,为什么只抓我?"显然该生存在着严重的对立情绪,若正面交锋,很可能不利于问题的解决。于是我这样问:"别人作弊算不算错?""当然算。""该不该抓?""该抓。""那么,你作弊是不是就不算错、不该抓呢?"学生无言。我趁机又说:"你是一个非常明理的学生,在对待这件事上,怎么不向不作弊的学生看齐,反而与作弊的学生相比?这是否有损自己的形象呢?"一

---

[1] 陈国辉. 说服学生的六种方法[J]. 黑龙江教育,2000(1):47.
[2] 资料来源:http://www.chinaedunet.com/jcjy/xtgw/content_2490.shtml.

席话,说得学生低下了头。

三、比喻明理说服法

中学生中的早恋现象时有发生。虽然班主任时时敲警钟,但仍有人"明修栈道,暗度陈仓"。一位学生甚至说:"毛主席说过,要想知道李子的滋味,必须亲口尝一尝。""但是,李子还小就摘下来吃,是什么滋味?"我问。"又酸又涩。""长成熟了呢?""甜的。""同学们,我们为什么不等到李子成熟了再享受呢?"形象的比喻,深入浅出地阐明了一个道理,不死板,不生硬,很容易为学生所接受。由此,同学们改变了想法。

2. 示范法

示范法一种是指教师自身以其在日常教学与生活中表现出的良好道德行为、人格形象、处事方式等来作为学生的榜样,促使自身道德形象深入学生心灵,发生正迁移,并促使学生道德转变的一种德育方法,即我们俗话说的"身教";另一种是指教师通过他人(伟大典范、优秀学生等)的高尚思想、模范行为、优异表现影响学生品德发展的一种德育方法。

在德育过程之中,教师不仅要学会用自己的"言传"方式说服学生,更要注重以"身教"方式感染学生,影响学生健康人格的形成。而"身教"明显区别于"言传",其最大的特点在于"前者是一种隐性的道德教育,一种全面、立体、感人的道德教育,后者属于显性道德教育,一种仅限于语言层面、单通道式的德育"①。同时,除了教师亲自示范之外,教师也可以通过其他典型榜样示范的方式,促使学生在潜移默化之中得到启发,在模仿与正向迁移的过程之中得到道德提升。这一过程需要教师注意以下几方面基本问题:

(1) 关注示范过程中的"模仿机制",促进学生知行统一

社会学习理论代表人物班杜拉认为行为习得主要包括两种不同的过程,一种是通过直接经验获得行为反应模式的过程,即直接经验的学习;另一种则是通过观察示范者的行为而习得行为的过程,即间接经验的学习(观察学习或模仿学习)。以此理论为基础,道德示范过程其实质就是间接经验的学习、观察学习或模仿的学习过程,在这一过程之中,需要注意关注个体的认知、行为和环境三个方面的作用,注重关注示范过程中榜样作用发挥依赖于"模仿机制"这一基本原则,促使学生个体由知—行—知整个道德发展。所谓模仿是指个体自觉或不自觉地重复他人的行为的过程,它包括无意识模仿和有意识模仿、外部模仿与内部模仿。而在模仿过程中需要始终把握一个基本原则,即模仿需要是主体发自内心的、自愿主动的过程,而不是强迫性的,需要在积极的情绪状态下实现②。

(2) 把握示范法的基本种类,最大限度发挥示范作用

学校德育活动之中常见的道德示范法具体可以包括以道德品行为主的德性示范;以人格魅力为主的人格示范;以精神品质为主的精神示范。教师需要关注自身的德性感染力,以提升自身的道德修养,一方面管理好自身的道德形象,以提升吸引力;另一方面在教师岗位严守师德规范,不断提高德性底蕴。作为一名小学教师,需要严格依据《小学教师专业发展标准》在小学教师个人修养与行为这一层面提出的基本要求:首先,

---

① 刘济良. 德育原理[M]. 北京:高等教育出版社,2010:179.
② 王书,贾安东,曾欣然. 偶像"榜样"教育的德性心理分析[J]. 中国青年研究,2006(9):13.

做到拥有良好的品质,即富有爱心、责任心、耐心和细心,勤于学习、不断进取。其次,需要具有积极性格,以乐观向上、热情开朗的性格"感染"每一位小学生,以友好善良的态度,拉近与学生之间的距离,潜移默化地感染每一位学生。再次,要保持健康的心态,一方面按照教师职业角色的要求,不能把不良的情绪带入职场,影响正常教育教学活动;另一方面小学教师的示范性也要求教师面对各种情境能保持平和的心态,成为小学生心理健康成长的榜样。① 最后,呈现文明形象,小学阶段是小学生规范语言习得的重要阶段,教师语言规范与否,直接影响小学教育的效果。

只有符合小学教师专业发展的基本标准与要求,才能够最大限度地发挥出小学教师的示范与引领作用。同时,小学教师还需要善于从日常学生生活与社会生活之中观察与了解先进榜样人物的先进事迹,或者优秀学生代表的良好道德行为,起到间接示范的作用与效果。

(3) 从多维度出发,增强道德示范对学生的辐射力度

需要从榜样示范的有效性与科学性出发,多维度思考以增强道德示范对学生的辐射力度。具体包括五个基本指标:认知度、理解度、认同度、情感共鸣度、践行度②。小学教师需要从这五个面来增强自身道德示范的效果。

3. 陶冶教育法

陶冶教育法是指教师有目的地与学生共建一定的德育氛围,创设一个良好的教育情境,进而对学生的思想、情感、行为产生潜移默化影响的德育方法。陶冶是一种暗示的德育方法,其最大的特点在于"润物细无声",使学生在耳读目染、不知不觉中受到熏陶与感染,产生长远影响。具体可以包括人格感化、环境陶冶、艺术熏陶三类。

首先,人格感化是强调教师以自身高尚人格、真挚情感来感染学生,使学生心灵感触加深。这需要小学教师具备高尚的品德与情操、人格威望,做到全方位关心全体学生、尊重学生、公平公正对待学生、热爱学生,使学生直接体会到教师的关爱。其次,环境陶冶是强调教育者通过营造一种良好的学校文化氛围与精神文化环境,促使学生身临其境受到陶冶与熏陶。比如通过构建和谐的班级氛围、师生关系、生生关系,良好的校园环境、校风、学风等帮助学生形成正直、严谨、乐学、爱学、求善、求美的思想与情感。最后,艺术熏陶则是侧重突出通过音乐、体育、美术等多种多样的课外活动,从艺术层面促使学生潜移默化地受到启发与影响。需要注意的是,在采取陶冶教育法的过程中必须把握一定的科学性与思想统一性,对学生的品德形成产生引导与启发的作用;注意学生感性与理性的相互统一,在情感陶冶的同时,注重学生道德理性的培养;善于灵活运用多种途径发挥陶冶教育的实效性。

---

① 教育部教师工作司组编.小学教师专业发展标准解读[M].北京:北京师范大学出版社,2013:52.

② 戴锐.榜样教育的有效性与科学化[J].教育研究,2002(8):19.

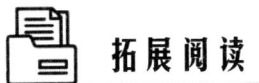

拓展阅读

施健：引领儿童道德生命幸福成长

以爱育人，做倾心德育管理的领头羊

热爱教育要从关爱每一位孩子做起，孩子们多么渴望教师的爱抚，尤其是寄宿学校的孩子们，哪怕一个小小的亲昵的动作，一句温暖的贴心的话语，都会在他们幼小的心灵深处激起涟漪，甚至让他们铭记终生。充满爱的教育才有可能是成功的教育。

——摘自施健博客

大年初六，本是走亲访友的好日子，可在新东洲小学教育大厦学生公寓的窗台上晒满了五颜六色的被子。新东洲小学的保育阿姨们自发地来到学校，为孩子们的入学提前做起了准备。原来，她们相互通知利用这几天的好天气把所有的被子都晾晒一遍。初十那天，孩子们来校了，当晚下起了大雪，天气很冷。孩子们睡在热乎乎的被窝里，一定不知道阿姨们给他们晒被子的故事，可那份萦绕着的关怀和温暖却是那么真切感人。

"天天感动学生"是新东洲小学的文化品牌，每个新东小人以此为行动指南，把一份责任、一份追求深深扎根在心间，用无私的爱和真挚的情感动着每一个孩子。施健校长依据新东洲小学所有孩子都寄宿学校的特殊性，提出了营造"校园、家园一体化"的工作思路，让每一个在这里读书的孩子都有一种家的感觉。每学期初是各班孩子最忙碌、最兴奋的日子，每个孩子都会加入"班级家园"的创意设计行动中。短短一周的时间，各个教室都会布置得缤纷多姿：低年级的"班级成长树"、"你追我赶"评比栏、"小画家"园地等栏目百花齐放；高年级的"温馨家园""生物角""读书俱乐部"等别具一格，有的班级还借鉴国外的做法，布置了"五把成功的钥匙""六项创新思维的帽子"等栏目。

以情化人，做醉心品德教学的实践者

鲁洁教授曾说品德教学是最美的教学。是的，它能让学生学会求知、学会做事、学会共处、学会做人。但只有让学生主体参与、自主活动、主动发展的教学模式才能真正带给学生心灵的变化。我应该在创设课堂情趣上做探究，让课堂融入真情与激情。

——摘自施健博客

多年来，施校长一直潜心从事小学品德教学的研究，追寻本真课堂，让教学活动融入真情和激情是施校长的一贯追求。听她的课常常有一种清风扑面的感觉，她总是以最自然贴切的设计轻轻拨动孩子的道德心弦，让他们的心灵深处充满对真善美的向往。让我们先从1999年10月在江苏省教育管理专业委员会年会上，施健校长执教的"水——生命之源"展示课切入吧。这节课不是在教室里，而是在学校的德育基地——

长江边的"长江水厂"里上,施校长带着孩子们开始了独特的"水资源"探究之旅。活动第一环节,施校长从孩子的生活入手,激发他们的探究愿望;第二环节,根据不同的学习任务把全班同学分成四个合作探究小组;第三环节,让孩子们自主分享交流。施校长认为:"只有植根于学生心灵的品德体验活动才是有效的德育活动,只有适合孩子的德育活动才是最有影响力的活动。"

施校长除了自己不脱离教学一线,还积极带领学校的德育教师拓宽德育课程的视野,充分利用地方资源,构建新生活视野下的大德育综合课程,让孩子们把品德课堂中获取的道德认识在道德体验活动中得到践行,实现知情意行的真正统一。海门的常乐镇是清末状元张謇的故里,施校长就此开发了五年级"状元故里行"主题德育活动课程。

以智塑人,做潜心心理研究的点灯人

儿童心理健康是现阶段德育不容忽视的一个特殊组成部分。心理教育应融合在德育之中,育德、育心一体化,以心育德,以德育心,让每一个学生的心灵得到启迪,潜能得到开发,个性得到陶冶,人格得到培养,让每一个学生都能全面而具个性地发展是我们的努力方向。

——摘自施健博客

又一个周三的中午,施校长像往常一样在办公室里等着她的手拉手小朋友阿杰。阿杰的父母常年在外做生意,阿杰从一年级起就全托住校。和很多留守儿童一样,阿杰无比渴望获得来自爸爸妈妈的温暖。性情孤僻的他不善与人交流,他没有朋友,没有欢乐,一点点走向忧郁。施校长从班主任处得知阿杰的变化,决定和阿杰结为手拉手朋友。每周三,这对大小朋友都会进行一番有意思的交谈。这天,施校长在给阿杰讲《这条小鱼在乎》的故事。阿杰的学习很好,可是他对同学漠不关心,因为他觉得自己对同学来说并不重要。故事中的小男孩把水洼里的小鱼送回大海的时候没想过自己能否把所有的小鱼都送回大海,但他知道被送回的每一条小鱼都在乎他这么做。"任何一个人都可能成为对别人来说十分重要的人,只要你去做了,你就会感受到自己是多么重要。"施校长力图通过帮助阿杰认识自我的重要,从而引领他融入群体,对生活充满热情。记不清多少个日子了,施校长用特殊的方式反复地传递给阿杰同一个信息:我们每个同学和老师都喜欢你,都爱着你,你对我们来说很重要! 阿杰的小脸有了久违的笑容。

"从孩子的角度看待问题,用孩子的心理感受世界,才可能真正接近孩子,了解孩子。"

4. 实践锻炼法

实践锻炼法是指教师通过各种各样的实践活动(如孤儿院、养老院、德育实践基地等),在行为实践中提升学生的认知发展,陶冶学生的情操,培养学生良好意志品质,坚定信念,养成良好的习惯,提升精神境界的一种德育方法。其基本特点是通过寓教于乐的方式,在实践过程中增强学生的自觉性、积极性和主动参与性,培养学生知行统一、言行一致的良好道德品质。但是在具体实施过程之中,教师需要注意以下几项:

其一,实践锻炼开始之前,需要向学生提出明确且具体的实践锻炼任务。小学开展实践锻炼活动需要教师所提出的任务具体、明确、合理,才能有效增强小学生实践锻炼开展的具体效果,从而实现教师的具体实践目标。其二,需要教师加强对实践锻炼活动的全程指导。小学教师在开展实践锻炼活动教育的过程之中,需要作为实践活动的组织者与协调者,参与到实践活动的每一个环节,及时给予学生帮助与支持。实践开始时,教师需要积极调动小学生实践活动的动机和愿望;在实践锻炼过程中,教师则需要时时关注学生,发现学生的具体问题,一起帮助学生找到解决问题的方法;在实践锻炼结束后,教师则需要鼓励学生进行实践反思,促使实践活动有效达到知行统一、言行一致的德育目标。

5. 品德评价教育法

品德评价教育法是指教师通过对学生思想品德的肯定或否定,促使学生发扬优点、克服缺点的一种德育方法。其手段与方式主要包括表扬奖励、批评处罚等,通过强化的方式影响学生道德行为。前者属于积极强化方式,重在肯定或鼓励学生某种良好道德行为发生的频率;后者则是一种消极强化的方式,尽量消除学生身上所存在的不良道德品行。运用奖励方式时,小学教师需要重点关注几个方面的问题:首先,需要认识到奖励的指向不仅是成功的结果,而且是获得成功的过程;其次,奖励出现的频率和程度要恰当,不能滥用,不能过高或过低地使用;再次,奖励要结合具体实际,灵活恰当地选择,注重形式的多样性;最后,注重奖励的根本目的在于促使学生形成良好的道德品质。而在采取批评惩罚方式时,教师同样需要明确惩罚目的,不能为惩罚而惩罚,应合情合理、公平准确、灵活采用惩罚手段,尽可能充分发扬民主,以获得学生群体支持。

(二) 学生集体教育的方法

学生集体教育的方法是指不断引导学生在参与集体活动的过程中从思想意识到行为习惯发生一定的变化与转变的方式与方法。具体常见的方法包括讨论法、公正团体法等。

1. 讨论法

讨论法是指在教师的组织下,学生对德育事件、道德现象发表看法,开展辩论,各抒己见、寻求共识,从而促进学生道德认识、道德态度、道德思维能力获得发展的一种德育方法。讨论的目标是在讨论的过程之中促使受教育者对现实道德问题得到澄清与解决,达到道德思维训练的目的。讨论法具体形态多种多样,比如交流谈话式、述评结合式、头脑风暴式、辩论比赛式等等,其中最具代表且较为经典的有苏格拉底的"产婆术"、柯尔伯格的"道德两难问题法"和奥斯本的"头脑风暴"。

在运用讨论法开展德育教学过程之中,需要注意以下基本事项:首先,需要科学地组建讨论小组。高效的讨论小组在人数上一般控制在6~8人为宜,坚持"组内异质,组间同质"基本原则,将不同道德经验、经历、背景的学生组织到一个小组,充分调动学生讨论的积极性与热情。其次,需要精心准备和设计,确定讨论或辩论的主题。讨论主题的确定需要遵循基本原则是,注重实际,从学生道德实际发展水平出发,具有一定的价值性、真实性,符合学生最近发展区基本要求。最后,做好及时指导与有效总结。在讨论过程中,教师不再是主导者、控制者,而应该作为一名参与者、观察者、引领者,发扬民主,鼓励不同层次的学生积极参与到讨论过程中,拓宽学生思维与视野,创造条件满足每一位同学的沟通与交流,学会循循善诱,启发学生发现问题、解决问题。

道德两难故事或问题讨论法[①]

"道德两难故事或问题讨论法"是指在德育活动中,教师通过设计或者提出一些有关道德判断的两难故事或问题,造成学生认知失衡,引导学生在困惑、焦虑、犹豫的心态中寻求自己的道德立场,不断提高自己道德思维能力和道德认识的一种德育方法。所谓"道德两难",指的是同时涉及两种道德规范且不可兼得的道德情境或道德问题。

"道德两难故事或问题讨论法"运用的一般步骤:

(1) 了解学生当前的道德判断发展水平。教师在运用此方法前要通过观察、调查、分析等方式了解学生道德判断发展水平。

(2) 选择或设计与学生道德判断发展水平相吻合的"道德两难故事或问题"。"道德两难故事或问题"可以是学生身边真实的或实际发生的道德两难故事或问题,比如"朋友偷同学的钱是否自己该揭发?""弟弟偷钱为哥哥交学费,哥哥是否该举报弟弟?";也可以是社会关注并争论的热点、焦点问题,比如"要诚实还是要工作?""要工作还是要尊严?";还可以是虚构但却可信的道德两难问题,如柯尔伯格及其同事设计的九个"道德两难故事",虽然都是虚构的,却是可信的。

(3) 引导学生对"道德两难故事或问题"发表自己的观点,以引起学生的意见分歧和认知失衡。引起学生的意见分歧和认知失衡,并让学生进行讨论,这是运用"道德两难故事或问题讨论法"的关键。因此讨论小组要由道德判断发展水平处于不同阶段的学生混合而成,使学生有机会接触到高于他们推理水平的道德判断,触动其原有的道德经验结构,产生不满足感,以达到改变自己原有的道德经验结构的目的;如果讨论小组的学生道德发展水平基本处于同一阶段,很容易对所讨论的两难故事或问题达成一致意见,则无法促进学生道德判断水平的发展,"道德两难故事或问题讨论法"就失去了价值。

(4) 引导学生在比较中自动接受比自己原有的道德推理方式更为合理的推理方式。这是运用"道德两难故事或问题法"的最终目的。在学生出现意见分歧和认知失衡时,教师应启发学生在讨论中积极思考,主动交流和辩论,做出自己的判断。同时,教师要鼓励学生考虑他人观点,协调与他人的分歧,最终引导学生在比较中自动接受比自己原有的道德推理方式更为合理的推理方式。

---

① 易连云.德育原理[M].武汉:武汉大学出版社,2010:148.

奥斯本的"头脑风暴"[①]

头脑风暴法又称为智力激励法、BS 法、自由思考法,是由美国创造学家 A. F. 奥斯本于 1939 年首次提出、1953 年正式发表的一种激发性思维的方法。当一群人围绕一个特定的兴趣领域产生新观点的时候,这种情境就叫作头脑风暴。由于没有拘束的规则,人们就能够更自由地思考,进入思想的新领域,从而产生很多的新观点和问题解决方法。当参加者有了新观点和新想法时,他们就大声说出来,然后在他人提出的观点之上建立新观点。所有的观点被记录下但不进行批评。只有头脑风暴会议结束时,才对这些观点和想法进行评估。

头脑风暴的基本规则包括五个方面:(1)延迟和不给予你对观点的评判,要到头脑风暴会议结束时才对观点进行评判;(2)鼓励狂热的和夸张的观点;(3)在现阶段量有价值,而不是质;(4)在他人提出的观点之上建立新观点;(5)每个人和每个观点都有相等的价值。

2. 公正团体法

公正团体法是指根据集体教育原则形成的,旨在促进学生的道德判断和道德行为统一发展的道德教育方法。它通过一个公正的生活共同体(合作性团体)的实践活动,在师生的民主参与的团体氛围下,实现团体成员自我管理和自我教育的目的,并在此基础上提升团体成员的道德判断水平,促发其道德行为。[②] 公正团体法通过师生的民主参与活动,创造一种公正集体氛围,促使个人道德发展,要求人数为 60~100 人,有专门的议事委员会、顾问小组、集体会议和纪律委员会等组织机构负责相关事宜。这一方法坚持公正原则、民主管理、道德氛围、集体教育,其根本目的是发展学生的道德决策能力与自律道德能力。所谓"自律"是指"即便在没有习惯和法律的条件下也能做出独立的判断和行动。……就是将行为准则当作自身的法则加以内化而获得的自由。"[③] 这种"公正团体"给学生创设一种群体道德环境,对学生要求自主决策、自觉践行、自我约束发挥重要作用,每一位成员在这一团体中具有强烈的团体精神与团体意识,而个人意识在此支配下也会有强烈的责任感和爱心。

(三) 学生自我教育的方法

学生自我教育的方法是指教师在教学或日常教育与管理过程中指导学生通过自我学习、自我反思、自我管理等方式不断提升自我认识、增强自我体验、合理进行自我评价与自我控制的一种德育方法。人的道德发展来自两种力量,一种是外在的教育,一种是内在的自我教育,而外在教育只有通过自我教育才能发挥作用,就像苏霍姆林斯基所言"只有能够激发学生进行自我教育的教育,才是真正的教育。"而学生自我教育的方法也

[①] 资料来源:http://lww8783838.blog.163.com/blog/ststic/187274332007814101617625.
[②] 秦苗立,包瑜."公正团体法"对我国小学班级建设的启发[J].前沿探索,2016(20):9-10.
[③] 田贵华.科尔伯格"公正团体法"对我国德育的启示[J].学校党建与思想教育,2004(1):61-63.

是非常重要的德育方法之一,其常见的方式是自我修养指导法,学生从自我认知、自我体验、自我评价、自我控制四个基本维度出发,对自身的言、行、举、止进行客观判断从而产生情感体验的一种方式。而在具体进行自我教育方法的过程中,需要注意培养个体道德修养的自觉性,教师可以适时帮助学生制定程度适中、难度适中的修养标准与计划,从而减少学生的盲目性。具体可以通过多种途径,例如建议学生课外阅读有关书目,观看感动中国人物评选、今日说法、全国道德模范评选等节目;建议学生通过记日记、写读后感等方式,进行学习反思,将所见所闻记录下来,养成反思的好习惯;建议学生学会自我安排学习、生活作息时间,养成自我监督、自我检查的好习惯等。

自主学习

儿童品德形成与发展具有两个基本程序:一是"外塑—内化—内生—外化"的品德形成程序,二是"他律—自律—自觉—自为"的品德发展程序。这是遵循儿童品德形成与发展的基本规律,从教师指导教育的方法—学生集体教育的方法—学生自我教育的方法,突出强调发挥学生自我建构的作用,以促进学生品德科学、有效地实现内生外化的过程。除本节具体列述的小学德育方法之外,还需要自主学习以下几种常见德育方法:

1. **价值澄清法**:这一方法是美国大学教授路易斯·拉斯等人在对传统的价值观教育法进行研究分析的基础上提出的,曾在美国风行一时,对学校道德教育的实践产生了很大影响。这一方法与柯尔伯格的道德认知发展理论被人们称为"在美国过去20年中最重要的两种道德教育方法"。价值澄清的目的不是灌输给学生一套事先安排的、严谨的价值观,而是通过心理帮助指导学生掌握一种过程,这种过程可以用来反省自我的生活,对自己的行为负起责任,从而澄清自己的价值观,使学生减少价值认识的混乱。

2. **角色扮演法**:在德育过程中,角色扮演法是通过让学生在某一设计价值争论的道德问题或虚拟道德事件中扮演一定的角色,并按照该角色的要求思考道德问题、做出道德判断、采取道德行为,使之亲身体验其他人在同一道德情境中的道德存在状态,以此来丰富学生道德体验,改变学生道德态度的一种方法。

小组讨论

请各学习小组围绕本节给出的三个案例,自主选择一则案例,采取合作学习的方式,展开小组讨论学习任务。

- 学习内容

拓展阅读:说服学生的六种方法/说服学生"三法"

拓展阅读:施健:引领儿童道德生命幸福成长

拓展阅读:"道德两难故事或问题讨论法"/奥斯本的"头脑风暴"

- 学习要求

课后以小组为单位,认真阅读案例并做好资料搜集工作;

课后结合所学以及相关资料,提出组内探讨的具体问题;

第六章 小学德育原则与方法

课堂上以问题为驱动,完成本小组学习分享与汇报工作。

- 学习清单

小组名称	
学习内容	
学习问题	
资料搜集	
学习分享	

第三节 小学德育原则与方法的应用举例

一、举例与分析 1——学生恶作剧问题

(一) 案例情景

【故事一】

星期天晚上,我收到了小海妈妈的一条短信:

尊敬的李老师:

您好! 周末还打扰您,真不好意思。我刚出差回来,小海的爸爸因单位工作忙,这段时间也没回家。

上周五下午,小海的水杯里被人放了白色不明物 50 余粒。回家后,外婆一急之下就把水倒掉了,后来才想起来捡回 10 余粒样品。小海也不知道是谁放的。麻烦李老师帮我了解一下:一是谁放的什么东西? 对身体有无损害? 投放不明物的小孩家长的电话,我想与对方沟通一下。二是希望那个学生向小海道歉,保证以后不再发生类似的事情。同时对其他同学也可起警示作用。我最担心的是将来又会发生投放其他无色无味有毒物的情况,万一孩子在学校喝出了什么事情,我想大家都不愿看到。希望李老师能理解我的心情。

PS:三是如果实在找不出是谁,我只能拿样品去有关单位化验。因明天我要开会,只能让小孩的表姐将样品带给您看。十分感谢您对小海的关心,真的让您操心了。

小海妈妈

星期一语文课,我拿着一摞作文纸走进教室,在黑板上写下"班级新闻交流会"几个大字,并将相关信息投影给孩子们。信息刚播完,小靖就从座位上站起来,坦言承认此事,并说自己没有伤害小海的想法,那 50 余粒是薄荷糖。我将作文纸发给他们,并告诉他们:"电视中的新闻值得我们去关注,身边的时事更需要我们关注与参与,请大家按照以往看电视新闻写评论的作文要求,完成本次'班级新闻交流会'的草稿准备。届时,我们将在交流过程中评选出本次'班级新闻交流会'的'最佳评论员'。"不一会儿,孩子们

135

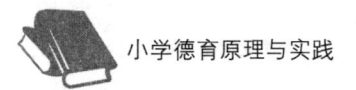

纷纷完成了自己的"评论稿"。

当事人小海首先发言——《对班级里发生的事情的观点》:今天第二节课,老师给我们看了一条信息,我看完以后才想起来,这条信息是我妈妈在上周日发给老师的。当时我不知道是谁把这些东西放我水杯里的,后来小靖承认了是自己放的,听了小靖的话我才知道,原来那个东西是糖,没有毒。其实我唯一害怕的就是那个东西有毒。这件事是在上周五下午发生的,但是其实这件事没有那么严重。

"肇事者"小靖的发言——《给小海的道歉信》:小海,对不起,我不应该在你的水杯里放东西,真的很对不起!其实,那些只是一些小薄荷糖,对身体无害的。我不是有意的。我不应该这样做,我也不是存心的,只是想逗你玩儿,就随手放到了你的水杯里。现在,我觉得非常后悔,你本来就受过欺负,可我却让你再次受到了更大的伤害。在这里,我向你真诚地道歉,恳请你的原谅。同时,我也向你的父母道歉:"叔叔、阿姨,我不是想伤害小海,也没有什么恶意,希望你们能原谅我,给我一次机会,以后我再也不会做这样的事情了。我还要请你们放心,这种糖对人体绝对没有危害。真的非常对不起!"

接下来,孩子们各抒己见,争先恐后地发言……

放学前,我整理着孩子们的"评论稿",准备把它们装订成册,请小海带回家让妈妈阅读。这时,小靖跑过来到我身边悄悄告诉我:"李老师,我问了小海妈妈的电话,中午已经给他妈妈打过电话了。我把事情解释清楚了,也道歉了,他的妈妈说原谅我!请您放心!"我欣喜地告诉小靖说:"孩子,你做了李老师想建议你做、却还没有来得及建议的事,做得好!"小靖笑笑,帮我一同将文稿订好,郑重地送到了小海的手中。

第二天一早,我同时收到了小海妈妈和小靖妈妈的回信。……①

【故事二】

今年下学期,我接手一个新班,班上有个学生,成绩不好,爱搞恶作剧。一天,他有意在黑板上画了一座坟墓,墓碑上写着"王老师之墓"。当时我确实难以忍受。铃声响了,同学们等候着一场"暴风雨"的来临,可他们万万没想到,我轻轻走进教室,叫学生起立,向死去的王老师默哀3分钟。3分钟过去了,我面带笑容地说:"王老师又活过来了,现在我们开始上课。"这时全班同学用责备的目光一齐投向那位给老师画坟墓者,这位同学顿时满脸羞愧,课后自觉向我承认了错误。顽皮的学生往往把老师当作恶作剧的对象,以显示自己的"才能"。遇到以上这类恶作剧,当老师的确实感到难以忍受,怎样对待学生的恶作剧呢?②

(二)问题分析

恶作剧就是故意与他人开玩笑、戏耍、互相捉弄的行为。恶作剧最基本的形式即故

---

① 李季,李楠. 小学德育问题与对策[M]. 北京:中国轻工业出版社,2012.

② 资料来源:http://www.pantao108.cn/forum.php?mod=viewthread&tid=8139&extra=page=1.

意使他人陷入窘境,并在旁观赏他人尴尬、吃惊、惶恐等寻常难以得见的情绪表现,借此得到乐趣。这种恶作剧纯粹是以满足行为人的个人乐趣为目的的,其他观看者或被恶作剧的人不一定也会觉得有趣,而且往往觉得令人憎恶。小学教师在具体德育教学工作之中怎样对待恶作剧这一问题,需要把握恶作剧的性质以及小学生制造恶作剧的动机。

通常情况下需要区分两类不同性质的恶作剧:其一是相互搞笑型。这一类型虽然是"恶作"但没"恶意",是学生间寂寞无聊时,为寻求刺激,自娱自乐的一种形式。其二是故意伤害型。这一类型"恶作"真"可恶",因为对他人具有伤害性。① 教师需要关注与区别这两类不同性质的恶作剧问题,从不同角度出发,思考小学生制造恶作剧的动机。

(1) 从家庭教育的角度来看:家庭教养方式欠妥往往是小学生行为问题产生的直接原因,父母教育方式会直接影响到孩子的健康成长以及孩子心理发展;父母自身的心理健康状况也会对小学生健康发展产生影响;隔代教育与抚养会对小学生心理健康发展产生消极影响。

(2) 从学校教育的角度来看:这是小学生产生问题行为的直接原因,教师对学生过失行为采取简单粗暴处理方式,不懂得基本的德育原则,忽视小学生的年龄特点、个性特征都易造成学生不良行为的产生。

(3) 从学生自身的角度来看:尽管学生的自我意识进入小学中高年级才逐渐得到发展与巩固,但其心理发展还不是很成熟,意志力不够稳定,易受外界环境因素的干扰,自我调控能力较弱,容易出现负面不良情绪,甚至出现不计后果的不良行为问题。

(三) 对策措施

【故事一】

在故事一中,这位教师在收到家长的来信后,选择以"'不明颗粒'新闻交流会"这一主题为导入,开展小学德育工作,学生们有模有样的以"发言人"或"评论员"的视角对学生开展了集体教育,当事者——小海、"肇事者"——小靖,以及其他同学都做了发言,同时事后这位教师也再次收到了小海妈妈的回信,其中信中写道:"看了孩子们的作文后,我欣喜地发现,那么多的孩子有着正面、积极的思考,也有那么多的孩子鼓励小海要坚强、勇敢,还有那么多的孩子客观友善、委婉地指出了小海身上需要改进的问题。更令我欣慰的是,大多数孩子都表达了愿意跟小海做朋友,愿意更多关心他、帮助他、保护他的意愿……从这48份文稿里,我看到的是48颗晶莹、闪光的美好童心。"

在这位老师的德育工作过程中,始终遵循着本章节所提到的小学德育基本原则,具

---

① 资料来源:http://www.pantao108.cn/forum.php?mod=viewthread&tid=8139&extra=page=1.

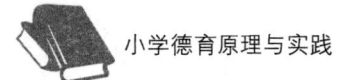

有明确的导向性原则、突出知行统一的原则、恰当地把握因材施教、疏导性、长善救失的原则,不是有针对性地去批评某一位同学,而是结合收到的家长来信,以一节作文课的形式,完成了一堂完美的德育教学工作。而面对学生恶作剧这一类行为,这位教师也提出了她的对策措施:

(1) 从心理诉求的角度认识学生的恶作剧行为:心理学研究表明,小学生的问题,70%属于心理问题,而非道德问题。因此,处理恶作剧问题,需要教师有针对性地探究学生背后的心理诉求,并做出深入分析,从情绪上引导与调节,鼓励学生积极向同学、老师、家长寻求帮助。

(2) 教师需要学会采取"角色互换":让恶作剧学生从对方角度思考问题,互换角色,将心比心,引导学生改正不足。

(3) 用良好的班风去影响学生:营造一个兼容、相亲相爱、互相理解、互相帮助的班级氛围。

(4) 积极寻求家长的配合,遵循教育影响的一致性原则,寻求家庭的帮助。因为学生恶作剧心理与家庭教养方式、人际关系有直接或间接的关系,有的甚至是家庭问题的表现或延续。作为班主任需要帮助家长认识到这一因素的重要性,增强与孩子的交流及沟通。

【故事二】

在故事二中,这位老师认为面对学生恶作剧这一类问题时,教师需要遵循德育过程之中的基本原则,特别是因材施教、疏导性、平行教育原则,从以下几方面采取具体措施:

(1) 需要学会压制心中的怒火,对自己进行"冷处理"。制怒是有效教育学生的先决条件,宽容和豁达不仅能够感化学生,而且能使教师的应变能力得到充分发挥。

(2) 要有幽默感。教师的幽默感能较大程度地削弱恶作剧造成的不良后果,教师的威望得到进一步的提高。

(3) 用含蓄的方式向公众暗示恶作剧制造者给课堂教学带来的影响,收到批评一人,而教育大家的效果。相反,如果教师大动肝火,当面训斥和嘲弄恶作剧的学生,不但不能挽回自己的面子,反而使学生更加反感。

问题思考:

1. 你怎么看待学生的恶作剧?

2. 遇到这样的恶作剧事件,需要在德育过程中遵循哪些基本原则?做出怎样处理?

3. 如何引导小学生有一个积极向上的健康心态,学会尊重同学、尊重课堂、尊重教师?

二、举例与分析2——班主任管理问题

(一)案例情景

班级10分钟例会①

早操结束后,一(2)班的"班级例会"如期开始——

远远("班级例会"轮流主持人)一本正经地走上讲台,说:"请大家做好,'班级例会'现在开始,首先请昨天的值日组长总结一下值日情况。"

苗苗(值日组长)说:"昨天下午轩轩生病了,是我代替她做的值日组长,昨天的值日生们表现得不错,值日做得挺快,没有一个人忘记值日,就是郎朗和小意开始时在教室里打闹了一会儿。"

远远:"请提出建议。"

苗苗:"我建议他们以后要认真做值日,不要在教室里打闹了。"

远远看了看早已满脸通红的郎朗和小意。

"我接受!谢谢!"郎朗和小意一边说,一边向苗苗鞠了个躬。

远远:"我没有发现今天有谁迟到,如果有,请自己到前面来解释原因。"

小脑袋在教室里摇成一片。

远远:"那好,班级里还有什么事情?"

泓泓:"咱们班的流动红旗又增加了一面,是卫生红旗,请大家给自己掌声,鼓励一下自己。"

孩子们个个开心地鼓起掌来。

奥奥:"昨天下午,悦悦在操场摔倒了,是钊钊把她送到校医室的,我们要向钊钊学习,请大家给他掌声。"孩子们的掌声真诚又热烈!

奥奥补充着:"我还建议大家今后课间做游戏时要当心,要学会保护好自己。"

远远:"谢谢你对同学们的提醒。"

廷廷:"今天早上的早读还不错,老师没来时,同学们都很自觉,我要表扬彤彤、轩轩,还有小宇,请大家给他们掌声。"孩子们一边鼓掌一边将目光投向他们。

廷廷又说:"我还要提醒郎朗注意,下次早读时要像这几位同学学习,坐在自己的座位上认真读书。"

第二次被提醒了的郎朗,小脸儿有些挂不住了,声音低得就快听不到了:"我……接受……谢谢!"

小浩:"今天排队去操场时,郎朗也在队伍里讲话了,我建议他以后要安静地站队。"

小浩的话音刚落,令人意想不到的一幕发生了——

"呜……呜……呜……"不知从哪儿传来的哭声,一声高过一声,一声比一声难过。

---

① 李季,李楠.小学德育问题与对策[M].北京:中国轻工业出版社,2012:82-85.

是郎朗,泪珠儿成了串儿地往下落。的确,像这样在"班级例会"中被同学们连续提醒了三次的情况还真是第一次出现。

显然,郎朗的哭声大大出乎了孩子们的意料,大家齐齐地把目光投向他。

远远走到了郎朗身边:"郎朗,你有什么话想对同学们说吗?"

郎朗的眼泪更加汹涌了:"我……觉得……自己做得不好!我接受……大家的建议……我……我……我……对不起……大家!"

远远:"男孩子要说话算话!下面请班主任老师做总结。"

我走向讲台的脚步声中明显带着几分激动和急切。

"孩子们!今天的'班级例会'让我很感动!尤其是郎朗,我想,只有真正关心班级、真正认识到了自己错误的孩子,才会为自己的过错落泪。郎朗一直都是一个关心班级的好孩子。今天虽然有做得不足的地方,却一直都在勇敢地承认着自己的错误。我相信,能勇敢地面对自己过错的孩子,也一定会勇敢地将这些错误全部改掉。大家觉得呢?"

小脑袋点成一片,片片洁白的纸巾从四面八方传递到郎朗的手中。

"愿意相信郎朗,也愿意和郎朗共同进步的孩子们,请用掌声来鼓励一下郎朗,也鼓励一下自己吧!"我建议道。

在长久而热烈的掌声中,第一节上课的铃声刚好响起。

(二)问题分析

小学低年级学生缺乏班集体意识,作为班主任在班集体建构初期,应该怎样去培养学生自觉自律的班集体意识呢?不是采取全天候无缝跟班,选好"小班干部"代为管理,采取"班干部轮换制"。但是,常常会因为学生自制力弱、注意力不集中、意志薄弱等问题,出现管理目标不明确,随意性太强的管理方式;或是教师全天候、无缝衔接的事事亲力亲为,包办型的管理方式;或是主观性过强,脱离学生实际,造成以教师自身主观意愿为主导的主观型管理方式。如何在尊重学生、关爱学生、理解学生的基础之上,促使班级管理走向自觉与自律,需要小学教师发挥自身的教育与德育智慧,结合具体班级管理情境,采取合适的德育方法,对做好班级管理工作尤为重要。

(三)对策措施

"班级十分钟例会"中这位教师巧妙运用问答法,促使学生通过沟通与交流,发现问题所在,找到合理解决问题的方式方法,做到主动接纳、自觉反思,从而形成班集体意识。而在低年级班集体建设过程中教师可以具体采取两点有效措施:其一,合理发挥自身主导作用,注重营造和谐氛围,促使学生产生归属感与集体荣誉感,为学生自由表达思想提供合理平台,采取多种德育方法促进学生发现问题与解决问题;其二,建立师生平等沟通的环境,注重学生进行自我教育,认识自我、发现自我、合理评价自我,鼓励学生发挥自身主体作用,从他律道德阶段走向自律道德阶段。

问题思考:

1. 为增强小学生班集体意识,假若你是一位小学三年级班主任,需要开展一次"班级十分钟例会",你会采取何种德育方法,怎样设计与组织本次班会?

2. 在日常班主任管理工作之中,以增强学生班集体意识为目的,可以尝试的德育方法有哪些?

 本章练习

1. 什么是小学德育原则?小学德育原则与德育规律有何关系?
2. 举例说明在小学德育活动过程中需要具体遵循哪些基本德育原则?
3. 什么是小学德育方法?常见小学德育方法有哪些?
4. 请你结合实际谈谈你对"只有不会教的老师,没有教不会的学生"这句话的理解?
5. 阅读下列案例,试设计改变李想"淘气"行为的方法。

李想是一个被父母抛弃的私生子,3个月大时被一位年近六旬的老人收留。李想和这位老人住在两间破败的土房里,生活极度贫困,周围几百米也没有人家。李想上课经常不太听讲,但考试成绩总在班级前面。李想是一个名副其实的"淘气包",特别爱捉弄人;当老师激情高昂地讲课时,他却在课堂上扯女生的头发;要上体育课了,他在上课前把篮球的气全部放掉,让同学们无法玩向往已久的篮球;班主任监考时,他将墨水洒在班主任的白色T恤上。班主任天天当着同学的面教育他,天天放学后把他留在办公室,但半学期过了,依旧"调皮"。①

---

① 易连云.德育原理[M].武汉:武汉大学出版社,2010:157.

第七章
小学德育过程与模式

配套数字资源

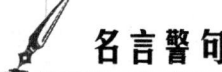

好仁不好学,其蔽也愚;好知不好学,其蔽也荡;好信不好学,其蔽也贼;好直不好学,其蔽也绞;好勇不好学,其蔽也乱;好刚不好学,其蔽也狂。

——孔子《论语》

只有切实促进道德"内生"和品德自我建构的德育,才是真正有效的德育,才能实实在在地解决"知行脱节""表里不一""价值困惑"等德育低效的现象。

——莫雷

 知识导图

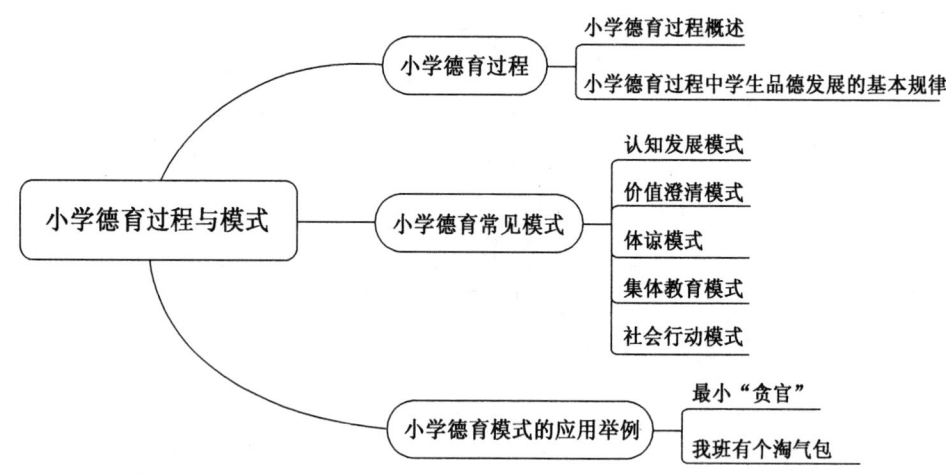

第七章 小学德育过程与模式

本章要点

1. 掌握小学德育过程的基本规律。
2. 理解小学德育模式的概念及其特点。
3. 了解常用小学德育模式的理论基础与实践框架。
4. 学会综合运用各种德育模式。

本章导读

小学德育过程从宏观层面看主要是指小学教师(教育者)对小学生(受教育者)实施的思想品德教育的过程。具体来说,小学德育过程是指对小学生进行思想品德教育的过程,小学教师主要依据一定社会德育要求和受教育者思想品德形成的规律,对小学生有目的地施加教育影响,并通过小学生心理内部矛盾活动,使其养成一定的思想品德,把一定社会的思想准则和道德规范转化为小学生个体思想品德的过程,是教育者与受教育者共同参与、双向互动的教育活动过程。从本质上看,小学德育过程造就道德主体包括促使个体道德社会化和社会道德个体化两方面。小学德育过程的主要矛盾即德育目标与受教育者的矛盾,它是决定德育过程本质的特殊矛盾。小学德育过程具有整体性、双向性以及生成性基本特性。在小学德育过程中学生品德发展需要遵循知、行、意、行培养发展过程,强调自我建构以及内生作用、在教育性活动与交往中形成与发展。

德育模式是综合运用各种德育方式、手段、策略,实现德育理论向德育实践转化的中间环节,它既是一种简约化、范型化了的,并具有极强的可操作性、典型性的德育实践范式,又是一定德育理念的操作化、物质化形态。当前小学德育常见模式包括认知发展模式、价值澄清模式、体谅关怀模式、集体教育模式和社会行动模式。

第一节 小学德育过程

一、小学德育过程概述

(一) 小学德育过程的内涵

过程是指事物进行或事物发展所经过的程序。具体而言,过程是现实世界中的事物或者活动产生、发展、变化的连续性在时间和空间上的展开。任何一个活动都必须表现在活动主体与客体按照一定的目的与要求,以合适的方法,并通过一定的途径,在一定时间和空间条件下相互联系、相互作用的运动形态。过程概念具有抽象和具体两种属性,从宏观角度来看是事物在整个时空中运行和展开的总体过程;从微观角度看,则特指事物在局部时空中的运行与发展,是一系列具体的过程。从两者的关系来看,宏观过程与微观过程是相互联系的。两者构成一对包容与体现的关系,即总体过程包括各个具体的过程,而每个具体过程的运行促使整体的过程能够得以实现。德育过程从宏观上看,贯穿个人一生,涉及人的生活的各个方面,从微观上看则专指学校教育中具体的道德教育过程。从过程的特点来看,学校德育过程不仅仅只是受教育者接受思想道德教育的过程,也是一个教育者与受教育者双向互动的教育与受教育过程,其中包含教育者在德育过程中接受的影响并自我提升的过程。

小学德育过程从宏观层面看主要是指小学教师(教育者)对小学生(受教育者)实施的思想品德教育的过程。具体来说,小学德育过程是指对小学生进行思想品德教育的过程,小学教师主要依据一定社会德育要求和受教育者思想品德形成的规律,对小学生有目的地施加教育影响,并通过小学生心理内部矛盾活动,使其养成一定的思想品德,把一定社会的思想准则和道德规范转化为小学生个体思想品德的过程,是教育者与受教育者共同参与、双向互动的教育活动过程。

(二) 小学德育过程的本质

德育是以过程的形式存在,以过程的方式展开、变化、发展的,过程属性是德育的本质属性,它进一步体现为德育的生成性、情境性和阶段性。① 小学德育过程是教育者、受教育者共同参与的,旨在促进受教育者个体思想品德发展的社会过程,实质上是一种思想、政治、道德的社会传递和社会继承过程。其主要任务是教育者有目的地指导受教育者学习、选择、接受既有的社会道德文化与传统,同时学会自主地创立新思想、道德范畴和道德规范,提升自己的道德素养与品质。因此,小学德育过程的本质就是造就道德主体或再生产道德主体的过程。

小学德育过程造就道德主体包括促使个体道德社会化和社会道德个体化两方面。个体道德社会化即有意识地促使受教育者个体受到一定的社会政治观点、思想道德准则、道德规范的影响,使其逐渐内化为个体思想道德观点、信念,并外化为品德行为,成为能适应和参与一定的社会角色行为的人。社会道德个体化,即一方面是社会思想、准则、道德规范转化为个体思想品德;另一方面,每个个体形成的思想品德,又因其性别、年龄、智力、性格等各方面的差异而具有个性特点。德育过程是个体思想品德社会化与社会思想品德个体化的统一过程。德育过程是一种有目的的或有选择性的道德精神社会传递与个体道德精神体验相统一的过程。

小学德育过程的主要矛盾即德育目标与受教育者的矛盾,它是决定德育过程本质的特殊矛盾。正是这一矛盾的特殊性使德育过程与智育、美育、体育区别开来。德育目标的要求同受教育者现有的道德水平的矛盾表明,德育过程是使受教育者形成社会所需要的思想品德,因而也就是要把已有的社会道德转化为受教育者个体的思想品德。培养受教育者具有社会所需要的思想品德,就是促进个体品德的社会化;把社会品德转化为受教育者的品德,就是社会道德的个体化。因此,个体品德的社会化和社会道德的

---

① 杜时忠,管贝贝.论德育的过程本质[J].教育科学研究,2013(2):26.

个体化是统一的。德育过程本质上就是道德的社会传递与个体道德体验有目的地、有选择性地相统一的过程。

（三）小学德育过程的基本特性

人的任何活动都是一个过程，都是以过程的形式存在和发展的。过程是事物的存在方式，离开了过程，事物不可能存在，也无法变化和发展。事物内部要素之间的相互联系，要通过一定的过程展开和实现；事物与事物之间的外部联系，同样要通过一定的过程展开和实现①。因此，以培养小学生品德为目的的小学德育活动，也是以过程的形式存在，以过程的方式展开，以过程的变化、发展得以实现。小学德育活动中过程属性是其本质属性，促使其进一步展现为整体性、双向性、生成性等特性。

1. 整体性

人的生命是多层次、多方面的整合体；生命有各方面的需要，包括生理、心理、社会、物质、精神、行为等各个方面。任何一种活动都应该是以一个完整的生命体的方式参与和投入，而不只是局部的、孤立的、某一方面的参与与投入②。教育中强调人的发展的完整性，在小学学校德育过程中，需要始终突出受教育者不仅是认识活动的主体，也是进行各种德育价值评价和意志活动的主体这一特点。受教育者在这一活动中是作为一个完整的人参与其中的，一方面包括学生道德认识本身的完整性，注重道德认知、理解、选择、行动这"四位一体"的整体过程；另一方面强调道德影响的全方位性，从外部因素出发考虑多元文化背景下道德影响的多元性。

2. 双向性

整个小学德育过程中，教育者与受教育者作为德育活动的两方，参与在德育活动过程之中，是教育者与受教育者双发共同争取自我实现、平等协作的活动过程。从"教"的层面看，教育者根据"教"的目的选择内容、途径、手段等；从"受教"的层面看，受教育者往往根据自身"受教"的需要和目的选择发展自己的身心的内容和手段。③ 德育应该是作为主体的教师和学生，共同面对人类道德文化和切实的道德问题，在一种相互尊重、平等、宽容、开放的氛围中展开交往和对话，不断实现自我德性在认知、情感、意志和行为等全方位提升的过程。

3. 生成性

小学学校德育作为一种有目的、有组织、有计划的培养小学生品德的活动，具有明显的预设性，并且这种预设性体现在小学德育活动的各个方面，贯彻在德育过程的始终。但是，无论预设得多么周密，德育过程都是一个动态变化的过程，总会在德育活动中出现预设外的情况。因此，德育过程的生成性值得关注。这里的生成性包含三个层面的含义：一是在出乎意料下的新情况、新问题。比如，语文课《小英雄雨来》，教师预设

---

① 杜时忠,管贝贝.论德育的过程本质[J].教育科学研究,2013(2):26.
② 易连云.德育原理[M].武汉:武汉大学出版社,2010:119.
③ 易连云.德育原理[M].武汉:武汉大学出版社,2010:120.

学生概括雨来的机智、勇敢品质,有个学生却提出雨来"很狡猾"①。二是指对预设的创造或超越。学生提出雨来"很狡猾",教师此时可以采用讨论的方式,引导学生展开讨论,加深学生对小英雄雨来的敬佩。三是在预设的基础上生成新的意义与价值。小学德育过程不是一种预设好的活动,按部就班的过程,它强调通过师生之间的双向互动建立具有创造性与建构性的德育实践活动。

二、小学德育过程中学生品德发展的基本规律

(一)小学生品德形成过程是知、情、意、行的培养过程

德育过程是教育者将一定的社会、阶级、民族的思想准则和道德规范等内化为受教育者个体思想感情并外化为行为方式的过程,是形成受教育者个体品德或完整品德结构体系的过程。德育过程的基本规律中包含了学生思想品德各要素相互促进与提升这一规律。虽然人们对思想品德的结构要素看法不一,但一致认为思想品德发展是各个要素相互联系、相互促进,从而实现整体发展的过程,各个要素的发展体现"同时性与多端性辩证统一"②。"同时性"即各要素同时培养,"多端性"则指知、情、意、行中根据实际情况择任一要素作为教育的开始。教师需要明确学生的品德是由思想、政治、法纪、道德方面的认知、情感、意志和行为等因素构成的。

"知",即思想道德认识,是人们对社会思想准则、行为规范等观念体系的认识和在此基础上形成的观念,以及对是非、美丑、善恶的评价。"知"是在社会环境和教育的影响下,在社会生活实践中逐步形成和发展起来的,是对人们思想、政治、法纪和道德等实际关系的反映、认识、判断和评价,是人们确定对客观事物的主观态度和行为准则的内在原因,在品德形式结构中是关键性因素,是品德情感与行为的基础。情,即思想道德情感,是人在思想道德实践中评价自己或他人行为时,对一定的思想准则、道德规范所产生的内心体验。"情"比"知"有更大的稳定性,不仅诉诸人的理智,要有多方面的陶冶,而且往往需要在生活实践中经过长期的甚至痛苦的磨炼。一经形成,就会成为一种稳定的强大的力量,积极影响人们品德行为的完成和持续发展。意,即思想道德意志,是指人的内部思想道德意向向外部稳定行为转化过程中克服困难和挫折时的顽强不懈的努力。常表现为用正确动机战胜错误动机、用理智战胜欲望、用果断战胜犹豫、用坚持战胜动摇,排除来自主客观的各种干扰和障碍,按照既定目标把品德行为坚持到底。行,即思想道德行为,是人思想、道德意识的外在表现。品德行为是品德形式结构中的一个重要组成部分,是一个人品德形成发展的外在表现和客观标志,与品德认识、情感、意志密切联系,受品德认识、情感和意志的指导、控制和调节,同时又对品德认识的巩固和发展、品德情感的加深和丰富以及品德意志的锻炼起着很大作用。培养学生品德的一般顺序可以概括为提高道德认识、陶冶道德情操、锻炼道德意志和培养道德行为习惯。

---

① 杜时忠,管贝贝.论德育的过程本质[J].教育科学研究,2013(2):27.
② 胡守棻.德育原理[M].北京:北京师范大学出版社,1989:103-104.

(二) 小学生品德形成的本质规律是自我建构

德育是一种教育影响的活动,是一种具有多元性、互动性的教育影响活动;德育是促进学生品德形成发展的过程,学生品德的形成发展具有教育性、指导性、主体性、成长性等特点;德育是成长主体在教育影响作用下的品德自我建构过程,学生品德的自我建构具有自主性、内生性的特点。学生品德形成的本质规律其实是自我建构的过程,"外塑—内化"是小学生品德形成的基础,"内生—外化"是小学生品德形成的结果,"外塑—内化—内生—外化"其实质就是品德的自我建构过程,以及品德自我建构意识与能力的发展过程。品德的自我建构,标志着品德的形成发展必须遵循"内生外化"与"自觉自为"的规律,必须体现道德认识主体的主体性与成长性,必须贯彻品德形成发展的自主性、内生性原则。

实现自我建构,内生是关键。因为任何一种德性的形成,无论是思想观念的还是道德伦理的,无论是公德还是私德,无论是认知、情感的品德还是行为、人格的品德,一般都要经历由外部规范要求到道德内化,进而内生为品德,后外化为行为规范的过程。在这一过程中内生是根本,教育影响的规范、指导作用只有通过品德形成主体依据已有的道德知识、价值观念或行为习惯,对各种影响源进行分析、整合、内化和自我生成,才能有效地转化和建构为他们良好的道德品德。① 小学德育过程中需要把促进"德性内生"作为思想品德教育的根本规律,作为实现"教化育人"理想,即通过有效的教育影响将道德规范要求内化、转化为小学生的道德认知、道德情感和道德行为习惯等品德要素的一项重要使命。

(三) 小学生品德是在教育性活动和交往中形成的

活动和交往是小学生形成一定社会关系的基础,也是沟通客观和主观、客观社会关系和主观精神关系或主观品德的桥梁。而在小学德育过程中,正是使小学生处于与人交往中、在形成社会关系中、在接触所要传递的社会思想道德的某种物化形式的活动中,才能将社会思想道德传递给小学生,并通过其品德内部矛盾运动而形成品德。可以说,活动与交往是学生内在品德认识和情感外化为相应的品德外显行为表现的桥梁。只有一定的品德认识和情感,但不在行为方式上表现出来,那还仅仅是内在的主观认识和情感,未形成真正的、完整的品德。只有在活动和交往中产生的品德认识、情感、需要、动机及行为本身外化为外部行为表现,并形成一种稳定的行为方式或特征的时候,它才称为真正的完整的品德。检验、评价学生的品德发展程度及其优劣的真正标准,主要也是看其在社会活动与交往中的表现。

---

① 李季,李楠. 小学德育问题与对策[M]. 北京:中国轻工业出版社,2012:6-7.

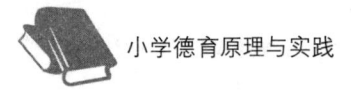

拓展阅读

德育教育案例1
——一个后进生的转变①

一学期结束了,所有的代课老师提起我们班学生,大家都会说到朱某。说起朱某,其实他本来不是我们八(2)班学生。以前他是一位较为典型的"后进生"。他活泼好动、上课不听讲,要么搞小动作,要么影响别人学习,不交作业,或作业马虎了事,有抄袭现象,学习习惯很差。下课追逐打闹。平时不守纪律,旷课、抽烟、上游戏厅、打群架,父母管不住,班主任老师多次对他教育,都没有效果,让老师们非常头疼。针对这种情况学校做出勒令其转学的决定。后来由于多方面的原因,朱某转到了我们班。

通过与家长联系,我逐渐了解到了一些情况。朱某从小与爷爷奶奶一起生活,老人只注重对他的物质保证,让他吃饱、穿暖,对于他的教育却几乎为零。后来,其父母外出打工回家,觉得对孩子有所亏欠,对他百依百顺。由于父母疏于管教,同时他又迷恋上了电脑游戏,而爷爷奶奶又疼爱有加,没有加以及时的干涉和疏导,长期以来,导致了他的种种不良习惯的形成。初中不到两年的学习生活,他已经换了两所学校三个班了。通过对他的了解,我发现这个孩子最大的问题是学习习惯太差,从小就没有妥善教育管理,养成了散漫的性格,加上他很喜欢在别人面前表现自己,性格冲动,因而,有此前那样的表现。不过,我相信只要努力,找到了症结所在,一切便会迎刃而解。

在进入我们班的第一天的夕会上,我对他说:朱某,欢迎你到八(2),同学们也以热烈的掌声表示欢迎。我又说:今天就当是你初中生活的第一天,我希望你做一个人人都喜欢的学生。朱某的眼睛有些红了,我很高兴,这是一个可以变好的孩子。后来他这样说:老师和同学都欢迎我,没有看不起我,我很感动,决心从头开始,改掉坏毛病,做个好学生。听了他的话,我想了很多。朱某虽然以前犯过许多错误,但是他改过了,仍然会是一个好学生。不歧视、不冷淡、不厌恶,以爱心理解、帮助他,必然会取得好的效果。对于朱某这样特殊的后进生我放下架子亲近他,敞开心扉,以关爱之心来触动他的心弦。"动之以情,晓之以理":用师爱使他在学习、生活中感受到无穷的快乐!

朱某的情况比较特殊,主要是自制力差,对自己的错误、缺点认识不足,对老师的批评教育产生厌恶、憎恨心理。因此,我就以爱心为媒,搭建师生心灵相通的桥梁。与他谈心,与他交朋友,使其认识错误,树立做个好学生的念头;充分发挥学生的力量,自己面批面改他的作业,让他感到老师的关心、重视……用关爱唤起他的自信心、进取心,使之改正缺点,然后引导并激励他努力学习。

由于朱同学开始表现很不错,因此,我对他的要求渐渐提高到和其他同学一样。可能由于压力过大,我对他的期望值过高,他在五一假后居然没有来上学。我立马联系他

---

① 资料来源:汉中市西乡县堰口镇九年制学校,胡万军.

家进行家访,问其原因,是作业没有完成,怕老师责备他,索性就不上学了。我马上就意识到我可能在教育过程中太心急了,这样反而达不到教育的效果,还会导致前面的努力白费。所以,我转变策略,对他旷课一事没有做过多的批评,而是肯定他前一阶段在学习上的进步,然后还赞扬他对于学习的态度有所转变,能正确认识到不做作业是不好的行为,这种行为是要受批评的,接着我在指出他旷课行为是更加不对的,是比不做作业更让老师感到寒心的。我最后让他自己思考他的行为有哪些不足的地方,应该怎样改正。他在沉默了很久后说:"老师,我知道错了,我今后会好好学习的,我向你保证。"我听到他那样说也没有再进一步追问他,我接着就对他说,"好,老师相信你"。

朱某思想基础和学习都比较差,精力旺盛而又学不进去,思想活跃而又任性好动,对班集体正常的学习生活秩序有一定影响。在教育转化他时,我从建立和培养感情入手,亲近他、关心他、了解他,努力发现他身上的闪光点,如在班级活动中,如打扫卫生、主动抬水、拾到东西主动上交、积极参加体育锻炼等等,都及时表扬。他在学校,极少获得表扬,久而久之,已经失去了上进心和自我认同感,缺乏自信心。重拾自信,使他在我充分理解和信任的基础上,使性格和人格回到了正确的轨道上来。

一次次的努力终于有了收获。他看到这么多老师同学全力帮他,也体现出前所未有的努力和配合。果然在接下来的课堂表现以及老师在平时所进行的小测验或者默写、背诵等,尽管情况也不是特别理想,但较以前进步是明显的。有了成绩的进步,哪怕就是一次默写情况的好转,我都有意识地在课堂上对他的进步进行了一番表扬,此后的上课,他显然比以前投入多了。作业也认真多了。此外,我还通过与他父母的沟通、与各科老师的沟通、与全班同学的沟通,来营造正面引导的良好氛围,让他一心扑在学习上,把全部精力都投入学习中去。经过一个阶段的努力,朱同学已经能够很自觉地远离电脑游戏,远离抽烟等陋习,对学习有了很大的兴趣和主动性。

经过一学期的转化,朱同学在各方面有了很大的进步,上进心增强了,对自己充满了信心,学习态度、学习习惯等都有了很大的进步,与同学、老师的关系也融洽了许多,整个人的精神面貌也有了很大的改观。

我感悟到:自尊心、自信心是一个人前进的动力。关心爱护学生、尊重学生的人格尊严,是我们教师应该做到的,只有把学生当成朋友,他才能敞开心扉地说真话实话,老师才能真正地知道他得的是什么"病",给他开一剂"良药"。

在转化后进生的过程中,我觉得首先要尊重学生、树立他们的自尊心,耐心细致,寻找他们身上的闪光点,哪怕是很小的进步,或做了一件有益的事,即使微不足道,也要给予表扬、鼓励。对他们要晓之以理、动之以情,让他们感到自己有长处,激发他们的上进心,培养其自信心。这样持之以恒地抓,才能收到好的效果。实践使我懂得,教师一句激励的话语,一个赞美的眼神,一个鼓励的手势……往往能给我们带来意想不到的收获。教师对学生小小的成功、点滴的优点给予赞美,可以强化其获得成功的情绪体验,满足其成就感,进而激发学习动力,培养自信心,促进良好心理品质的形成和发展,有助于建立和谐的师生关系,营造一个奋发向上的班集体氛围。

转化后进生工作是一项长期且艰巨的任务,班主任一定要做好长期"战斗"的心理准备,对于他们倾注更多的爱心和耐心,更多的真诚和宽容。

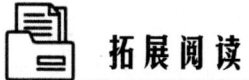

拓展阅读

德育教育案例2[①]
——爱的教育

  某校八年级三班 A 某是一个有才气的男孩,但好动、倔强、自我约束能力差,因此常与同学闹矛盾甚至大打出手,上课经常积极举手但也时常废话连篇,影响周围同学听课,干扰老师上课,真让老师头痛。

  首先,我找他谈话,肯定了他身上的优点并希望他在学校遵守各项规章制度,以学习为重,自我调节,自我改进,做一名优秀的中学生。但经过几次努力,他只在口头上答应,行动上却毫无改进。看到他不思进取,我的心都快凉了,算了吧,或许他就是那根"不可雕的朽木",在又一次他没有写作业后,我终于失去了耐心,给他爸爸打电话,还有当全班同学的面狠狠批评了他。

  但随后的一段时间里,我发现他上课能安静听课了,但脸上没有了往日的神采,也不举手回答问题了,课间也少了他的欢声笑语。似乎在小心翼翼地扮演着老师眼中的好学生,眼神中却流露着明显的消沉和不满。一个虽有缺点但充满自信神采飞扬的男孩不见了,变成了一个消沉的男孩,看着他的变化我不禁问自己这是我所希望的听话的学生吗?

  于是我转换其他的方法,我让他换个角度去想问题,如果他是老师,当着那么多人的面被一个学生顶撞会是什么样的感觉,又让他懂得作为生活老师每天要管理那么多的学生会多辛苦,难免脾气会躁一些,人与人之间是需要相互尊重的,只要我们互相体谅,其实就可以相处得很愉快,经过将近半个多小时的疏导,他终于认识到了自己的不对,并诚恳地向老师道歉。

  和他进行的一次很长时间的谈话改变了他,不仅变得活跃而且变得守纪律了。他检查我们班的眼保健操,之前,他自己散漫,所以,不那么认真管理同学了,但是,这件事以后,努力地改变自己,当好体育委员。在学习方面也表现得很好,成绩也提高了很多,在月考时英语和数学都是 90 多分。

  班主任生涯让我认识到管理无定法。情感激励关键是一个"爱"字,即热爱学生。"亲其师才能信其道",教师热爱学生、对学生寄予希望,学生在心理上就会得到满足,从而乐于接受班主任的教育和管理。每个学生都是活生生的有感情有思想的人,只要付出爱心,枯草也会发芽;只要一缕阳光,他们就会灿烂。总之,心灵的桥梁要用情感去架设,用尊重、信任、体贴、关怀去充实。爱,是一种力量,一种品质,是教育成功的秘诀,是班主任必备的修养;以爱为根基的情感激励,是做好班主任工作的关键。

[①] 资料来源:陕西省咸阳市武功县代家初级中学,杨辉.

> 自主学习

1. 在德育过程中应注意正确认识和处理好知、情、意、行的关系:

(1) 在思想品德的形成和发展中,知、情、意、行等要素各有不可代替的作用。

(2) 知、情、意、行之间又是相互联系、互为条件、相互制约、相互转化的。每一个要素的发展都离不开其他要素的影响,每一要素各自又都具有制约或促进其他各要素的功能。

(3) 在一定的时间和空间内,当知、情、意、行等思想品德心理要素在方向上和水平上相互协调、和谐一致,就能有效地促进思想品德的形成和发展;如果知、情、意、行在方向上和水平上发展不平衡,互不协调,差异很大,甚至很不一致,就将影响思想品德的有效形成和发展,甚至会导致"品德两性"(即思想品德行为的两重性)的产生。

(4) 在人的思想品德发展中,知、情、意、行都是不可缺少的。知是基础,行是关键,由知到行的转化,达到知与行的统一是最根本的问题。德育过程就是培养学生知、情、意、行全面和谐发展的过程,具有知行培养的统一性。

(5) 在教育过程中,要正确认识和处理好知、情、意、行的关系,既要重视它们相互联系和作用,又不能简单地相互代替,既要注意知、情、意、行全面培养,又要注意从实际出发确定教育重点。

2. 德育过程中的几种心理效应:

(1) 罗森塔尔效应,亦称"皮格马利翁效应""人际期望效应",是一种社会心理效应,指的是教师对学生的殷切希望能收到预期效果的现象。

- 实验过程:1968年的一天,美国心理学家罗森塔尔和L.雅各布森来到一所小学,说要进行7项实验。他们从一至六年级各选了3个班,对这18个班的学生进行了"未来发展趋势测验"。之后,罗森塔尔以赞许的口吻将一份"最有发展前途者"的名单交给了校长和相关老师,并叮嘱他们务必要保密,以免影响实验的正确性。其实,罗森塔尔撒了一个"权威性谎言",因为名单上的学生是随便挑选出来的。8个月后,罗森塔尔和助手们对那18个班级的学生进行复试,结果奇迹出现了:凡是上了名单的学生,个个成绩有了较大的进步,且性格活泼开朗,自信心强,求知欲旺盛,更乐于和别人打交道。

- 效应原理:实验者认为,教师应收到实验者的暗示,不仅对名单上的学生抱有更高期望,而且有意无意地通过态度、表情、体谅和给予更多提问、辅导、赞许等行为方式,将隐含的期望传递给这些学生,学生则给老师以积极的反馈;这种反馈又激起老师更大的教育热情,维持其原有期望,并对这些学生给予更多关照。如此循环往复,以致这些学生的智力、学业成绩以及社会行为朝着教师期望的方向靠拢,使期望成为现实。

(2) 异性效应:在个体间关系中,异性接触会产生一种特殊的相互吸引力和激发力,并能从中体验到难以言传的感情追求,对动物的活动和学习通常起积极的影响,这种现象称为异性效应,也叫"磁铁效应",即"同性相斥,异性相吸",俗话说"男女搭配,干活不累"正是如此。

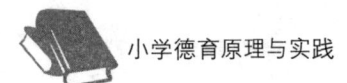

在德育工作中,要多组织一些集体活动,让男女同学更多地在集体活动中接触、认识、感应,促进异性同学之间正常情感的释放和建立;在组织各项活动时都要坚持男女搭配的原则,切不可因担心出现异性交往问题而故意把男同学或女同学分成一组,那样的效果会适得其反。

(3)破窗效应:这是美国科学家通过破窗实验发现的一种心理效应,它实际上是一种情境效应、环境效应、氛围效应。破窗效应是指,假设在市场完全饱和的情况下,一个人砸碎了理发店的玻璃窗,这一行为虽然对社会造成了破坏,但是理发师的不幸却是社会的福音,它将为玻璃生产商制造商机,生产商拿到钱后又去购买其他生产商的产品。在乘数效应的作用下,他给社会造成的损害只是一次性的,可是给社会带来的机会却是连锁性的,于是得出结论:打碎一块玻璃,提供了无数金钱和就业机会,得大于失。

小组讨论

请各学习小组围绕第一节给出的两个案例,自主选择一则案例,采取合作学习的方式,展开小组讨论学习任务。

- 学习内容

拓展阅读:一个后进生的转变

拓展阅读:爱的教育

- 学习要求

课后以小组为单位,认真阅读案例并对案例展开思考与交流;

课后结合所学与课堂交流,提出组内探讨的具体问题;

课堂上以问题为驱动,完成本小组学习分享与汇报工作。

- 学习清单

小组名称	
学习内容	
学习问题	
资料搜集	
学习分享	

第二节 小学德育常见模式

模式是指人们对某类活动过程加以程式化处置之后形成的一种定型化的活动形式和操作样式。简言之,是一类活动所共有的一种形式结构。模式具有典型性、范例性和操作性等特征,它可以通过人的抽象思维活动或简单化知觉来获得[①]。德育模式是综

---

① 刘济良. 德育原理[M]. 北京:高等教育出版社,2010:213.

合运用各种德育方式、手段、策略,实现德育理论向德育实践转化的中间环节,它既是一种简约化、范型化了的,并具有极强的可操作性、典型性的德育实践范式,又是一定德育理念的操作化、物质化形态。当前小学德育常见模式包括认知发展模式、价值澄清模式、体谅模式、集体教育模式和社会行动模式。

一、认知发展模式

道德认知发展模式是瑞士心理学家皮亚杰与美国当代著名道德教育家和心理学家劳伦斯·柯尔伯格等创立的一种德育模式。该模式强调以促进学生道德认知发展为目标,以培养学生的道德判断能力与推理能力为价值取向。

(一)皮亚杰的道德发展理论

瑞士心理学家皮亚杰(Jean Piaget,1896—1980)早在20世纪30年代,依据精神分析学派的投射原理,采用对偶故事对儿童的道德认知发展进行了系统研究。他认为,一个人道德上的成熟主要表现在尊重准则和社会公正感这两个方面。一个有道德的人能按社会规定的准则公平地、公道地对待别人。他采用对偶故事法研究儿童道德判断发展的水平。他认为,儿童道德判断的发展与儿童认知发展的阶段相平行,儿童道德发展的进程可以在他们的认知进程中找到证据。他设计了一些包含道德价值内容的对偶故事让儿童回答,要求儿童辨认是非对错,从他们对特定行为情境的评价中投射并推测出儿童现有的道德认知和道德判断水平。通过大量的研究,他发现并总结出了儿童道德认知发展的总规律,即儿童道德的发展经历了一个从他律到自律的认识、转化发展过程。所谓他律,是指早期儿童的道德判断只注意行为的客观效果,不关心主观动机,是受自身以外的价值标准所支配的道德判断,具有客体性。所谓自律,则是指儿童自己的主观价值、主观标准所支配的道德判断,具有主体性。他律水平和自律水平是儿童道德判断的两级水平。在此基础上皮亚杰还提出了儿童道德发展的年龄阶段。他认为,10岁是儿童从他律道德向自律道德转化的分水岭,即10岁前,儿童对道德行为的思维判断主要依据他人设定的外在标准,也就是他律道德;10岁以后,儿童对道德行为的思维判断大多依据自己的内在标准,也就是自律道德。根据认知发展阶段理论,把儿童道德认知发展分为四个阶段。

(1)无律阶段(0~4岁),又称前道德阶段。此时儿童还没有道德意识,不会把自己和外面的世界分开,没有自我意识。这一阶段的儿童由于认识的局限性,还不理解、不重视成人或周围环境对他们的要求,在游戏时,规则或成人的要求对他们还没有约束力,只按照自己的意愿去执行游戏规则,所以这一阶段又称为单纯的个人规则阶段。皮亚杰认为,促进儿童和同伴之间形成合作关系,是使儿童摆脱这种自我中心的唯一方法。

(2)他律阶段(4~8岁),又称权威阶段。遵从成人的规则;从行为结果去判断行为好坏,不考虑行为动机。比如,他们会认为无意打破10只玻璃杯的小孩比故意打破3只玻璃杯的小孩坏,因为后者打破的更少——这是因为他们现在还不会从行为的动机出发去判断行为本身,只单单是从行为的结果看哪个更糟糕。这个阶段的儿童认为,应该尊重权威和尊重年长者的命令。一方面,他们绝对遵从成人、权威者的命令;另一方面,他们也服从周围环境对他们所规定的规则或提出的要求。皮亚杰把儿童绝对驯服地服从规则要求的倾向称为道德实在论。他指出,此阶段成人的约束和滥用权威对儿童的道德发展是极其有害的。这个阶段类似于柯尔伯格的习俗水平——遵守外在规则。

（3）自律阶段(8~10岁),又称可逆性阶段。这个阶段类似于柯尔伯格的后习俗水平,此时的儿童不是盲目遵守成人的权威,而是自主地用自己的道德认识去判断,有一定的规则意识,有自己内在的判断标准,而且会从行为动机出发去判断。这个阶段的儿童不再认为成人的命令是应该绝对服从的,道德规则是固定不变的。他们认为,道德行为的准则只不过是同伴之间共同约定的用来保障共同利益的一种社会产物。因此,规则已经具有了一种保证相互行动和相互给予的可逆特征,规则面前、同伴之间是一种可逆关系,我要你遵守,我也得遵守。判断好坏的标准不是以权威而是以是否公平作为判断行为好坏的标准,认为公平的行为就是好的,反之就是坏的。由此可见,儿童的道德判断已经开始摆脱外界的约束,并具有自律道德水平的初步萌芽。

（4）公正阶段(10~12岁),这个阶段儿童的道德观念开始倾向于公正。皮亚杰认为,当可逆的道德观念从利他主义角度去考虑时,就产生了关于公正的观念。公正观念不是一种判断是或非的单纯的规则关系,而是一种出于关心与同情的真正的道德关系。也就是说,儿童不再刻板地按固定的规则去判断,在依据规则判断时隐含考虑到同伴的一些具体情况,从关心和同情出发去判断。皮亚杰认为公正观念是一种高级的平等关系,这种道德观念已经能够从内部对儿童的道德判断起着决定性的作用。

从这四个阶段可以看出,儿童的道德倾向是从认识单纯的规则到了解真正意义的规则,是从他律到自律的过渡。皮亚杰认为品德发展的阶段不是绝对孤立的,而是连续发展的。儿童品德的发展是一个连续的统一体,可以根据儿童的各个年龄阶段的特点教育孩子:对处于自我中心阶段儿童的活动不应多加干涉,而应耐心地具体指导;对处于权威阶段的儿童,要靠成人的具体指导,这时,成人的示范和表率特别重要,不必强求同伴之间的互助;对处于可能性阶段的儿童,在教育中应注意正面引导和讲明道理,平等地对待每一个儿童;对处于公正阶段的儿童,尊重他们的思想,必要时给予他们一定的指导①。

 拓展阅读

皮亚杰的对偶故事②

皮亚杰依据精神分析学派的投射原理,采用对偶故事研究儿童的道德认知发展。他设计了一些包含道德价值内容的对偶故事,要求儿童判断是非对错,从儿童对行为责

---

① 《教育基础知识指南》编写组.教育基础知识指南[M].成都:成都时代出版社,2009:118 - 119.

② 让·皮亚杰.儿童的道德判断[M].傅统先,陆有铨,译.济南:山东教育出版社,1984:34 - 138.

任的道德判断中来探明他们所依据的道德规则,以及由此产生的公平观念发展的水平。下面就是皮亚杰在研究中所用的一个对偶故事。

A. 有一个小男孩叫朱利安。他的父亲出去了,朱利安觉得玩他爸爸的墨水瓶很有意思。开始时他拿着钢笔玩。后来,他在桌布上弄上了一小块墨水渍。

B. 一次,一个叫奥古斯塔斯的小男孩发现他父亲的墨水瓶空了。在他父亲外出的那一天,他想把墨水瓶灌满以帮助他父亲。这样,在他父亲回家的时候,他将发现墨水瓶灌满了。但在打开墨水瓶时,他在桌布上弄上了一大块墨水渍。

皮亚杰对每一个对偶故事都提出了两个问题:
- 这两个孩子的过失是否相同?
- 这两个孩子中,哪一个更坏一些?为什么?

通过大量的实证研究,皮亚杰发现儿童道德判断能力的发展与其认识能力的发展存在着互相对应、平衡发展的关系,这种认识能力是在与他人和社会的关系之中得到发展的。

(二) 柯尔伯格的道德发展理论

柯尔伯格根据皮亚杰提出的关于儿童道德判断发展的基本轮廓对儿童的道德判断进行了全面的实验研究,并补充和发展了皮亚杰的理论。柯尔伯格采用"两难故事法",即向儿童讲了一些模棱两可、进退两难的故事,从被试者的回答中,研究他们的道德推理。最著名的两难故事是"海因茨偷药"。

柯尔伯格认为儿童这一道德发展具有一些基本特点:首先,发展的阶段是有一定顺序的;其次,道德的发展源于个体的社会实践活动,源于主体和社会道德情境的相互作用;再次,道德发展的过程是一个充满矛盾的过程,是一个不断解决道德冲突的过程;最后,逻辑思维的阶段和道德推理的阶段是平行的。在不同文化和社会环境中,个体道德发展的速度是有差异的。总之,柯尔伯格的道德认知发展理论对当前学校道德教育具有重要的启示意义。第一,从学校道德教育目的的层面来看,他强调学校道德教育的目的既不是让儿童无条件地服从社会道德准则,也不是使儿童内在的道德自然展开,关键是促进儿童的道德由低级向高级发展。第二,从学校道德教育的原则来看,柯尔伯格强调突出教师必须在儿童内心激起对有问题的道德情境真正道德上的冲突和分歧,儿童认识上的矛盾和冲突是促进儿童道德发展的内在动力。教师需要向儿童解释比他现在水平更高一级的道德思维方式。第三,从学校道德教育的方法和途径上来看,柯尔伯格指出儿童道德发展的规律和道德教育的目的决定了在道德教育方法上不能采用灌输的方式,更有效的方式是组织儿童就那些在道德上进退两难的问题进行讨论。

二、价值澄清模式

价值澄清模式是德育模式的一种,目的在于塑造人的价值观。价值澄清模式的产生是与20世纪60年代在美国出现的价值澄清学派密切相关。代表人物分别是路易斯·拉思斯和悉尼·西蒙等,其主要德育观体现在1966年拉思斯、梅里尔·哈明和西蒙三人合著的《价值与教育》这本书中。价值澄清学派认为,当代社会根本不存在一套公认的道德原则或价值观可传递给儿童,当代儿童生活在价值观日益多元化且相互冲突的世界,在每一个转折关头或处理每件事务时,都面临选择。选择时人们都依据自己的价值观,但人们常常不清楚所持的价值观到底是什么就已做出了选择。因此,要创造条件,利用一切有效途径和方法帮助青少年澄清他们选择时所依据的内心价值观,并把其公之于众,这对他们进行正确选择,并付诸行动是有意义的。价值澄清学派认为传统的道德教育比如树立榜样、说服和规劝等不能帮助个人在与复杂多变的环境相互作用过程中做出自由和深思熟虑的选择,无助于价值观的形成。价值观的形成不是通过灌输而是通过价值澄清的方法,在评价过程中实现的。

价值澄清的完整过程可划分为选择、珍视和行动三个阶段,具体又分为七个步骤①:

阶段一:选择

(1)自由选择:只有在自由的选择中,才能根据自己的价值观行事,被迫的选择是无法使这种价值整合到他的价值体系中的。

(2)从各种可能的选择中选择:提供多种可能让学生选择,有利于学生对选择的分析与思考。

(3)对结果深思熟虑的选择:即对各种选择都做出理性的因果分析、反复权衡利弊后的选择。在这些过程中,个人在意志、情感以及社会责任等方面都受到考验。

阶段二:珍视

(4)珍视与爱护:珍惜自己的选择,并为自己能有这种理性选择而自豪,看作自己内在能力的表现和自己生活的一部分。

(5)确认:即以充分的理由再次肯定这种选择,并乐意公开地与别人分享而不会因为这种选择而感到羞愧。

阶段三:行动

(6)根据选择行动:即鼓励学生把信奉的价值观付诸行动,指导行动,使行动反映出所选择的价值取向。

(7)反复行动:即鼓励学生反复坚定地把价值观付诸行动,使之成为某种生活方式或行为模式。

只有经过了以上三阶段七个步骤才算真正澄清并获得了价值观。没有经过七步骤而表现出的愿望、兴趣、爱好、态度、情感、信念等被视为"价值观显示器(value indicator)"。价值观显示器只表明有升华为价值观的可能性,但如果条件充分也可能停滞不动或被遗忘不再成为显示器。每种价值观显示器都有常用的陈述关键词,教育者要留心掌握进而把这种不稳定的价值观促成为真正的价值观。价值澄清模式首先尊重儿童的地位,引发儿童的主动性。儿童和成人一样,他们都有自己的价值观,只不过是成人指导自己的价值观,而儿童对自己价值观的认识模棱两可。只有遇到关涉价值

---

① 金一鸣.教育原理[M].合肥:安徽教育出版社,1995:368.

选择问题的事情,儿童才可能清醒地意识到自己的价值观。其次,注重发展儿童的道德意识、道德判断和价值观的选择能力,强调生活的中心、对现实的认可、鼓励进一步思考和培养个人能力四个基本要素。再次,注重现实生活,并具有很强的可操作性。但是,近年来澄清是非的价值观受到了严厉的批判。这种模式是反理性的,它对价值的个性特征的过分强调,极容易导向价值相对主义。第一,过分强调价值观的相对性,忽略了共同价值观的存在;第二,未能对道德价值和非道德价值加以区别,两者的形成机制和教育模式是否完全一致尚需深入探索;第三,它忽视教育内容,忽视行为训练和习惯的养成,过分强调个人的主观因素,忽视外部因素,诸如榜样说理、限制选择、规章等的作用。

拓展阅读

美国老师处理"孔融让梨"①

美国某小学学习中国文化,教师讲了孔融让梨的故事,然后问一个学生:"你会把盘子里的大梨让给邻居男孩吗?"

这孩子回答:"不会。"

教师问:"为什么?"

他回答:"他吃什么东西都会剩下,我如果把大梨给他,他会剩很多,那不浪费了吗?"

老师问第二个孩子:"你会把大梨让给别人吗?"

他也回答:"不会。"

教师问:"为什么?"

他说:"我拣大的吃,我爸爸妈妈才会高兴。"

教师又问第三个孩子:"你会把大梨让给弟弟吗?"

他也回答:"不会。"

教师问:"为什么?"

他说:"大孩子吃大的,小孩子吃小的,这样才公平。"

教师问第四个孩子:"你会把大梨让给哥哥吗?"

他也回答:"不会。"

教师问:"为什么?"

他说:"我哥哥很坏,我当然不会把大梨让给他。"

教师再问第五个孩子:"你会把大梨让哥哥吗?"

他挺痛快,说:"会的。"

教师问:"为什么?"

---

① 彭举鸿.价值澄清理论的借鉴与超越[J].教学与管理,2012(8):28-29.

他说:"我不爱吃梨,都送给他好了!"

显然,教师注重的是每个孩子的个人意见,并不强求大家看法一致。这位教师采用的是价值澄清流派为课堂设计的一种主要操作模式:价值澄清应答法。价值澄清流派主张放任式诱导道德模式,反对任何形式的权威灌输,尽管表现了极大的偏激性,不论其正面还是反面对我国道德教育都有积极的启迪作用。

三、体谅模式

体谅的德育模式形成于20世纪70年代,是英国道德教育专家彼得·麦克菲尔和他的同事创建的。该理论认为学生学会关心,把气质修养和行为举止塑造与发展学生道德判断能力结合起来,创造一个符合关心人的课堂、校园和社会教育三位一体的育人环境是至关重要的。麦克菲尔系统,深刻地探讨了以道德情感为主线的学校德育理论,在具体德育活动中坚持人本主体的德育观。体谅模式强调道德教育中的情感作用,将情感置于道德教育首位,充分展示出体谅模式的一大特色。体谅模式的核心思想主要体现在名为《生命线》和《学会关心》的系列教材及其教师参考书中。① 这是一种以培养学生体谅他人的品质为核心,重视道德体验,以对具体道德情境的讨论为途径,以构建和谐的道德关系为重点的德育模式。在当时欧洲一些国家中,多元价值观并存的状况导致各种社会权威和传统价值观受到了冲击和质疑,人们陷入价值迷失的窘境。随之,大量犯罪行为滋生,青少年精神世界迷茫,对社会和他人冷漠。因此,以麦克菲尔为首的研究小组希望通过培养青少年关心、体谅他人的道德品质来引导青少年走出精神生活的困境。

麦克尔菲尔等人认为,体谅关心学生是道德教育的起点和归宿。麦克菲尔指出,学校德育的根本目的就是促进成熟的社会判断力和行为的发展,成熟就是具有创造性的关心,并在关心中获得快乐。他反对采用高度理性化的方法进行道德教育,而是注重道德感染力和榜样作用。向榜样学习是个体自然发展的基础,观察学习与社会模仿也是个体获得关心人和体谅人的品质的重要方式之一。所以,榜样是教育的一种形式,甚至是教育的最高形式。体谅模式的理论特征主要表现在:

第一,坚持性善论思想,强调德育的主要任务是帮助学生建立相互关爱的人际关系。"人类的基本需要是与人友好相处、爱或被爱,帮助人们去满足这种需要是德育的首要职责。"②"营造关心、相互体谅的课堂氛围,以及教师在关心人、体谅人上起到的表率作用"来满足人类的这种需要。③

第二,把培养健全人格作为德育目标,道德教育的重点是增强学生的人际意识,培养自我与他人之间的关联性。麦克菲尔等人认为,道德教育的目的是引导学生学会关

---

① 李文政.探究与超越——国外德育模式建构理论及其现代启示[J].继续教育研究,2008(11):90.
② 冯增俊.道德教育的体谅模式述评[J].教育研究与实验,1992(2):10.
③ 黄向阳.德育原理[M].上海:华东师范大学出版社,2000:52.

心,学会体谅,并在关心人、体谅人中获得快乐。

第三,坚持人具有一种天赋的自我实现趋向,并且倡导民主的德育观。强调教师对学生的体谅关心主要不是理性道德选择的结果,更多注重学生的道德体验、道德感悟。教学学生体谅他人,教师不能完全诉诸逻辑命令和理性法则,而应该关注道德体验的培育,使学生最终做到自我实现。基于此,麦克菲尔也给教育者们提出了五点建议:"学会从儿童的需要、兴趣、情感多方面体谅儿童;任何形式的道德教育都建立在体谅的基础上;从调整人际关系入手进行道德教育,特别注重调节成人对待儿童行为;从每个学生的实际出发关心各个儿童;在道德教育中考虑学生的情感和动机。"①

综上,体谅模式反对偏重理性和道德认知的德育模式,强调的是将德育活动和生活实际相结合,强调在生活实践中引导学生学会关心,重视对学生道德体验、道德动机的培养等。体谅模式是一种从情感入手的德育模式,尽管在理论上也存在一些不足,但它提供了一整套提高学生人际意识和社会意识的开放性情境教材,并且为教师理解和使用这套教材提供了一系列的教师指南,在西方德育实践中影响较大。它有助于教师较全面地认识学生对特定人际—社会问题的各种可能反应;有助于教师较全面地认识学生在解决特定的人际—社会问题时可能遇到的种种困难,以便更好地帮助学生学会关心;它提供了一系列可能的反应,教师能够根据它们指导学生围绕大家提出的行动方针进行讨论或角色扮演。②

拓展阅读

麦克菲尔《生命线》课程的实践

麦克菲尔认为,学校要注重营造和谐的人际关系和社会关系,并开发了一套专门的教材——《生命线》系列教科书。该系列是套独具特色的德育教材,在英国课堂的 2 万多名学生中间得到现场检验,深受中学教师特别是中学生的喜爱。

《生命线》丛书是实施体谅模式的支柱,它由三部分组成:

第一部分:"设身处地",含"敏感性""后果""观点"3 个单元,其中所有情境都是围绕人们在家庭、学校或邻里中经历的各种共同的人际问题设计的。

第二部分:"证明规则",含"规则与个体""你期望什么?""你认为我是谁?""为了谁的利益?""我为什么该?"五个单元,情境涉及的都是比较复杂的群体利益冲突及权威问题。

第三部分:"你会怎么办?",含"生日""禁闭""逮捕!""街景""悲剧""盖尔住院"6 本小册子,呈现的是以历史事实或现实为基础的道德困境。

➤以上三部分具体内容,可扫描本章章首二维码阅读。

---

① 张洪高.关心德育模式与体谅德育模式之比较[J].基础教育参考,2003(11):24.
② http://blog.sina.com.cn/s/blog_6e93cd9f0100viql.html.

四、集体教育模式

集体教育模式是苏联教育家苏霍姆林斯基、马卡连柯等人创建的一种德育模式,该模式以大量德育实践为基础,以对德育问题的深入思考与探究为出发,提供了大量实际、可行、有效的德育方式。苏霍姆林斯基作为集体教育的积极倡导者,其著作《帕夫雷什中学》《培养集体的方法》《给教师的一百条建议》等都是对集体教育理论与方法进行了深入的论述。另一位代表人物马卡连柯则是集体教育模式的一个重要实践者,他将集体教育模式付诸实践于"高尔基共学团"与"捷尔任斯基公社"中,提出"通过集体""在集体中"与"为了集体"等几种集体教育原则。总结集体教育模式的基本核心内容,大致可以从以下几方面出发:

(一)集体是一个有机"共同体"

在马卡连柯看来,普通聚集起来的一群人,好像临时同乘一辆电车的一群人一样,是"个人目的的偶然巧合",是乌合之众,绝不能称为集体①。他明确指出,集体是在共同的目标、共同的价值观和积极的舆论氛围中通过共同的学习和生活,把人们团结起来形成的社会有机体。苏霍姆林斯基也指出:"集体是以社会主义的结合原则为基础的人与人相互接触的总体"②,是社会的构成细胞,是一种"精神共同体"。集体不是单个成员的简单组合,而是成员与成员之间相互作用的有机共同体。而这个有机共同体需要具备几方面条件:首先,需要具备共同的思想价值观,对待某人或物是具有统一的善恶标准的;其次,需要具有共同的知识求知欲,能够对待未知的人与物,展现出一种共同的渴望知识、尊重科学与真理的态度;再次,需要具有共情,也就是常说的同理心,每一位成员在集体中要能够体会与感受其他成员的情感;最后,需要具有共同的目标,在同一个组织中,始终坚持"通过集体""在集体中""为了集体"这一目标。

(二)整个集体及我们的教育对象,发挥集体的教育影响

将集体作为一个"场域",这个"场域"是由集体内部在共同活动和交往过程中产生的公务性关系与情感、心理的融合体。发挥集体"场域"中的集体关系效能、行为准则、价值目标等导向功能,从而有效促进集体中的每一成员道德的成长,有效促进集体的教育影响。而一个成熟学校集体需要具备三个基本元素:纪律要求、教师、学生。关注学校"场域"之中的集体关系,发挥集体影响作用,还需要遵循几个基本原则:

1. 尊重与要求相结合原则

有人曾问马卡连柯他的教育经验的本质是什么,马卡连柯回答说:"要尽量多地要求一个人,也要尽可能地尊重一个人。"在他看来,要求与尊重是一回事。对此,他解释说:"我们对个人所提出的要求,表现了对个人的力量和可能性的尊重;而在我们的尊重里,同时也表现出我们对个人的要求。"马卡连柯认为,在集体教育过程中,

---

① 朱洪秋. 中小学德育管理操作实务[M]. 北京:北京师范大学出版社,2015:5.
② 安君富. 苏霍姆林斯基的"集体"建设观[J]. 外国教育研究,1995(2):26-27.

要求是必需的,否则就不可能建立集体和集体纪律。他指出,"要求"可以分为三个阶段:在第一个阶段,即在集体初建时期,领导者应当以"不许反对的方式"提出要求。当然领导者所提出的要求必须是合乎情理并能实现的。在第二个阶段,集体的领导者周围已出现了一批自觉维护纪律的积极分子,他们所组成的核心会用自己的要求支持教师的意见。在第三个阶段,集体本身能向其成员提出要求。这时,教师已无须再提要求了,因为集体往往已向个人提出过多的要求。在谈到"尊重"的时候,马卡连柯指出:"尊重并不是尊重外表的什么东西,并不是尊重脱离社会面独立存在的东西……这是对那些参加我们的共同劳动、共同工作的同志的一种尊重,这是对活动家的一种尊重。"

2. 平行教育影响原则

马卡连柯认为,集体教育过程应当遵循"在集体中通过集体为集体"的原则。在他看来,集体首先是教育的基础。他说:"只有当一个人长时间地参加了有合理组织的、有纪律的、坚忍不拔的和有自豪感的那种集体生活的时候,性格才能培养起来。"其次,集体是教育的手段。他强调说,"集体是个人的教师"。教师必须通过集体来教育个人。最后,集体是教育的目的和对象。马卡连柯认为,集体与个人两者关系密切,"在苏联不可能有置身集体以外的个人"。因此,教育个人和教育集体既可以同时作为教育目的,又可以同时作为教育对象。他说:"每当我们给个人一种影响的时候,这影响必定同时应当是给集体的一种影响。相反地,每当我们涉及集体的时候,同时也应当成为对于组成集体的每一个个人的教育。"马卡连柯后来用"平行教育影响"概括他的上述思想,强调教育个人与教育集体的活动应同时进行,每一项针对集体开展的教育活动应收到既教育集体又教育个人的效果。

3. 前景教育原则

马卡连柯认为,集体的生命活力在于不停滞地前进。他说:"一个自由的人类集体的生活方式就是向前行进,它的死亡的方式就是停滞。"因此,马卡连柯要求教师不断地向集体提出新的奋斗目标来刺激集体的活力。这种新的目标就是前景,是人们对美好前途的希望。他强调指出:"培养人,就是培养他前途的希望。这个工作方法就是建立新的前途,运用已有的前途,逐渐代之以更有价值的前途。""人的生活的真正刺激是明天的快乐。"因此,前景教育原则又可称为"明日欢乐论"。在马卡连柯看来,前景教育可以分为三个步骤,即近景、中景和远景。近景主要是针对还没有能力安排自己未来长远的意向和兴趣的儿童,随着儿童年龄的增长,近景将逐渐让位给中景和远景。无论是近景、中景还是远景的实现,都应当起到激励学生努力学习和工作的作用,防止享乐主义情绪的产生。

五、社会行动模式

社会行动模式起源于20世纪70年代在欧美各国出现的社会行动德育理论流派,该学派的倡导者为美国的弗雷德·纽曼(Fred Newmanm)。他希望通过道德教育引导学生参与社会变革,发展他们的道德行为能力,实现道德教育与社会改革的同步和统一。纽曼的社会行动理论主要体现在其代表作《公民行动教育:对中学课程的要求》《公民行动教育技巧》等著作之中。纽曼开发的道德教育社会行动模式(the social action model of moral education),整合了道德认知、情感和行动等多个方面,并且将它们同公民投身社会变革联系起来。它探讨了小组讨论技能的重要性,信任和承诺等情感性问题,以及道德推理技能的必要性。该模式旨在教学生如何影响公共政策,有鲜明的行动取向。该模式既不鼓励学生去"反思"公共事务,也不鼓励他们去"关心"公共事务,而强调每个公民都有对公共事务施加影响的权力。

纽曼认为,当代出现各种德育理论偏重于价值澄清,分析寻找价值原则,发展道德认知力,改变学校德育环境,或致力于使学生获得更多的道德认识,这其实都只是注意了增加知识和改变认知结构方面,而缺乏实施行动的训练和技能,是目前各种研究存在的共同的重大缺陷。他进一步深入分析论证后指出,当代学校德育理论和实践主要表现于四个方面:第一,在各个学校教育中,使学生获得有关历史和社会科学方面的知识;第二,有关政府法令、公民教育和法律等课程使学生获得有关这些方面的知识;第三,注重对战争、犯罪、贫困等问题的反思;第四,强调学习逻辑推理能力的智力过程训练,以为通过这些方法就能培养好公民。他说,实际上这些方法知识强化了公民的被动性,为了纠正这种偏差,他认为德育不应该强调教育活动本身,而应注重培养学生作用和改变环境的能力,把德育方向放在教育学生如何影响政府政策和公民在社会变革中扮演的角色上,用实际行动改变外在环境,达到理想的目的。

纽曼把影响环境的能力称作"环境能力"(environment competence),这是理解和把握社会行动模式的一个核心概念。一个有道德的社会成员,应该具备三种改变环境的能力:

第一,作用事物的能力,具体包括审美能力(绘制图画)、实用能力(造房、造机械)。第二,影响他人的能力,具体包括培养关系的能力、经济关系的能力(买卖事务)。第三,影响公众事务的能力,具体包括开展公共选择活动的能力、在利益相关集团内活动的能力。

为了论证学校德育要以培养学生改变环境能力作为重点,纽曼及同事一起做了深入探究,并提出一系列假设。

(一)道德定义与道德推动者

纽曼认为,人们改变环境的能力与人们把自己看作道德推动者的程度是具有直接联系的,他把道德推动者(moral agent)定义为:在自己利益与别人利益之间或有矛盾的同伴之间可能存在冲突的情况下,慎重考虑他(她)应该做什么样的人。很遗憾的是,很多学生可能看到环境、公民或经济事务中的不平等,但认为自己没有能力或没必要去影响这种环境,而对这些道德问题漠不关心。提高个体作用环境的能力,就会相应提高道德问题敏感性,当他们认为道德问题对他有一定意义时,就会以某种方式影响道德问题。

(二)个体心理发展

纽曼认为,要成为道德推动者应该具备两个条件:一是要有影响环境的能力,二是个体获得相应高的发展,而后者是前者的基础,一个人只有获得健全的自我,有良好的胜任感,这样,他就会具有很强的自我力量,即"由于一个人能作用于环境而不是环境的牺牲者所具有的那种自然增长的信心,因而能克服察觉到'危险'或'威胁'所造成的忧虑的能力"。

(三) 被统治者的同意

纽曼认为,要发展和实现社会行动的教育设想,要通过推广民主原则,通过促进公众管理事务,要征求被管理者同意的民主原则的贯彻,通过提高全体民众民主参与水平才能达到,坚持"被统治管理者的同意"原则,就能保证平等权利不受侵犯,保证思想和政策要在公共竞争领域中经受检验,公民参与水平低就会使这一原则破产;反过来,坚持这一原则才能有利于提高公民参与意识,提高公众道德水平,纽曼指出,"社会行动"并不是那些激进的行为,而主要是表明行为的公众化和社会化意识的性质,即电话投诉、读者来信来电、开会、参与政事讨论、研究调查、监督政府、选择投票、谈判或参与社会活动。而且这些活动形式不限,可以在家、办公室、校内、课堂等场所进行,只要能起到培养学生发展影响公共政策策略的能力。

(四) 公民社会行动的过程

实现公民社会过程的三个基本要素:第一,制定政策目标。主要包括道德研讨和社会政策研究两个方面。纽曼主张道德研讨应该让学生进行公开的、理性的辩论有关政策的原则,他反对道德相对主义,倡导柯尔伯格的人生价值高于其他价值的观点,在道德研讨中使伦理水平达到正当的目标。在社会政策研究方面应指导学生了解不同的社会行动可能产生的各种后果,如隔离种族学校中暴力问题等。第二,争取公众的支持。个人有了一定的观点之后,就会从事许多活动以求实现预期目标,最重要的是争取群众支持。这方面,要使学生懂得整个社会行动实施程序,如何从议案变为法律,人力、财源和交易过程的团体和个人的作用。要让学生发展辩论的技能,从阐述观点的谋划过程到演讲技巧。此外,一定的群体知识也必不可少,即如何形成强有力的团体、内部权威的确立等等。

社会行动模式最大的特征是提高了学生对社会变革、社会实践、社区生活的参与程度与参与能力,激发了学生参与德育活动的热情和创造力。整个德育模式直指真实的社会现实和社会生活,实现了道德教育与当下社会变革实践的紧密结合。相对于那些固守课堂、围绕学生头脑展开的德育模式而言,社会行动模式的产生无疑具有开创性,它使学校德育走出了校门,实现了德育直接服务于社会改造和社会变革的理想,体现了德育强烈的社会使命感和社会责任感。

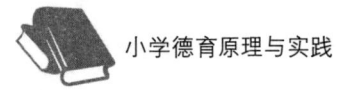

第三节 小学德育模式的应用举例

一、举例与分析1——最小"贪官"

(一) 案例情景

俗话说:上梁不正下梁歪。长辈没做好表率工作,那么晚辈也不会好好做人做事。当一个十几岁的小学生受贿几万元,这到底是谁之过?为什么那么严重恶劣的事情,学校和家长竟然都不知情?为什么一个小小的副班长可以在班里为所欲为?

安徽怀远县一小学副班长兼语文科代表,拥有检查作业、监督背书的权力。他多次以检查别人作业、学习进度为由,逼迫学生吃屎喝尿,收受其他学生"贿赂"几万元。全班只有七个人,他上网上学,有专门的孩子骑车接送(自行车),他要来的钱,有专门的孩子替他保管……实际上,他个头矮小,不过13岁,却把这点权力运用到了极致。他在五年多内硬生生地从六个零花钱十几块的小朋友手里搜刮出两万多元,平均下来一年靠此项收入四千余元,不得不令人咋舌。

他的受贿模式是这样的,老师把检查背课文的权力交给他,他说背了就是背了,没背就是没背(获取了可靠的实际权力)。安徽怀远县火星小学位于城郊,此前属于火星村,多年前因为发展工业区拆迁,火星小学搬到了现在的地方,保留了一个教学点。这些年,很多学生陆续转学,这里的学生越来越少。发生"受贿"的班级,从最开始的20多人,读到六年级时,只有7个人。这七个孩子是:班长小东2003年生;副班长小赐13岁;小运2002年生;小然2002年生;小江2000年生;小岩2003年生;小邢17岁。"每次背书时,孩子们必须拿钱给小赐。不给,则会喝尿吃屎",家长们找到学校,把情况汇报到了怀远县教育局。学校召集了双方家长在学校见面,小赐承认六名学生拿钱给他,也承认对方吃屎喝尿的情况,小赐父母表示要归还孩子们的钱。但小赐及其家长同时称,一切都系同学们自愿。次日,小赐转到了其他学校。按照学生们的讲述,小赐制定的规则是这样的:每次背书时,孩子们必须拿钱。他会根据每个孩子向家里拿钱得手的难易程度,以及各家的经济状况,制定拿钱的数量。如果家里经济条件不错,钱好拿,那就会要求多拿,反之就少拿。如果不拿钱,作业检查肯定过不了。这一点,小然的父亲贾波曾经有过疑问。因为老师布置了作业,儿子回家后,他们就督促儿子写字,写了整整两个本子,他也检查了。可次日,就接到了老师的电话:"你家小然作业又没有写!200个字,就有180个字写错!"

所有的孩子都有类似遭遇:拿了钱,过不了关也能过;不拿钱,过得了也不能过。逼人吃屎喝尿、打人、"专车"接送、指定"会计"、专人买早餐……这7个人的班级,就像是小赐的王国。怀远县教育局纪工委的调查人员有些不解:喝尿的事为什么不告诉老师家长?小东回答:"没有告诉,怕小赐打。"小东的说法,代表了所有的孩子。

从最初的几块钱,到后来的几十块上百块,再到上五年级时几百几百地要。一位已经转学的女孩子称,在五年级时,曾一次从家里偷了800块给小赐。事情败露后,小赐给小江发来QQ信息称"你等着,放假弄死你"。现在事情真相大白,受害学生的家长开始纷纷自责。这些年来,孩子老是偷钱,被发现后就对孩子毒打,孩子却只是咬定钱掉了。小静被妈妈打得太凶狠,奶奶还报过警。所有的孩子,都变得沉默,不敢说话,也不敢直视父母的目光。可家长们万万没想到,孩子偷钱的原因,是因为在学校受到了霸凌。如果发现了孩子偷钱、骗钱,这些家长能及时调查清楚这些行为背后的原因,或许孩子受到班干部霸凌的事情能更早更快地水落石出,孩子们也不会平白无故遭受这么多威胁和委屈了。后来,怀远县警方介入调查,教育局很快认定了部分事实,并做出处理:撤销班主任的教师资格,调离火星小学;撤销校长职务,调离火星小学。而让人匪夷所思的是,就在安徽电视台记者采访后,班主任还冒充他人打电话给记者,称所有的事情都是假的,是孩子们嫉妒小赐成绩好编造的。在这件事中,真正悲哀的是"这五年里这些孩子一次也没想过反抗"。学校、家长、副班长、社会、这六个孩子自己全都有问题,他们紧紧地纠葛在一起,酿成了这一次悲剧。撤职了学校的领导和相关责任老师,事情就能彻底得到解决了吗?已经受到威胁,产生了心理阴影的孩子们怎么办?何况事发后,这位班主任矢口否认班级里的贪污威胁事件,家长们该如何为孩子讨回公道?而且这样的班干部滥用职权、班主任玩忽职守的事件,未必就是个案。

(二) 问题分析

针对上述案例可以看到以下几点:

第一,小赐的"腐败"来源于他的权力。身为小学副班长兼语文课代表,他拥有检查作业、监督背书的权力,他说背了就是背了,没背就是没背。于是小赐就利用了这个权力,去逼迫班上其他孩子。

第二,实际上,小赐只不过是个个头矮小的小孩罢了,为什么其他孩子那么怕他?这五年里,这些孩子一次也没想过反抗?其根本在于家长与班主任的不作为,这种不作为成了小赐的保护伞。一方面,可以看到当孩子这些年总是回家偷钱,被发现后,父母仅仅是不问青红皂白地毒打,而孩子们每次只是咬定钱掉了等事例足以说明家长的不作为导致了小赐黑恶势力的兴盛;另一方面,更离谱的是当此事被曝光之后,班主任竟然还冒充他人打电话给记者:称所有的事情都是假的,是孩子们嫉妒小赐成绩好编造的。原本疑惑一个班中孩子就几个,班主任为什么未能觉察这一霸凌?现在终于看清楚,原来正是由于班主任老师的放任,甚至是包庇才造成了"最小的贪官"。

第三,需要清楚地认识到小孩的世界出了问题,要反思的该是"大人的世界"。人民网曾对"为啥小学生都想当班干部"这一问题做出评论:这是因为"官本位"思想,从社会蔓延到了中小学。思想单纯得像一张白纸的小学生,也沾上"官本位"的鱼腥味,既让义务教育蒙羞,更让我们反思。

(三) 对策措施

如何有效杜绝学校中的霸凌事件,减少上述案例中类似事情的发生,从学校、家长、

学生自身三个方面出发,具体有效对策与措施如下:

第一,从学校层面看。学校要制定完善校园欺凌的预防和处理制度、措施,建立校园欺凌事件应急处置预案,明确相关岗位教职工预防和处理校园欺凌的职责;要加强校园欺凌治理的人防、物防和技防建设,充分利用心理咨询室开展学生心理健康咨询和疏导,公布学生救助或校园欺凌治理的电话号码并明确负责人;各学校、教育部门等对于发现、调查处置校园欺凌事件,涉嫌违法犯罪的,要及时向公安部门报案并配合立案查处,加强监督;出现校园暴力,学校负责人须及时与涉及的学生家长进行沟通,保证家校沟通透明。

第二,从家长层面看。家长要选择性地给孩子讲一些校园暴力伤害的案例,让这些事件对孩子有一个警醒的作用;平时可以让孩子进行一些跆拳道、散打之类的训练强身健体,尤其是女生;平时要多和老师联系,多沟通,及时了解孩子在学校的情况;给足孩子安全感和信任感,让孩子在发生事情后能第一时间告知;关注孩子从学校回家的日常表现,例如身体是否有伤痕、文具是否有丢失或者损坏、孩子是否表现出不想上学或怕上学的情绪。

第三,从学生层面看。遇到校园暴力,一定要沉着冷静,采取迂回战术,尽可能拖延时间;必要时,向路人呼救求助,采用异常动作引起周围人注意;人身安全永远是第一位的,不要去激怒对方;顺从对方的话去说,从对方的言语插入话题,缓解气氛,分散对方注意力,为自己争取时间;在学校不主动与同学发生冲突,一旦发生及时找老师或家长解决;穿戴不要奢侈,尽量低调,不过于招摇;独自行走时尽量不要走僻静、人少的地方,要走大路,放学不要在路上贪玩,按时回家。

二、举例与分析2——我班有个淘气包

(一) 案例情景

冯同学,调皮淘气中透着可爱,智力、想象力一般,做事无持续性,自我约束力差,课堂上没有老师的叮嘱是从来不听讲的,有时还情不自禁地大声说话,我行我素,爱惹是生非,许多同学是他的"猎物",经常受到他的攻击。但据我观察了解,这孩子的种种行为不是有意而为之。有些时候,这孩子不自觉地就做出了你意想不到的行为,注意力严重不集中。

具体表现:

(1) 不管是什么时候,即使是很严肃的时候,他总是自言自语地在说话,好像周围什么也没有,自己陶醉于自己的天地中。

(2) 对学校的一切制度都熟视无睹,从来不戴红领巾、小黄帽,不参加学校的一切活动。

(3) 上课经常傻笑,严重影响教学秩序。

(4) 经常打人、骂人,常常把同学的本子和书撕坏。

(5) 作业几乎不写,即使是写也是一塌糊涂。

（二）问题分析

教学背景：家庭比较特殊，父母分居多年，与母亲生活在一起，孩子是母亲的全部精神寄托，母亲对孩子太过溺爱，满足孩子一切的要求，不管是合理的还是不合理的，因此孩子比较任性，在家根本不听妈妈的话，母亲感到束手无策。现在孩子更加自由散漫，每天放学后丢下书包就到附近的商场玩，直到商场关门。

原因分析：童年的家庭环境造成了他自由、放纵、天马行空的性格。他的心理问题是从童年的家庭成员关系的觉察开始的，父母分离对他造成很大伤害。从小失去幸福家庭的生活，失去爸爸的爱护，使幼小的心灵留下阴影，害怕得不到大家的重视，因此想方设法搞一些恶作剧引起大家的重视。但由于经常犯错误，经常受到大家的指责批评，使他变得更加顽固不化，更加放肆。

（三）对策措施

（1）与老师交朋友。老师经常给予关爱，使他感受到老师没有抛弃他。课后从生活上给予关心，没有本子时给他买；雨天给他雨具；天冷提醒加衣服；等等。另外，安排和比较活泼的孩子同位，安排他参加班级的各项活动，让他感受到班级中大家都是他的朋友，建立温暖感。

（2）持续、不断地对孩子进行表扬、鼓励，培养他完成作业的自觉性。运用表扬、鼓励的语气激励孩子，并采用"奖星制"，持续、不断地表扬、激励，培养孩子自觉完成作业的习惯，逐渐让他改掉作业拖沓的毛病。

（3）与家长联系，交换教育孩子的方法，使家长建立教育孩子的正确理念和方法。同时针对孩子注意力不集中的问题，与家长一齐商量对策，通过正常的途径，采用有效的手法积极予以治疗，以辅助孩子身心健康成长。并且做到定期与家长联系，及时地反馈孩子的在校情况，指导教育孩子的方法，以配合老师完成对孩子的转化工作。

教育启示：这个案例，使我得到了许许多多的启示。我们在平时的教学中一定要对问题儿童有更多的关爱、呵护，不能训斥、指责，一棒子打死。老师要用爱心去滋润孩子幼小的心灵，细心捕捉孩子的闪光点，让孩子在温暖的环境中成长。经过我的努力，以及他妈妈的帮助，行为终于有所收敛，约束力有所增强，但时常还会犯毛病。我想这也是正常的。外国一位哲学家曾有一个木桶理论，用长短不一的木板箍成一个木桶，当你倒进水后，水会从最短的木板处流出来。中国也有一句话"人生十指有长短，一母同胞有愚贤"。是呀，一个班级中总有这样那样的孩子，只有我们认真对待每一个学生，认真关心每一个孩子，相信任何问题都是有解决的方法的。

 本章练习

1. 什么是小学德育过程？它的基本特性有哪些？
2. 什么是德育模式，常见的德育模式有哪些？
3. 一位家长在星期一发现儿子上学时磨磨蹭蹭，遂追问是怎么回事，孩子犹豫了半天才道出实情。原来在上个星期二早上,班主任老师召开全班同学会议,用无记名的方式评选3名"坏学生",因有两名同学在最近违反了学校纪律,无可争议地成了"坏学生";而经过一番评选,第三顶"坏学生"的帽子便落在儿子头上。这个9岁的小男孩,居然被同学选出了18条"罪状"。当天下午年级组长召集评选出来的"坏学生"开会,对这三个孩子进行批评和警告,要求他们写一份检查,将自己干的坏事都写出来,让家长签字,星期一交到年级组长手中。该家长当着孩子的面,没有表示什么,签了字便打发孩子去上学。随后,她打通班主任的电话,询问到底是怎么回事,班主任说:"你的孩子是班上最坏的孩子,这是同学们用无记名投票的方式选出来的。"当她质疑这种方法挫伤孩子的自尊心时,老师却回答:"自尊心是自己树立的,不是别人给的",并说他们不认为有什么不对,其目的也是为了孩子好。自从这个9岁的孩子被评选为"坏学生"后,情绪一直非常低落,总是想方设法找借口逃学。

  问题:请用相关的德育教育原则对该班主任的做法进行批判。

第八章 小学德育环境

配套数字资源

　　任何道德都以谱系的方式存在和发展着,没有一种无谱系生成的一般道德。

——万俊人

　　培养全面发展的、和谐的个性的过程就在于:教育者在关心人的每一个方面、特征的完善的同时,任何时候也不要忽略这样一种情况,即人的所有各个方面和特征的和谐,都是由某种主导的首要的东西所决定的。……在这个和谐里起决定作用的、主导的成分就是道德。

——苏霍姆林斯基

 知识导图

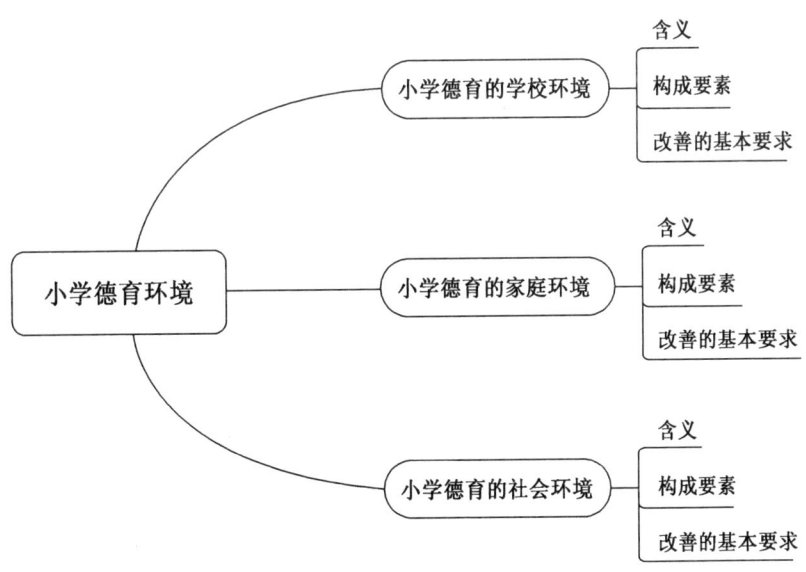

本章要点

1. 理解德育环境对小学生品德发展的重要性。
2. 掌握学校环境的含义、构成要素及改善要求。
3. 掌握家庭环境的含义、构成要素及改善要求。
4. 掌握社会环境的含义、构成要素及改善要求。

本章导读

德育是我国小学教育的重要内容,对于培养优秀的社会主义建设者和接班人有着至关重要的作用。小学德育工作的开展离不开环境,它既是高校德育的重要内容,又是德育实践的必然场所。马克思认为"人创造环境,环境也创造人"。德育环境直接影响着小学德育的效果和小学生的道德素质。随着对加强学生德育工作的重视,德育环境的意义已经引起人们的广泛关注,德育环境是每个德育对象个体品德建构的重要因素和必要前提。因此,认真分析并明确德育环境各要素的含义、作用及要求,对于充分发挥和有效利用德育环境的积极因素,改善人们良好品德的养成条件,有着不可忽视的现实意义。同时,也是加强德育环境建设,增强德育科学性、实效性的具体内容。

德育环境,是比较宽泛的概念。在《比较德育学》一书中是这样定义的:"所谓德育环境,包括德育对象所处客观环境和进行德育活动的外部条件两个方面,是指影响德育活动和德育对象思想与行为因素的总称。"[①]德育对象所处的客观环境是十分复杂的,也并不是所有的客观环境都能对德育对象产生影响,作为德育影响源的客观环境只有对德育对象产生现实影响时,才可真正称得上德育环境。本书认为,所谓"德育环境",从广义上看,德育环境几乎涵盖了人们所经历的所有自然和社会环境,包含了所有跟德育直接或间接相关的环境因素,如自然界、政治、经济、文化等。从狭义上讲,德育环境则主要是指对个体品德建构或思想道德素质的形成、发展、变化具有最直接、最集中影响力的具体的外部环境因素,如家庭(社区)、学校、社会。从每一个个体的角度来看,人出生于家庭,发展于学校,完成于社会。家庭、学校和社会这三方面,几乎包容了青少年行为的所有空间和时间。因此,学界一般都将家庭环境、学校环境和社会环境视为影响个体品德建构的主要德育环境。家庭、学校和社会既是三种环境,也是三类教育(确切地讲是德育)。由此可见,家庭、学校、社会对个体品德的形成发展具有不可或缺的共同而又不同的功能,它们是小学生品德建构的三个时空不同但作用共存的环境,是每个社会个体的品德生长都必然经历、无法回避的环境。

---

① 武汉大学思想政治教育系. 比较德育学[M]. 武汉:武汉大学出版社,2000.

第八章 小学德育环境

第一节 小学德育的学校环境

德育是用教育的手段使人们形成道德意识、道德规范和行为准则。学校作为教育的主阵地,为德育工作提供良好的环境,德育工作是小学学校工作的核心,学校德育工作就是为了培养和提升学生的道德意识,养成符合道德标准的行为规范,是培养和提高人的素质的教育方式和手段,是素质教育的重要内容。

环境也是一种教育力量,而且是一种更广泛、更重要的教育①。在个体的成长过程中,人的品德形成和发展受到各种因素的制约,这些构成了人的品德形式和发展的环境因素。正确地认识德育环境,科学有效地利用和改造德育环境,是保证德育教育的基本前提。德育环境是影响人品德形成和发展的各种因素的总和,是一个非常复杂的社会系统,它可以从不同的角度来分类。其中,戴钢书在《德育环境研究》一书中根据德育环境的内涵和外延将德育环境分为学校环境、家庭环境和社会环境,其中学校环境分为校园学习环境、校园文化环境和校园物质环境②。

一、德育学校环境的含义

所谓德育的学校环境,即学校内部与德育及德育活动相关的一切软硬件条件或因素。学校环境包括很多方面和内容,如校园的建设与规划、学校各项规章制度、学风、教风、校风和工作作风、学校整体发展思路、学校科技环境与氛围、校园文化环境与氛围、校园舆论环境与氛围、大学的办学精神与理念、师生员工的综合素质及人际关系、校园文化建设等。校园环境对小学生的成长成才和小学生的世界观、人生观、价值观、道德观以及良好人格的形成和发展等具有直接的影响和制约作用。加强小学德育学校环境建设是新时期对小学德育工作的客观要求,具有十分重大的现实意义。

学校是社会教育的重要组成部分,是培养青少年高尚道德情操的主要渠道,学校德育在未成年人的德育中起着正向的主导作用,对学生思想品德的健康成长,树立正确的人生观、价值观、世界观,有着不可替代的而且是不容忽视的优势。学校教育作为有计划、有组织的教育形式,对学生的思想、道德的培养和发展,以及他们的道德实践都产生着重要的教育影响。在学校所获得的道德发展及道德评判,将影响个人终身的道德实践。因此,在教书育人方面,学校承担着重要的作用。学校应该按照党的教育方针和相关政策,把德育工作贯穿于教育教学的各个环节,处于各个学科教育的首要位置。要把培养健康、积极的道德情操和爱国热情作为思想道德建设的首要任务,纳入中小学教育的全过程中。

---

① 周先进.高校德育环境的涵义及其作用研究[J].高等农业教育,2007(10):23-25.
② 李守福.创造良好的育人环境[N].光明日报,2001-10-11.

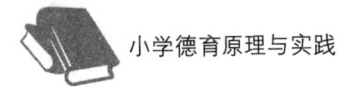

二、德育学校环境的构成要素

学校是德育教育的主阵地,对学生思想道德的健康成长和良好行为习惯的养成,都有着不可替代的主导作用。我们将学校环境具体划分为三部分内容:校园文化环境、校园制度环境、校园物质环境。学校环境作为德育环境的一部分和多功能载体,对大学生的思想、品格、心理和正确的成才观影响最为巨大。所以,不断优化德育环境,创造良好的育人环境,是做好小学德育的前提和保障。

(一)校园文化环境

校园文化环境主要包括学校里的价值观念、文化传统、班风、校风、学风、教风等。校园文化环境一旦形成,便具有稳定性,对学生思想品德的培养形成一种"文化效应场"。因此,发挥校园文化环境的育人功能,不但要树立正确的办学理念,建立良好的学风、班风、校风,营造浓厚的文化氛围、创设良好的舆论氛围,而且要发挥教师的道德榜样作用。青少年的思想可塑性大,教师的一言一行对学生都有不可忽视的影响。教师要用自己的人格影响学生的人格,要用自己的情感去感染学生的情感,现身说法,力量无穷。

1. 班风和校风的影响

班风,即一个班特有的精神风貌与个性特点,是由班级成员共同营造的一种集体氛围。班风是在班级中长期形成的,是班内群体成员中占主导地位的言行倾向和作用。它通过班级成员的情绪、言论、行为、道德面貌等方面表现出来,反映了一个班集体成员的整体精神风貌与个性特点。

校风是学校的风气。它是全体师生在工作、学习、生活中所表现出来的整体精神面貌与特征。它不仅体现在教师的教风、学生的学风,以及各班级的班风上,还体现于学校的各种事物和环境之中。校风是一所学校的灵魂,一个良好的校风体现的是学校的精神面貌和优良传统。良好的校风对陶冶学生的情操,形成学生积极的价值观、人生观,科学、理性的思维方式,养成良好的行为规范,均具有积极促进作用,是课堂教学的重要补充力量。

班风、校风具有很强的教育功能,以一种潜移默化的形式影响着每一位学生。一名小学阶段的学生,处于思想道德意识逐渐建立、行为习惯正在养成的时期,如果在一个氛围和谐、精神上进的班集体里,思想上得到良好熏陶,行为上受到正面引导,将会让他在各方面都会得到发展和提高。

2. 课堂教学和教师楷模作用的影响

在学校的教育过程中,教师既是教学过程的组织者和设计者,又是学习过程的指导者。教师的授课内容与方式是否贴近小学生的心理需求,将直接影响到学生的学习效果。而且,由于教师是学生心目中的权威,他的一言一行将对学生的发展起到潜移默化的影响。在长时间的师生交往过程中,教师自身的表率作用对学生的道德形成具有重要的意义,身教远胜言传。

(二) 学校制度

学校制度主要包括师生道德行为规范、校园管理制度、学生奖惩制度、社团活动制度等。它是学校运行的保障系统,学校良好的制度保障人的权利,促进人的发展。为了更好地发挥学校制度环境的育人功能,不仅要完善相关制度,例如学校管理制度、奖惩制度、考核制度,而且要建立科学的德育评价体系。评价体系是学生德育发展的目标导向,科学的道德评价体系可以让学生获得道德价值意义,明辨真与伪、美与丑、善与恶。在德育评价过程中,学校不能以考试成绩代替德育发展,要尊重学生的人格理想和个性需求,注重道德品质、公民素养、交流合作、健康审美等方面的和谐发展,要科学安排,循序渐进。

(三) 校园物质环境

校园物质环境主要包括学校自然地理位置、空间构造、校容校貌、基础设施、教学设施、人文景观等,是影响学生思想品德形成的物质基础。发挥校园物质环境的育人功能,不仅要做到课室宽敞明亮、设备先进,使人心情愉快放松,提高效率,而且要发掘教材的思想教育作用。教材本身具有文明、向善、严谨、辩证等方面的特点,是学生接受德育的主要载体。教师可以通过典型案例,将知识性、思想性、艺术性相互结合,培养学生的价值观和情感,形成学生热爱生活、亲近自然、奉献社会的良好品德。

三、德育学校环境改善的基本要求

学校是学生学习、生活的主要场所,更是他们获得科学知识和德育理论的主要来源。学校的任务是培养社会主义事业的建设者和接班人。德育对保证人才培养的正确方向,促进学生健康成长起着决定性作用。而学生的良好思想品德的形成和提高,不仅需要通过正面的理论引导和丰富的实践锻炼,而且还有赖于能起到潜移默化作用的德育环境熏陶。因此,加强德育学校环境建设是我们当前亟待解决的一项重要课题。

1. 弘扬主旋律,优化教育氛围

要以正确的舆论引导人,利用学校报刊、广播、电视、橱窗、网络等宣传舆论阵地,宣传马列主义、毛泽东思想、邓小平理论和"三个代表"重要思想以及习近平新时代中国特色社会主义思想。要以榜样的力量感召人,大张旗鼓地宣传先进典型并要注重典型的培养和塑造工作,使典型有血有肉、有思想、有事迹,可敬、可信、可学,使典型具有时代性、示范性。

2. 创建品位高雅的校园物质环境

学校的基础设施是进行教育活动的必备条件,是实施德育的物质基础。利用优美的校园环境,促进学生的身心健康发展,培养学生良好的思想品质和高尚的道德情操,美化心灵、启迪智慧、激发灵感。

3. 营造积极向上的校园精神环境

校园的精神环境是校园环境的核心内容,学校要花大力气加以建设:一是要抓好"三风"(即校风、教风、学风)建设;二是要对体现校园精神的内容,如校规校训、办学思

想、培养目标以及反映上述内容的杰出校友、学校名人通过物化的形式进行宣传,使学生一进入校园,就受到良好精神环境的熏陶。

4. 优化校园文化环境

学校要想方设法优化校园文化环境,利用健康、向上、活跃的校园文化氛围来影响和提高大学生的思想道德水平。做到:第一,准确把握校园文化活动的正确方向。第二,健全组织机构,切实加强对校园文化的领导与管理。第三,加强基础设施建设,保障开展校园文化活动的硬件条件。第四,校园文化活动要体现思想性、艺术性、知识性、趣味性,使学生参加活动后真正有所收获。学校要找准校园文化活动与学生成长进步的结合点,把逻辑的力量同情感的力量结合起来,把透彻的说理同鲜活的语言结合起来,将对学生的德育融入学生自我教育的各项活动中,融入学生报国为民和实现个人理想的奋斗进程中。第五,要把校园文化活动纳入科学化、制度化、规范化管理的渠道。

5. 完善学校德育环境建设的制度和机制

学校要依据《教育法》《中共中央关于进一步加强和改进学校德育工作的若干意见》《中国普通高等学校德育大纲》等要求,做好三方面工作:第一,建立健全切实可行的学校管理及运行机制。学校的宣传、学工、教学、管理部门应在发挥德育工作中各自优势的基础上加强沟通与合作,形成整体合力,构建德育工作齐抓共管的良好局面。第二,制定序列化的德育实施训练规划。第三,建立健全以德育综合测评为主要内容的规章制度,并把德育测评结果作为全面评价学生的重要依据。

第二节 小学德育的家庭环境

一、德育家庭环境的含义

家庭环境是指家庭内部良好的亲情关系、家庭成员尤其是父母亲的文化价值理念、育人方式、家庭经济状况、社会关系等。家庭环境相对于学校内部环境来说,它是外部育人环境,但相对于社会大环境来说则可以归为内部育人环境,因此,家庭环境是一个十分重要的研究范畴,同时,也是一个相对的研究范畴。家庭环境是一个人成长的初始环境,它是人受教育的起点,决定人的观念的原始取向,良好的家庭教育对人一生的成长和发展产生重要影响。家庭的物质条件、社会背景、情感氛围、家长的文化水平和价值观念及处世态度等都会促进或制约着学生的成长和发展。家庭是家长为孩子营造的第一场所,小学生在入读以前就在家庭环境中获得了很多道德观念。家长应借助家规、家风以及自己的言传身教,构建和谐幸福、文明向上的家庭环境,良好的家庭环境对未成年人健康成长有着不可估量的作用。家长在教育中要发挥榜样作用,作为子女的启蒙老师,其言行举止时刻影响着子女。家长既是家庭的管理者,又是家庭环境优化的执行者。因此,引导家长树立科学教育观念,理解学校教育与家庭教育对小学生的重要性,从根本上改善家庭环境,促成小学生良好品德的养成十分必要[①]。

二、德育家庭环境的构成要素

家庭环境有软环境、硬环境、内环境和外环境四部分,它们对于一个人的一生有至关重要的影响作用。

一是软环境。软环境主要指家庭的心理道德环境,包括家庭结构和教养方式。心理道德环境作为家庭环境的核心,是人类社会化发展的"温床"。它与家庭成员之间的良好关系、父母的道德水平、对孩子的教育方式、人的自我概念的发展、师生关系、行为问题等均有较大影响。当今社会的主题是和谐,讲求的是人与自然的和谐,人与人以及人与社会的和谐。而家庭软环境就是和谐中分出的一个大的课题。以人为本的观念,以和谐为主题的生活,家庭软环境的协调性是极其重要的。

二是硬环境。硬环境是指家庭中可以用量化指标来评判和衡量的环境因素,比如家庭的成员结构、资源分配、生活方式等。良好的家庭硬环境无疑有利于学生的成长,反之会影响学生的成长。成长不良的学生,其家庭硬环境存在家庭结构缺陷、家庭资源的配置不合理、父母的道德文化水平低下和职业状况较为不良等情况。这些不良的家庭硬环境严重影响着学生的道德修养、学习习惯、行为方式等,从而导致学生品行不佳。硬环境主要包括家庭资源、父母文化水平和职业状况等。

三是内环境。家庭内环境也指自己家里的人或事,不易被外人获知。一般家庭内环境都是讨论夫妻相处方式、家长对子女的教育方式等相关问题。

四是外环境。外环境是指家庭外的,如家庭的周围环境、周围人群情况、外部活动场所、外部人际关系等。

三、德育家庭环境改善的基本要求

家庭是学生道德品行养成的第一环境,对学生的思想具有特殊的感染力和影响力。因此,充分发挥家庭环境的德育功能具有至关重要的作用。优化家庭环境,关键是要提高家长的素质,以身示范,增强社会责任感;同时,要力求为学生提供一个健全的家庭。要重视学生的思想品德教育,不能只过分关注孩子的智育,忽视孩子的内心感受,要把望子成龙的期望值放在孩子健全人格和科学的世界观、人生观和价值观的培养上。要切实减压增效,改变高期望、高压力、高文凭、高收入的误导,为孩子提供一个宽松、和谐,能够双向沟通和理解的学习、生活环境。

第一,家长要努力提高自身的思想道德修养。家长应严格规范自己的言行,要通过言传身教,把社会的道德准则、做人的道理及良好的品德和人格传给孩子。在日常生活中,要鼓励孩子关心他人,有计划、有目的地给孩子创造劳动锻炼、接受磨炼的环境。此外,父母亲要树立良好的榜样。父母是孩子的"第一任老师",父母的一言一行、一举一动都会深深地影响孩子的健康成长和思想道德品质的形成。因此,父母应时时刻刻加

---

① 陈丽芬,廉永杰,刘珉曳.论青少年家庭德育环境的优化[J].教育探索,2005(12):86-88.

强学习和修养,要在各方面为孩子树立良好的形象和榜样,俗话说:"榜样的力量是无穷的"。父母只有为孩子树立了良好的榜样形象,才能深得孩子的信任和信赖,才能在孩子前立得稳,才能树立自己的伦理权威,促使其品德高尚、性格优良、心智健全。

第二,要创设良好的家庭文化环境。父母是孩子的第一任老师,家庭是孩子的第一课堂,孩子无时无刻不是以有意或无意的方式观察着父母。因此,父母的一言一行对孩子而言都起着表率作用,并以一种潜移默化的形式影响着儿童道德观念的形成。家庭文化环境是长期积淀的结果,积极营造良好的家庭文化环境和氛围是有必要的,而且也是可行的。如尊老爱幼、孝敬悌友、互谅互让、邻里和睦等,都是可以营造的,良好的家庭气氛有助于儿童形成良好的品德。一些家庭关系不和睦,邻里不团结,父母感情不和,教子无方等等,有的家庭成天麻将声声不绝于耳,孩子根本无法安心学习,久而久之,也习染了一些不良习气,如蛮横无理、争强好生、欺善怕恶、打牌赌博等等。家庭文化环境和氛围对孩子的成长进步和优良个性心理品质的形成具有重大影响和制约作用。

第三,要更新教育观念,讲究科学的家教方法。要鼓励孩子勤学好问,善于创新;关爱生命,关心他人;艰苦奋斗,朴实无华;与人为善,团结协作等。要在关心、体贴孩子的同时,客观分析孩子的思想、心理,积极主动与学校、社区协作配合,讲究策略、方式,要严中有爱、爱中有严。天下的父母无不对孩子充满很高的期望,无人不是"望子成龙,望女成凤",期望孩子长大后能够出人头地,学业和事业双丰收。这样的愿望是好的,但是在孩子成长的过程中,家长所采取的教育方式却是差异很大。有的家长以身作则,用律己正己的思想行为来影响孩子,并成为他们的良师益友,而且在对孩子的教育方面讲究方式和方法,充分尊重他们的人格,循循善诱,多鼓励孩子,充分调动了他们的自信心和上进心。而且,这些家长不仅关心孩子平时的学习成绩,往往也关心他们在思想品德方面的修养。这样的家长给孩子带来的都是正面的影响。而有的家长对孩子的管教非常严厉,常常采取棍棒相加的措施。这样的教育方法往往导致孩子的逆反心理,反倒不利于他们的健康成长。还有的父母,尤其是一些独生子女家庭的父母,非常溺爱孩子,或对孩子放任自流,或在教育上重智轻德,导致家庭教育中道德教育的欠缺,对孩子思想道德的发展都是非常不利的。

第四,创设良好的家庭沟通机制。家长要经常与孩子沟通,了解他们的思想和心理状况,及时疏导子女的心理障碍。作为家长,为了真正与孩子沟通和相处,为了及时了解和掌握孩子的心理和思想问题,为了正确指导和帮助孩子健康而全面成长,学习一些简单而必要的心理学知识是必不可少的,也是搞好家庭德育不可或缺的重要途径和方法。

第五,创建和睦融洽的家庭关系。和睦融洽的家庭关系、良好的家庭氛围是建立在互相关爱、互相尊重的基础之上的。大量调查研究和现实生活中的事实状况表明:生活在单亲家庭或是随祖辈生活的孩子,学习差的多,有心理问题的更多,不少离异家庭的子女表现出自卑、胆小、多疑、不合群、缺乏安全感和责任心等心理障碍,大大地影响和干扰学生的学习与成长。不良的家庭人际关系不仅对青少年成长造成直接的负面作用,而且还会对学校德育产生负效应。中国的青少年家庭教育以人伦关系为基础,以情感情理为法则,以血缘关系为基本坐标,注重角色行为培养而忽视情感孕育和亲密关系[①]。

第三节　小学德育的社会环境

一、德育社会环境的含义

社会环境是国际国内存在的对学校德育活动及学生思想品德产生影响的宏观德育环境系统,它包括政治、经济、文化环境;微观环境系统主要为社区环境。政治环境是指政权的性质、政治制度、政治体制,如国家的教育方针、人才的培养目标、办学方向等。经济环境是指社会经济发展的状态。文化环境是指人们在社会精神文化支配下的各种行为联系而构成的社会文化关系氛围,广播电视、新闻刊物等大众传播媒介是构成社会文化环境的重要组成部分。

二、德育社会环境的构成要素

社会性是人的主要特性,社会实践是改造人的有效手段。社会的存在一方面为人的生存和发展提供了良好的条件,另一方面也对人的发展提出了必要的要求和规范。因此,社会环境对个体的品德形成和发展有着重要的影响。从德育的角度看,社会环境主要包括政治环境、经济环境、文化环境、社区环境。其中,政治、经济、文化环境为宏观环境,社区环境为微观环境。

(一) 德育的政治环境

德育的政治环境主要是指德育主体所在国家的政治思想、政治制度以及政治设施等制约因素。一般而言,德育的政治环境是与该国的历史文化传统、具体国情、国家性质相适应的,因而在德育中居于主导地位,主导了整个德育目的、方向、过程以及评价。就个体而言,德育的政治环境还直接制约着个体的道德认识和道德行为。

(二) 德育的经济环境

德育的经济环境是指人类社会的经济活动及其经济制度所构成的对德育发挥作用的一切经济因素的总和。经济环境对德育有着直接的制约作用,经济环境决定着德育的环境,德育的环境一定程度上由经济环境控制。

(三) 德育的文化环境

文化是社会的有机组成部分,也是个体道德形成的重要来源。一部人类社会发展

---

① 冯文全,陈晓霞.中学德育存在的问题及对策分析[J].教育与教学研究,2016,30(6):117-120.

史,既是一部人类生命繁衍、财富创造的物质文明发展史,也是一部文化积累、文明传承的精神文明发展史,更是一部人类道德的成长史。因此,德育的文化环境实质上包括了人类所创造的一切物质的和非物质的要素,其中非物质的精神要素对德育所起的作用要更大一些。

一般来说,德育的文化环境包含了特定的文化遗传密码,即文化所包含的文化意识、文化心理和特定的价值观,文化遗传密码会对该文化下的个体的道德意识、道德思维、道德情感、道德行为产生内在的影响,表现出独特的文化个性。但是,现实生活中,人们思想意识和价值追求的日趋多样化使得这种文化遗传密码时时发生着一定变化。特别是随着经济全球化的不断深入,世界各国之间的竞争越来越多地变成了思想文化、价值观念和制度模式的较量。这就意味着德育不仅要承担起文化传承的历史责任,而且要承担起凝聚民心、振兴国家的现实责任。于是,加强德育的文化环境建设的任务就显得异常紧迫。

(四) 德育的社区环境

所谓社区环境是相对于作为社区主体的社区居民而言的,它是社区主体赖以生存及社区活动得以产生的自然条件、社会条件、人文条件和经济条件的总和。① 它可理解为承载社区主体赖以生存及社会活动得以产生的各种条件的空间场所的总和,它属于物质空间的范畴。

从教育视角来看,社区环境是小学生校外成长的重要空间。人创造环境,同样环境也造就人。社区环境的文明程度影响小学生良好行为习惯的养成,影响学校品德教育成果的有效实践。小学生心理不成熟、不稳定,容易受社区环境的影响。文明的社区环境有利于促进小学生心理健康发展,养成良好的品德。社区居委会应开展文明创建活动,围绕主题活动,深化精神文明建设,净化社区环境。抓环境卫生整治,宣传与活动并重,增强居民互帮互助的意识,提升居民对社区的认同感、归属感、责任感,以此带动形成良好的邻里关系,为小学生成长营造和谐氛围;加强宣传教育力度,让居民知道自己的言行影响身边的人,让家长知道自身的失范行为会影响子女健康成长,甚至会对其心理造成难以弥补的伤害,不断提升居民素质,形成讲文明的良好氛围;建设、管理、运用好各种公共文化设施和活动设施,丰富居民的业余生活,号召小学生参与进来,积极与成年人互动。

三、德育社会环境改善的基本要求

从目前来看,建立良好的德育社会环境,需要发挥学校、政府以及社会三方面的主体性②。

---

① 卢波.社区德育的功能及其特征[J].西南师范大学学报(人文社会科学版),2003(2):92-95.

② 檀传宝.论学校德育环境的时代构建[J].教育科学,1995(4).

(一) 学校角色的正确定位

当代中国学校德育社会环境的时代特征在于社会环境的动态、失范和价值观的现实多元性,而学校德育只有在同社会环境结成统一整体时才能对德育对象发挥有效的作用。因此构建优化的社会环境是学校德育必须选择的出路,也是学校德育主体性的表现之一。

面对日趋变动的社会环境,国内有学者认为学校教育应该"主动适应","一是教育要面向未来走在社会发展的前头,不再简单地为已存和现存社会培养人才,而要真正为一个尚不存在而行将出现的社会培养人才;二是教育不再仅仅为社会生活做准备,被动地接受社会的指令,而是积极地干预和参与社会生活及其发展"。针对德育的环境适应,有学者进一步提出了学校道德教育的"超越论",主张"在当前德育改革中,培养市场需要的具有道德意义的种种品质固然重要,但德育的着眼点还应该在培养当代社会所需要的全面完善的道德品质和人格上",德育不仅仅局限于学校环境,而应该延伸至大的社会环境中,使其成为主动优化环境的主体力量。

作为营造社会环境的主体力量的内涵主要表现为:一是学校德育主动直接地参与社会环境的建设。学校本身固然不是一般的社会机关,但学校本身可以是文化尤其是先进道德文化的讲坛和舆论阵地,可以辐射其影响于社会。学校德育活动如学生的社会实践活动若不流于形式也可以对社区乃至全社会进行正面的价值导向等。二是学校德育应作为个体道德成长社会环境网络中最能动的力量去主动连接其他社会环境系统,组合各种正面影响形成合力。上海市真如中学通过"真如中学社会教育委员会",将当地镇(乡)政府、教育行政部门、社区企事业单位、学校家庭所属村民、居委会和学校联系起来,不仅动员了社会各界力量的教育参与,创造了较好的社会条件,而且通过学校、家庭与社会之间的沟通在形成学校内部与外部目标、方向一致的三位一体的大德育体系,营造学校德育良好环境上做出了可贵的探索。三是学校德育和教育应在体系内进行改造,努力形成适应和超越学校环境的中介机制,使学校德育社会环境中的正面德育影响源最大限度地转向为现实的德育影响,同时促进社会环境中的德育影响有序化,开发学校德育社会环境的现实空间。

(二) 政府功能的正确发挥[①]

政府是社会改造的组织主体,也应是学校德育之社会环境的改造主体之一。虽然现代政治经济体制的运转模式与趋势决定了社会生活中不能过分强化行政手段和政府行为的作用,但是政府对社会生活尤其是德育社会环境的一定程度的改造是十分重要和必需的。政府功能的正确发挥至少可以在三个方面对学校德育环境的优化起重要作用。

1. 政府作为经济、政治、文化等宏观环境系统发展的自觉力量

政府作为上层建筑的一部分,其性质及运作固然受制于一定社会经济基础,但政府又是一定社会经济、政治、文化发展的主体力量,其主体性表现为它对社会运转目标的

---

① 檀传宝.论学校德育环境的时代构建[J].教育科学,1995(4).

设计和全面调控等。对于学校德育的优化环境创造来说，政府首先可以在社会发展目标的选择上起宏观调控作用，而社会发展目标的选择实际上是价值取向上的社会选择，从而也是学校德育宏观社会环境方向和质量上的选择。一个理智的政府即使不能直接对学校德育起更多的直接的领导作用，倘若能建设一个健康的社会，在学校德育的大气候上自觉不自觉地有所作为，实质上它已经参与了学校德育。严格地说，在社会大众的德育自觉尚未发展到一定程度之前，大德育观的实现可以仰赖的最自觉的社会主体力量只能是政府行为。

2. 引导社会环境子系统的建设

学校德育社会环境子系统尤其是社区、家庭、传媒等究竟在何种程度上具有德育自觉，一方面取决于宏观上政府在精神文明建设上的成就，另一方面也取决于政府对各子系统的直接领导。这表现在政府从舆论导向、立法及制度上对子系统在学校德育支持上的明确规范，以及对社区、家庭、传媒作为社会文化环境的品质的监控，也表现为一些看似联系不大但实质上亦间接影响学校德育的措施。

3. 构建社会环境子系统形成德育影响的合力

学校德育本身可作为与社会环境诸系统的连接力量，这是学校德育主体性的表现之一。但是学校角色是学校德育的内部因素，其能量有限，因而需要一个强有力的外部粘合力存在。这一粘合力就其有形的方面来说即应来自政府。

在社会环境子系统与学校德育的亲和力的培养上，我国已有经验证明，一味的政府行为是低效或无效的。过去社区教育的过度政府干预并未真正造成真正的社区教育，反而变成了政府和社区的双重负担，削弱了社区教育发展的动力。故近年理论界不断呼吁要使社区与教育的结合由政府行为转化为社会行为。但是社区、传媒、家庭、学校本是各自独立的运行系统，要想使其德育影响在方向上趋同，力量上整合，又必须有粘合机制存在。而粘合机制无非是在舆论导向上发展其德育自觉整合的内驱力，和制度上的连接以形成其运作形式。要实现这两点，在目前的中国社会完全脱离政府的作用是难以想象的。这不仅是因为政府的权威和力量，而且是因为从全社会宏观层次上看只有政府才可能实现全国范围及全方位的环境子系统的连接。因此无论是造成各子系统在学校德育影响上携手的自觉，还是促成诸系统在运行上的有序结合，适当的政府行为是不可缺少的。此外，即便是各系统的连接由政府行为向社会行为的过渡，其中介因素社会德育自觉程度的提高也难以离开政府主体能动作用而实现。目前我国一些地区的"学校、家庭、社会德育一体化"实验的成功，实际上同政府的整合作用是分不开的。

（三）社会精神实体的重构

哲学家黑格尔认为一个具有现实性的民族必要条件是有其自己的伦理精神实体。康德亦在区别文明与文化概念时将文化（绝对的道德观念）视为文明外壳（文明）的深层本质加以强调。在当代文明的外部形态演变剧烈的情况下，社会精神实体也发生潜移默化，同时人类也必须实现价值的重新选择，即实现社会精神实体的重构，转型期的中国更是如此。

社会精神实体重构对于学校德育外部环境建设的意义在于：如果没有健康进步的

社会精神实体,仅靠政府、学校去做社会环境诸系统的连接,则这一连接就会仅仅是外层或物质层面的连接,没有精神或内在的粘合力。而且,没有精神实体,政府行为、学校德育本身即没有灵魂和方向的。因此要适应时代变迁,建设优化的学校德育的外环境,就必须由外而内、由显性到隐性地进入社会精神实体的重构。

要实现社会精神实体的重构,首先要处理好系统和过程的关系。一方面由于人类实践和文明的共性,任何民族的精神实体中都有与其他民族同构的部分,同时任一精神实体的系统要实现质变也就必须吸收外系统的精华。中国文化传统中对整体思维的强调、对群体价值的尊重等是我们民族稳定和源远流长的精神内核,但是过分强调群性,在过去的历史中已经导致对个性的否定与扼杀。因此,应因市场经济发展和现代化进程的需要,中华民族必须吸收以分析思维见长,尊重个人权利和创造性的西方价值体系中的合理成分。有识之士已得出了"培植个人主体是我国当前社会发展的迫切需要"的结论。但是只是系统的实体是无生命的。精神实体是系统亦是过程。任一民族的精神实体都有其传统或根由。在西方文明对个人主义、主体性、价值多元和道德相对主义追求过度以致非批判无以实现后现代化的今天,只谈横的移植就谈不上中华民族精神实体的重构。在中国,目前的情况是,西方个人主义、物质主义、价值相对主义呈泛滥之势,它既造成了社会病态,也给学校德育带来了负面环境作用。学校德育的根本出路在于同整个社会一起实现传统文化与外来价值观的合理嫁接,以形成适应现代文明的新的道德文化。

作为文明内核的精神实体的重构还是一个面向未来对历史和现实实现超越的过程。因此社会精神实体的重构还必须处理好适应和超越的关系。社会精神实体朝向未来的超越性质来源于人类主体的能动性。对人来说,现实世界是可以改变的,人的活动就是要以他所拟设的可能世界去取代现实世界。正是在这种现实和可能的矛盾运动中人类才得以驰骋于历史创造的无限空间,人类社会才得以不断前进和发展。学校德育所需的优化的社会环境,其优化条件之一当是社会伦理精神的积极向上。所谓"积极向上"主要指社会的未来发展方向及价值体系的未来取向十分明确。考察历史不难发现,任何一个民族或阶级,其上升时期都是其具有发展和价值的明确方向的时期。中国正在实现现代化,进行计划经济向市场经济的转轨,但未来的现代化应是一个什么样的现代化?未来中国市场经济应蕴含什么样的价值内核?这些都是中国社会必须明确的问题。从一定意义上讲,精神文明建设是不允许"摸着石头过河"的。目前中国社会随着市场经济建设而出现的道德、价值失范现象已相当严重,重构社会精神实体的当务之急是应给国人描绘未来的社会理想和适合历史趋势的价值导向。因此一些学者呼吁学校德育应注意对现实的超越性是完全正确的。但对现实的超越之前提是整个社会精神实体的未来超越。唯有后者才能给学校德育以超越的方向、内容、力量,也唯有后者才能给社会注入新灵魂从而给学校德育超越现实的优化的社会环境。

小学阶段是少年儿童养成良好品德行为习惯的关键时期。而孩子的成长离不开学校、家庭和社会的共同教育。因此,学校、家庭、社会三者之间要紧密联系、相互协调,形成以学校德育为主体、家庭德育为基础、社会德育为导向的"三位一体"的大德育网络,

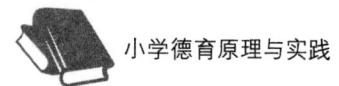

共同负担起对未成年人的道德教育工作。也只有这样,才能把来自学校、家庭、社会各方面的力量调动起来,共同促进少年儿童的德育发展。而任何一方的缺位都会对中小学生的道德品质养成造成不良影响。随着素质教育的倡导和实施,学校重智育、轻德育,重分数、轻实践的教学思路和观念已在各地小学教育中开始扭转,思想道德的培育逐步受到社会各界的重视。

小组讨论

结合对本节内容的学习,选择一所小学具体实地考察该校德育环境,并完成活动调研。

调研对象	
调研目的	
调研内容	
调研结果	

 本章练习

1. 简述德育学校环境的含义。
2. 简述德育学校环境的构成要素。
3. 简述德育家庭环境的含义。
4. 简述德育社会环境的含义。

第九章
小学德育工作专题

配套数字资源

专题一：校园生活中的德育问题与对策

学生进入学校校园之后，生活与学习的中心都在校园，不管是课间、早自习、午休还是课堂上，学生都会产生许许多多问题，作为德育工作者特别需要关注最为重要的基本问题：学生的同伴关系。该专题具体结合案例展开具体探究。

一、学生校园生活中的同伴关系

每一个人都有与同伴交往的经历。对于小学生而言，同伴是指年龄相同或者相仿的其他儿童，同伴交往则是指儿童与其同龄人之间在一段时期内的社会交流。儿童在交往过程中建立和发展起来的与其他同龄人之间的人际关系被称为同伴关系。在儿童个性与社会发展中，同伴关系是一个不容忽视的环境因素，它构成了儿童之间许多新行为产生的人际环境。①

小学生的同伴关系常常分为两类：一类是个体之间的双向关系，主要表现为个体之间的友谊；另一类是群体关系，包括同伴直接的接纳、同伴之间的拒绝。在小学生交往过程中还存在同伴欺负，可能表现为个体之间，也可能表现为群体之间关系。下面介绍两则案例：

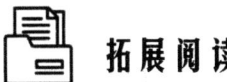 拓展阅读

失而复得的"无价之宝"
——学生偷拿物品问题②

【案例情景】

暑假后的开学第一天，小茜泣不成声地告诉我："我的——我的自动笔丢了——"

经过询问，我得知，小茜的这支自动笔是暑假去北京看奥运会时买的，对它的珍视

---

① 刘慧,李敏等.小学生品德发展与道德教育[M].北京:高等教育出版社,2018:123.
② 李季,李楠.小学德育问题与对策[M].北京:中国轻工业出版社,2010:111.

程度可想而知。

我一边帮小茜擦干泪水,一边拉着她来到教室。

"同学们,小茜今天带来了一支新自动笔,有谁看到了吗?"

"我看到了!"

"嗯!特别漂亮!"

……

教室里顿时沸腾起来。

从孩子们热烈的交谈中可以看到,这支笔似乎已经成了每一个人的最爱。

"可是——这支笔不见了。"

"是啊!被人偷走了!"小雪大声地说。

一个"偷"字,好似炸弹一般,顷刻间引起了教室的极度混乱。直觉告诉我,自动笔就在教室中。因为到目前为止,孩子们都没离开过"案发现场",只需简单的翻查,自动笔一定会乖乖现身。可是,一想到不知哪个仅7岁的孩子从今以后都要生活在同学们鄙视、排斥的目光中,我的心不由得紧紧收缩起来。

看着孩子们一张张迷茫的小脸,我努力地挤出一个微笑:"不!其实啊,这是有人想用这支笔和咱们玩一个游戏。"

显然,孩子们的好奇心被调动了起来。

"这个人,故意将小茜的自动笔藏在了你们其中一个人的书包里,就是想看看咱们能不能把它找出来……"

没等我说完,孩子们就已经迫不及待地翻起了自己的书包,都想争做第一个发现者。

我的目光飞快地在每个孩子的脸上、手中掠过。一阵热火朝天地翻查后,没有收获。

看着一张张失望的小脸,我的心跳也一阵紧似一阵,我竭力稳定着自己的情绪:"别着急,既然是游戏,一定是把笔藏得很隐蔽,哪儿能那么轻易找到呢?大家可以试试把书本从书包里都拿出来放在桌子上,再找得仔细些!"

孩子们受到了鼓舞,再一次将热情投入了书包中。

这一次,原本动作幅度不大的几个孩子,也将书包高高地举到了胸前,一副恨不得把头钻进去的样子……

待到孩子们再次失望地停下来的时候,自动笔依然不见踪影。

我努力提起就快要下沉到谷底的情绪,深吸了一口气,拭了拭额头上的汗珠,告诉自己一定要让眼睛绽放出信任和期待的光彩,"看来这个人真是厉害,把笔藏得这么隐蔽。我想,大家不但得把书本从书包里都拿出来,还要仔细查看每个角落、每个缝隙。咱们再来找最后一次,如果这次还找不到,我就去给你们帮忙,好吗?"

"好"孩子们一声欢呼。看来他们真的把眼前的这桩"失窃案"当作了一次愉快的游戏。而我,却是多么希望孩子们不需要我的帮忙呀!

"是谁放我这儿的?"是小浩。

小浩怯怯的声音中丝毫没有胜利者的喜悦,一双大眼睛紧紧地盯着我。

近乎飞翔般的喜悦将我紧紧包围,我快步走到小浩身边,轻轻地握住他的手,看着他的眼睛说:"好孩子!祝贺你!你就是这次游戏的获胜者!"

霎时,孩子们的掌声和欢呼声响彻教室,是那样长久,那样热烈!一个发自心底的笑容也渐渐在小浩的脸上绽放开来。

教师节的前一天,小浩悄悄地将一个红色小绒盒和一张纸条塞到了我手里,羞涩地笑了笑就转身跑掉了。

纸条上写着六个字:"谢谢你!我爱你!"而小绒盒里是一对简单又颇为别致的耳环。

请结合该案例尝试思考面对这类问题,作为德育工作者应当如何引导小学生进行自我教育,从而修正自己的过失呢?

【案例分析】

小贴士:
- 变教育问题为教育情境;
- 变说教、惩罚为自我教育;
- 变被动应对为预防跟踪。

电影《孩子那些事》镜头①

班长气喘吁吁地跑到办公室,找到班主任老师:"老师,汤恩伯和郑汉汉打架了!老师快点!"林老师制止了两人,并带到办公室批评教育:"说说吧,你们俩以前那么好,为什么打架?"郑汉汉辩驳道:"这根本不能赖我,是他主动攻击我的。"林老师又接着问汤恩伯:"你为什么打他?"汤恩伯也反驳道:"他骂我!""说你家有钱怎么啦……"说着说着,两个人又开始打起来。

《孩子那些事》电影介绍

该片讲述了一个既贴近生活、又生动特别的师生故事。刚从师范大学毕业的年轻教师林冬青,到铭师小学担任五(4)班的班主任。校长向林冬青介绍五(4)班级的情况时,特别提到这个班的问题生相对集中,让他多加注意。可初出茅庐的林冬青却不以为意,他对即将面临的挑战满怀斗志,准备大展身手。然而,班里状况百出的问题生们,却让林冬青屡屡受挫,他不得不开始反思。在负责学生心理辅导的丁老师的协助下,林冬青在尊重和爱护学生的基础上,针对每个学生的特点,因材施教,渐渐与孩子们打成一片,最终赢得了孩子们的爱戴。与此同时,他也与孩子们一起成长了。

请观看《孩子那些事》电影,体会影片中班主任老师是如何处理学生同伴关系的?有哪些令你印象深刻的片段?请具体做分析。

---

① 刘慧,李敏等. 小学生品德发展与道德教育[M]. 北京:高等教育出版社,2018:47.

二、教师如何引导小学生的同伴关系

小学生同伴关系构成小学生品德发展的重要环境,它同时也是学校德育的重要环境。对此,作为一名小学教师如何引导小学生建立和谐的同伴关系,需要从以下几方面思考:

1. 学会善于观察

引导小学生形成正确的同伴关系,首先作为教师需要了解学生同伴交往的现状。教师需要认真地去倾听、观察、感受小学生传递的一切信息,敏锐地感知儿童的行为表现,掌握小学生同伴交往的基本状况。

2. 为同伴交往创设有利条件①

从现实观察,现在的儿童,课程任务繁重,课外活动形式单一,再加上住房条件的改变,大家庭减少,邻里关系冷漠,独生子女很少有同伴一起游戏,与父母、教师、同伴等的主体交流的时间很少。因而,作为教师要鼓励和重视儿童的同伴交往,利用身边资源为儿童提供、创设交往的有利条件和宽松的心理氛围;利用新年等节日开展互相问候的活动;运用班会开展"团结友爱伙伴多"的活动等。

3. 以教师接纳影响同伴接纳②

在儿童同伴关系中,最重要的问题之一就是同伴接纳。儿童在同伴中地位的形成与不同,与教师本人对儿童的接纳和支持有很大关系。为教师所喜欢,常受到教师表扬的儿童更多地被同伴所接纳。而那些受到老师指责批评的儿童往往成为同伴群体排斥的对象。得不到教师关注的儿童,在同伴中往往也成为被忽视的对象。有些教师给一些儿童"贴上了标签",被贴标签的频率越高,儿童就感到难以改变自身的处境而慢慢接受被贴上的标签。因而,一方面,教师应充分全面了解儿童,用爱接纳每一个儿童,始终树立两个观点:儿童的潜能是无限的,儿童是不断发展变化的。把每个儿童看成是可以发展的个体,发现儿童的闪光点,以正确的态度对待儿童成长过程中出现的错误和道德形成过程中出现的反复行为。另一方面,教师的行为是儿童学习的榜样。教师对待他人的言行举止对儿童社会技能的学习产生影响,由于教师自身的态度、言行对儿童同伴影响是间接的、隐性的、潜移默化的,教师在语气、语调、手势、表情等不自觉流露出的态度,也会对儿童造成影响。校园中无小事,教师在与教师的交往中,在与儿童的互动的过程中,渗透着分享、合作、同情、谦让等社会行为,将为儿童社会能力的发展起到良好的影响作用。

4. 通过扮演不同的角色巧妙进行教育引导

教师可以积极参与到小学生的同伴互动过程中,在具体角色扮演中巧妙地引导学生进行相应的教育。具体角色扮演包含引导者角色、补偿者角色、中介人角色、仲裁者角色、支持者角色。第一,教师作为引导者,主要是以平等身份参与小学生的同伴互动

---

① http://blog.sina.com.cn/s/blog_70c3ab7c01030tyv.html.
② http://blog.sina.com.cn/s/blog_70c3ab7c01030tyv.html.

中,通过对话的方式给同伴关系以方向性的引导,确保同伴交往的积极氛围。第二,教师作为补偿者,主要针对高危学生,即那些在同伴交往中被拒绝和被欺负的儿童。通过与这些学生建立双向互动的对话关系,在给予情感支持的基础上进行疏导。第三,教师作为中介人,在小学生产生冲突时,教师并不直接干预冲突,而是让儿童参与冲突解决,自己仅作为一个诚实的中间人,帮助学生辨别冲突的来源,考虑其他人的观念,以及帮助他们取得共同的解决方法来促进儿童的道德发展。第四,教师作为仲裁者,以一种权威的姿态介入儿童的同伴交往,采取直接干预的方式。第五,教师作为支持者,为儿童的同伴交往提供各种支持性的条件。①

专题二:家校合作中的德育问题与对策

一、家校合作的具体形式

家校合作是指教育者和家长共同承担孩子成长的责任。即家庭和学校以沟通为基本,相互配合、共同育人的一种教育方式。这两方面的教育是相辅相成的,各有特色,其目的都是促使孩子更好地成长。就家校合作的形式而言,可以归纳为以下几种:

1. 互相访问

互访的目的具体可以分为三种:一是了解孩子所在的学校、班级和家庭的基本情况;二是互相通报学校、家庭近来发生的重要变化,以及孩子在学校、家庭中的主要活动、表现及进步状况;三是共同协商和制定今后教育孩子的方法或方案,做好相互配合。②

2. 建立家校通信联系

通过微信、QQ、发短信、家庭教育通信或家校通信,利用网络平台沟通交流等。

3. 编制家校合作指导手册

这种手册主要是为新生家长服务的。其内容可包括新生注册注意事项、学校各类设施与机构性质、学校提供的各种特别课程、与家庭教育相关的社区服务机构、家教常见问题回答、教师简介及联系电话、学校网页等。

4. 建立"值周家长"制度

每周请一位家长担任"值周家长",到班级参加一次班级活动。

5. 召开家长会

这是我国目前中小学校与学生家庭保持联系的主要方式。会议通常分为全校性、年级性和班级性三种。

---

① 刘慧,李敏等.小学生品德发展与道德教育[M].北京:高等教育出版社,2018:137-138.
② 古人伏,沈嘉祺,朱炜.小学班队工作原理与实践[M].上海:华东师范大学出版社,2009.

> ## 拓展阅读

刘迪:《家长会的三重功能及其发挥》,《中国教育学刊》。

传统教育观认为,在教育方面,学校是主导者,家长要绝对地服从学校的管理,但同时家长已经无需对孩子的教育负责,另外对学生而言,家长会是无须参与的,也就没有权利去表达自己关于当前学校教育状态的诉求、对家庭教育的意见以及自己的想法。

从生态学的视角来解读,教育是由教育者、受教育者、教育决策者和管理者等以人为核心构成的多元素的体系。从教育生态系统的角度去看待今日的家长会,其作用远高于传统教育观下的单一的信息传播功能,它承载着学校、家长和学生三者的诉求,一致指向于学生的发展。

教育是一个复杂的系统,它是由学校、家庭和社会三者相互作用构建成的一个系统的教育生态圈。家庭和学校是影响学生发展的微观系统当中的子系统,并且子系统之间相互作用、相互影响,即家庭教育的发展情况制约着学校教育情况,学校教育情况反过来又影响着家庭教育情况。家长会充当了沟通学校和家庭的重要桥梁。教育的作用通过家长会与学校、家庭、学生的相互影响得以发挥。

1. 家长会是家校共育的桥梁

从教育生态系统的角度出发,学校和家庭是同样重要的。因此,家长会不能仅仅只有汇报信息的单一功能。家长会是将学校和家长聚集在一起,共同商讨如何搭建更为有利于学生发展的教育平台。在这个平台上,一方面有信息的传递——教师向父母汇报孩子的发展情况,告知家长孩子在发展过程中存在的问题,同时,家长也有义务告知教师孩子在家庭的具体情况;另一方面也是家校双方关于教育理念和教育方式的相互交流。

2. 家长会也是家长的学习课堂

已有研究表明,家长的教养认知决定着教育方式。不恰当的教养方式会导致孩子出现学习困难以及适应不良等情绪行为问题。从学前期开始,幼儿出现的情绪行为问题是具有持久性的,它会持续影响到孩子日后的社会适应,而孩子的社会适应不良,自然学习成绩会受到影响。家长的教养认知来源于自己的教养经历以及自己的教养知识的获取,教养经历来源于自己的原生家庭,教养知识则可以由自己后天的学习获得。因为教育的个体存在差异性,教育的形式可以多样化,教育的内容可以多元化,教育的方式也可以迥然不同。但是教育的目标和理念在教育过程当中应该是一致的。在教育的专业性和教育资源上,学校是专业的平台和资源聚集地,因此,家长可以通过学校的专业性平台端正自己的教养态度和观念,提高自己的教养技能。

3. 家长会促进积极的亲子关系和师生关系的构建

在教育系统理论当中,学生也是影响教育的有效因子,其与家长和学校也存在着相互影响的关系。学生是具有主观能动性的独立个体,其对于家长会信息的传递没有选择权,主体性被忽视。教育者在讨论被教育者的优缺点时,被教育者的主动性被抹杀

了,这是忽视人的主观能动性,同时也忽视了教育个体本身。(本文为节选)

6. 在学校中组织家校合作委员会

家校合作委员会,在我国的最初形态是家长委员会。1988年颁布的《中学德育大纲》首次明确提出家长委员会建设问题,并将其与家访等其他形式并列,作为家校合作的重要平台。在国际上,家校合作的组织很多,如 PTA(Parent-Teacher Association,父母教师协会)、ATP(Action Team for Partnerships,合作伙伴行动小组)、SC(School Council 校务委员会)、SIT(School Improvement Team 学校发展小组)、PTO(Parent-Teacher Organization 父母教师组织)、HSA(Home-School Association 家庭学校协会)等,也有类似我国的家长委员会的、属于父母自己的组织,如父母委员会等。①

家长委员会的形式既有校级的又有班级的,其任选由家长们推荐,并和学校方面共同协商产生。为了便于家校合作委员会更好地开展工作,可指派或由家长们选出几名家校合作联络人。联络人主要负责家校合作委员会的日常工作,包括疏通家校合作渠道,向学校反馈家长的意见,向家长传达学校的有关通知与安排,组织有关家校合作活动等。

拓展阅读

《新教育家校合作委员会章程》②

第一章 总则

第一条 为进一步密切家庭、社区和学校的沟通协作,组织学生父母和社区群众充分参与学校民主管理和教育工作,提高家庭教育水平,努力构建和完善学校、家庭与社会有机结合的教育体系,特设立家校合作委员会(简称"家委会"),并根据有关法规和文件精神,结合本校实际,制定本章程。

第二条 家校合作委员会是接受上级教育主管部门和学校指导的学生父母、社区群众、教职工代表共同参与的群众性自治组织。

第三条 家校合作委员会的宗旨是组织学生父母和社区群众参与学校管理,支持和监督学校做好教育教学工作,促进学校治理的民主化和现代学校制度建设;提高父母教育素养,提升家庭教育水平;加强家庭、社区与学校的互助和合作,完善学校、家庭、社会三位一体的教育体系,营造良好的教育环境,深入推进素质教育,共同促进学生的全面发展,帮助师生及学生父母过一种幸福完整的教育生活。

第二章 组成

第四条 家校合作委员会由本校学生父母代表(留守儿童可以由监护人代表)、学

---

① 资料来源:https://www.sohu.com/a/158240590_538655
② 新教育研究院.新教育家校合作委员会章程[EB/OL]. https://m.sohu.com/a/159705798_538655,2017-07-25.

区内社区代表(包括政府及部门和群众代表)、学校教职工代表和学生代表等组成。

第五条　家校合作委员会委员中的学生父母代表、学生代表由各班班主任、科任教师与学生共同推荐,社区群众代表由施教区内街道居民委员会、村民委员会或企事业单位推荐,教职工代表由教职工代表会议推荐。学校校长、分管家校合作副校长,有设父母委员会或新父母学校的会长或校长为家校合作委员会的当然成员。所推荐名单经学校党组织、校长室研究确认,在家校合作委员会等额或者差额选举(由家校社三方协商决定)后,由学校颁发聘书。委员人数原则上控制在15至25人。规模较大的学校,委员人数控制在班级数的1.2倍以内。

第六条　委员任期一般为三年,每学年适当改选,可连选连任。学生毕业、转学等离校的学生及父母代表,工作调离学校施教区内企事业单位或户口迁出本施教区的社区群众代表,工作调离学校或退休的教职工代表,其委员资格自动辞去。连续六个月不参与家校合作委员会工作的,其委员资格也视为自动辞去。

第七条　家校合作委员会设常务委员会,处理日常事务。常务委员会成员由学校党组织、校长室在家校合作委员会中提名,委员大会表决确认,设主任委员1名、副主任委员若干名,秘书长1名。常务委员会委员应包括学校校长、分管家校合作副校长和父母委员会会长、新父母学校校长。

家校合作委员会主任和常务委员会主任委员,一般由德高望重、热心教育的人士担任,学校领导原则上不兼任。

第八条　家校合作委员会设行动小组。可按活动类型设课程指导、安全防卫、社会实践、家庭教育、咨询宣传等行动小组,或者根据学校重大工作的需要设立附属的家校协调工作小组,小组名称根据实际需要确定。每个行动小组通常应围绕目标制定学年(或学期)工作计划,并开展系列活动来达成目标。行动小组组长、副组长在家校合作委员会中推选,组员由本校学生父母、教职员工和社区群众组成,必要时可招募学生父母和社区志愿者。常务委员会成员一般不担任行动小组组长。

第三章　权利和义务

第九条　家校合作委员会委员享有以下权利:

1. 获知学校的办学目标、工作计划和相关政策,提出改进意见。

2. 作为学生父母、社区群众或教职工的代言人,发挥对学校工作的支持、督促和协调作用,参与学校各类重大教育、教学活动,参与学校工作及教职员工的监督和评议,收集和向学校反馈意见和要求,学校应在合理期限内答复。

3. 反馈学生父母、社区群众对学校教育教学工作和日常管理的批评或表扬意见,学校应在合理期限内答复。

4. 在家校合作委员会换届时,有推举权和被推举权。

5. 参与、监督和评议家校合作委员会及下设行动小组的各项工作,研讨有关事宜,提出议题,并做出相应的决议。

6. 对家校合作委员会工作进行监督。

7. 相关法律法规所规定的其他权利。

第十条　家校合作委员会委员须履行以下义务：

1. 努力提升自身素养和水平，共同促进形成学生全面健康成长的良好环境和社会氛围。

2. 理解学校的办学理念、发展目标和培养目标，宣传学校办学成果，参与、协助和支持学校教学及管理工作，并提供改进建议。

3. 沟通学校、社区与家庭，促进提高学生父母家庭教育水平。

4. 就学校管理工作和教学工作提出意见和建议，并执行家校合作委员会的决议。

5. 收集学生父母和学区的信息和资源，引导父母和社区人士关心和关注学校教育，支持和参加各项活动。

6. 协助学校处理重大偶发事件。

7. 执行有关家校合作委员会提出的其他事项。

第四章　职责

第十一条　家校合作委员会职责如下：

1. 参与学校管理。听取学校关于发展规划、教育教学工作安排等方面的工作情况介绍，就学校发展中的重大问题进行研究，为学校的发展献计献策；选派学生父母和社区群众委员列席学校校务、教务等会议；主动为学校的公益建设和事业发展提供精神或物力上的帮助和支持，发动学生父母和社区群众共同解决办学中的困难；协助学校处理重大偶发事件；参与对学生和教师的评价，配合学校开展各种评选、表彰活动；尊重教师劳动，在精神上关心、鼓励、支持教师依法履行教育管理职责；宣传榜样教师和完美教室的故事，宣传学生父母、社区群众和企事业单位尊师重教典型事例，弘扬正能量。

2. 支持学校开展教育教学活动。联合家庭和社区的人力和资源，帮助和支持学校改进教育教学工作，参与和配合学校举行的重大教育教学活动；与学校一起组织学生父母和社区群众参与聆听窗外声音、推进每月一事、研发卓越课程、缔造完美教室、校园开放日、父母进课堂等家校合作活动；对学校的安全和健康教育工作进行监督，与学校共同做好保障学生安全工作，避免发生伤害事故；促进社区教育，支持和帮助学校的校外实践活动，为学校开展社会实践活动创设条件。

3. 做家庭、学校和社区沟通的桥梁。及时了解反馈学生在校外的表现，收集学生父母和社区群众对学校的意见和建议，协调彼此联系，增进了解和交流；经常向父母等了解学生在家庭的表现和对学校、教师的看法，与学校和教师一起肯定和勉励学生的进步，解决和化解学生遇到的困难和烦恼，做好思想工作；向学生父母、社区群众和学校职工公开个人联系方式，接受他们的咨询和求助。

4. 为学校发展和学生成长创设有利环境。积极挖掘和发挥学生父母、社区群众和企事业单位的优势，与学校紧密协作，在依法治校、校园文化建设、校园周边环境治理、开展校外实践活动等方面，为学校办实事、办好事，努力帮助学校解决办学过程中遇到的实际问题和困难。

5. 帮助学校开展并指导家庭教育。引导学生父母履行监护人责任，交流宣传正确的教育理念和科学的教育方法，帮助、指导学生父母提高教育素养，落实学生父母在家

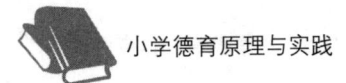

庭教育中的主体责任;协助学校开展父母教育指导,动员和组织学生父母参与学校组织的新父母培训及其他活动,促进各学生家庭的亲子共读等活动;协助学校做好学生父母的思想工作,增进学生父母对学校工作的理解和支持,促进家庭教育与学校教育协调一致。

6. 建立家校合作委员会议事与沟通机制。家校合作委员会会议每学期至少召开1次,必要时邀请学校校长、书记列席;提出议案并研究家校合作委员会、行动小组的年度或学期工作计划,进行工作总结和评议;建立家校合作委员会与学校定期沟通的议事机制,就学生及其父母和社区群众所反映的问题和建议与学校进行沟通协商;讨论、落实家校合作委员会其他各项工作。家校合作委员会常务委员会原则上每月召开一次会议(可以线上线下结合)。

7. 家校合作委员会开展活动应当遵守法律法规和相关政策规定。严禁聚众闹事、违规收费以及要求学校开展违背法律法规、政策和教育教学规律的活动。

第五章　附则

第十二条　家校合作委员会下设年级、班级的家委会。年级、班级家委会的设立与运行参照学校家委会的章程。

第十三条　家校合作委员会年度或学期工作计划起草过程中应主动征求学校意见,所安排重大活动不得与学校重大活动冲突。

第十四条　学校须为家校合作委员会提供办公场所、设备等必要的办公条件,须关心、支持、协调、指导家校合作委员会开展工作。

第十五条　学校须在校报校刊、学校网站、学校微信公众号等平台及时公示和报道家校合作委员会工作信息。

第十六条　本《章程》修改,须由半数以上委员表决,并经学校校务委员会审议通过方能生效。

第十七条　本章程解释权归学校家校合作委员会。

第十八条　本章程自公布之日起生效。

7. 建立家长中心

家长们需要在校内有一个能够集会、交流信息、工作和休息的地方。学校可以提供一间房子供家长使用,作为家长中心或家长休息室。

二、家校合作的具体问题及对策建议

家校合作,是指家庭与学校共同参与学生的教育活动,通过沟通交流,联合对学生进行教育的过程。美国近40年的研究表明,当家庭、学校能够有效协同合作时,学生、家庭、教育工作者三方都可以从中受益。随着社会发展,家校合作的必要性日益凸显。2010年《国家中长期教育改革和发展规划纲要(2010—2020年)》中有5处提到家长参与和家校合作;2012年《教育部关于建立中小学幼儿园家长委员会的指导意见》,更是国家层面出台的第一个专门规范家校合作的文件;教育部基础教育司2019年工作要点中明确提到"密切家校合作,营造协同育人良好环境"。可以说,家校合作已经被提到了前所未有的高度。

家校合作通过家长和学校各为主体并发生良好互动,将家庭、学校双方的教育力量和教育资源有机整合,为学生营造健康发展的良好环境,对学生施加"1+1>2"的教育影响。要想实现家校合作,家校之间良性互动是第一步。只有家校之间形成良好互动,家校合作才能得到保证。但家校互动不良的现象在我国时有发生,进一步认识家校互动的意义与价值,找到阻碍家校互动顺利进行的因素并明确未来的研究方向对于实现有效的家校合作和促进学生健康成长具有重要意义。①

(一) 家校合作中存在的具体问题

1. 学校方面:缺乏"家本化关怀"

家校互动是学校和家庭双方之间的交流合作,学校应该把家庭与家长视为教育儿童的重要力量。但现实生活中,一些学校并没有真正把家长当成自己教育学生的"合伙人",缺乏"家本化关怀"的视角。一是忽视了家长的主动性。学校是家校合作的主导者,但不能是独裁者。二是缺乏对家长现实需求的考虑。许多学校由于不了解家长的现实状况和需求,致使家校活动的时间和形式都与家长意愿存在一定程度的冲突或不一致,导致家校互动不良。三是忽视了家庭背景的多样性。当学校以同样内容、同一标准开展家校互动时,家校互动仅能覆盖到部分家庭,这同样也会影响家校互动的效果。随着时代变迁,单亲家庭、留守儿童、流动儿童在很多学校成为不可忽视的群体,对于这些特殊家庭或弱势家庭而言,他们的需要与优势家庭并不完全相同。②

2. 教师方面:家校合作的胜任力不足

教师在家校合作方面的胜任力也可分为知识、技能、态度价值观三个方面。其一,开展家校合作的专业知识不足。家校合作是具有较高专业性的工作,明显不同于以往教师所进行的关于某门具体学科的教育教学,然而我国当前的教师培养和培训体系中尚缺乏与家校合作相关的内容,教师资格证考试中也无对相关能力的要求。同时目前教师中还普遍存在重教学轻育人、重学科研究轻研究学生的现象,这些都导致很多教师实施家校互动的专业知识不足。其二,进行家校互动沟通的技能不够。家校良好互动的前提是双方有良好的沟通。沟通是人与人之间、人与群体之间思想与感情的传递和反馈的过程,以求思想达成一致和感情通畅。但许多教师沟通技能明显不足,如有些教师不知道如何发起一起谈话,不会倾听,不会恰当表达自己的意思等。其三,对待家校合作的态度与价值观尚需转变。不能正确认识家校合作的作用、不能正确认识教师角色在家校合作中的作用,都会对教师进行家校合作的相关行为带来消极影响。③

3. 家长方面:参与意识和能力不足

家长作为孩子教育的第一责任人,在家校合作中是另一方重要的教育主体。家庭教育既要发挥其独特功能,也需要与学校教育协同配合。现实中,阻碍家长参与家校互

---

① 边玉芳,周欣然. 家校互动不良的原因分析与对策研究[J]. 中国教育学刊,2019(11):39.
② 边玉芳,周欣然. 家校互动不良的原因分析与对策研究[J]. 中国教育学刊,2019(11):41.
③ 边玉芳,周欣然. 家校互动不良的原因分析与对策研究[J]. 中国教育学刊,2019(11):42.

动的原因主要有两个。其一,参与意识不足。其二,参与能力不够。

(二) 家校合作的对策建议

1. 家庭与学校需要在理解中达成教育价值共识①

教育价值共识是家庭与学校对教育的基本功能与目的,以及实现教育功能与目的的课程设置、教学方式、学校管理、学生评价等的共同认知与理解。从发生学来看,家校合作是基于家庭与学校各自的教育价值理解与个体化实践之上的,家庭与学校的差异性是产生家校合作的逻辑起点。

2. 构建多维度、多层次的家校组织制度②

积极互赖的家校合作具有不同的维度与层次,要保证这些维度和层次的全面展开不仅需要从内部动力上积极推动,还需要建构多维度、多层次的组织制度体系,从外部力量上推动和规范家校合作。而且,以发展的眼光来看,通过系统的组织制度建构可以以外部力量带动家庭与学校在"做中学",逐步使家校合作步入正确轨道的同时,也会不断提升家庭和学校合作的意识与能力。

3. 多途径开展家长教育,提升家长教育素养

家校合作有效性的提升是相关主体共同努力的结果,需要家庭、学校、政府、社会等主体共同担负。从当前现实来看,家长的教育素养是有效开展家校合作的"短板",开展家长教育,提升家长教育素养是推进家校合作建设的迫切要求。③

思考与探究:

你对当前我国家校合作中存在的主要问题有什么看法?请阅读相关文献资料试着撰写一篇小论文。

专题三:网络社会中的德育问题与对策

网络社会,是指信息时代的社会。在新的历史条件下,网络技术作为新经济的重要力量,成为信息时代的经济与社会的重要动力,只有融入全球的网络互动中,社会、经济和文化的持续发展与竞争才能得以实现。传统农业社会,人们主要依靠经验和体能发展经济,是一种"经验社会";工业社会,技术和能源逐渐成为经济发展的主要因素,是一种"技术社会";信息时代,经济的发展主要取决于知识的传递,主要依赖对象既不是人的体能,也不是物质能源,而是知识和信息,网络化与信息化是社会的基本特征,塑造出一种崭新的社会经济形态"网络社会",它以全球经济为主导力量,彻底动摇了以固定空

---

① 李清臣,岳定权. 家校合作基本结构的建构与应用[J]. 中国教育学刊,2018(12):41.
② 李清臣,岳定权. 家校合作基本结构的建构与应用[J]. 中国教育学刊,2018(12):41.
③ 李清臣,岳定权. 家校合作基本结构的建构与应用[J]. 中国教育学刊,2018(12):41.

间领域为基础的民族国家或组织的既有形式。①

对小学生而言,网络无疑是一把"双刃剑",既有正面影响,也有负面影响。从正面影响来看,小学生在这个包罗万象、生动活泼的"虚拟世界"里,可以不受时空制约,无拘无束地获取自己爱好的知识,从而大大地开阔视野,拓宽知识面,满足个性发展的需求。不过,与网络对小学生的正面影响相比,目前其负面影响显得更为突出和尖锐,更加引人注目。作为小学德育工作者需要一方面看到网络社会对于小学生德育发展带来的新契机;另一方面也不能忽视对小学生品德发展所带来的不良影响。

一、网络社会是小学生品德发展的新契机

陶行知有句名言:"社会即学校,生活即教育。"社会环境的优劣,对于小学生品德发展有着极为重要的影响。而面对信息技术带给整个社会的影响,小学德育工作者需要抓住这一新契机,有效促进小学生品德发展。②

21世纪的今天,我们将这个新型社会称之为网络时代。网络已经成为人们工作、生活、学习、娱乐中不可缺少的部分。许多孩子在牙牙学语时就跟着父母开始接触计算机和网络,等到了上小学、初中的时候,有些孩子基本上已经成为"网络高手"。网上可随时浏览来自世界各地的消息,有名目繁多的学习资源,有令人目不暇接的卡通节目等等。无疑,网络已成为孩子打开广阔世界大门的钥匙。

拓展阅读

《网络对小学生的影响》节选③

网络对小学生的正面影响有哪些?

第一,有利于拓宽孩子的视野。将来的社会非常注重个人素质,而现在的学生又不得不活在考试的压力之中。作为家长,既要关心孩子现在的成绩,又不能不考虑社会对人才的需求标准。网络让孩子从单调的书本中解脱出来,进入一个巨大的不断更新的知识库和信息库中。网络上几乎涵盖了大部分的最新知识和常用知识,让我们能足不出户就知道天下事,在网上浏览世界,认识世界,了解世界最新的资讯信息、科技动态,变成一个"百事通"。网上获取知识的方便、快捷、全面的特点,给小学求知带来极大的方便。而且,网络知识集文字、图像、声音于一体,生动、有趣。不只是为孩子打开了认识世界的一扇窗,而且是为他们创造了另一个求知的广阔空间。

第二,有利于孩子对外交流。互联网为学生体验他人心理感受、进行双向交流提供了方便快捷的渠道。网络中通过互发电子邮件或聊天、在线游戏等手段进行交往,可以

---

① 邓伟志.社会学辞典[M].上海:上海辞书出版社,2009.
② 刘慧,李敏等.小学生品德发展与道德教育[M].北京:高等教育出版社,2018:245.
③ 资料来源:https://wenku.baidu.com/view/c5cfcdcaaeaad1f346933f45.html.

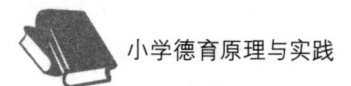

向对方隐瞒真实身份、年龄甚至性别等特征,使交往双方避开了在现实中面对面的压力,从而可以畅所欲言,既满足了他们因心理闭锁而产生的烦恼宣泄,也满足了其交友的心理需要。现在的孩子和父母是朋友关系的毕竟不多,他们有很多内心的话无人倾听。而在网络中结交朋友,可以获得现实生活中无法得到的情感、尊重和满足感。正是网络扩大了学生的人际交往圈子,孩子们通过网络扩大了交往范围,有利于良好人际关系的建立和发展,并且对他们心理健康带来积极的影响。

第三,有利于增强孩子的自信。很多学生在现实生活中少有机会获得成功,而不论在网络游戏还是在网络学习探索中,学生们获得成功的机会更大,能充分体验这种成功的喜悦。即使是小小的成功,都会让那些在现实生活中极少有成功机会的小学生充分体验成功的喜悦。即使是取得一场小游戏的胜利,小学生也能获得心理满足和成就感。正是一些在学习等方面处于劣势的学生从网络中发现自己胜过他人的一面,从而走出自卑的阴影,提高了自信心。

第四,有利于丰富孩子的生活。长期以来,许多家长往往只要求自己小孩的学习能名列前茅,还要多才多艺,从而给小孩子提出诸多要求,提供各种活动,无视孩子的年龄和心理的限制,由此带来的直接后果就是给孩子增加了许多无意义的心理压力。网络可以让小学生按照自己的意愿实现自己的目的,从中获得快乐和自由的感觉,这可能就是学生往往迷恋网络的一个重要心理原因。一台电脑,一根网线带来小学生无比丰富新鲜的知识和无穷的欢喜。坐在家中,又无人打扰,任意地在网络中穿梭、嬉戏,满足了小学生在紧张的生活和学习压迫下的自我成就感、新奇感。

第五,有利于开发孩子的智力。孩子玩游戏时就是想操纵游戏,所以必须有清醒的头脑,准确判断和灵活操作键盘的能力。游戏在提高学生的应变能力方面具有不可低估的作用,因此适当地玩游戏可以开发孩子的智力。

二、网络社会对小学生品德发展存在不良影响

我们也需要清楚认识到由于小学生自身尚未形成一个确定的人生观和价值观,互联网信息的开放性和丰富性,使得儿童在互联网中获得信息时,很容易受到一些不良的影响。

问题思考:

网络社会可能给小学生发展带来哪些消极与负面影响?作为小学德育工作者如何正确规避网络带来的风险,利用网络开展德育工作?

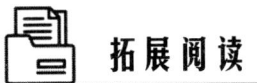

利用网络报复女教师的男生
——学生网络行为教育①

【案例情景】

一个10岁的男生对女老师在课堂上的批评不满意,于是决定伺机报复这位年轻的女老师。一次在家上网时,他无意间收到了一封色情广告电子邮件。男生认为机会到了,他用自己在电脑课上学来的电脑操作技术,对这份电子邮件式广告进行了"移花接木"式的"裁剪":用老师的头像换下色情广告照片上的头像,用学校的地址与电话号码换下了广告上的地址与电话号码。再把这份"新广告"广泛发送出去。

于是,××学校××老师的"艳照门"事件在网络上广为流传。这一事件对年轻的女教师造成了心灵和名誉上的严重伤害。女教师决定拿起法律武器讨回尊严。最终,法庭裁决男生要赔偿女教师的名誉损失。由于男生还是一个没有法律行为能力的未成年人,因此,赔偿费用由他的法定监护人——父母来承担。这笔赔款让本不富裕的家庭雪上加霜。

【问题分析】

假如你是这位女教师或作为男生的班主任,你会如何对待和处理这件事呢?

一方面,随着网络的普及,小学生上网的现象越来越普遍。网络上的信息各种各样,思维没有完全发育成熟的小学生尚缺乏分辨信息的能力,难以摆脱不健康信息的影响。

另一方面,鉴于学校教育及家庭教育中法律知识教育的缺失,小学生的法律意识淡薄,对于自己行为的后果缺乏明确的认识,这也导致小学生容易出现不计后果的行为。如此上述案例中,这位男生的行为就对女教师造成了心灵和名誉上的严重伤害。

【对策措施】

1. 情感沟通教育法

反思自己的教育行为,冷静分析学生报复行为背后的原因是心理恶作剧还是缺乏法律意识,进而采取相应的教育对策。告诉学生你多么伤心和难受,用换位思考的方法启发学生认识自己的错误。与学生沟通,用真诚感化和教育学生;与学生家长沟通,请家长配合教育学生。

2. 集体舆论教育法

针对这一事件,组织一次主题班会,提高学生的行为责任感和法律意识。通过班级讨论让学生明白,这是一种违法行为,是一种危害社会的行为,表面上伤害的是老师,实际上真正伤害的是自己,要学会对自己的行为负责。

---

① 李季,李楠.小学德育问题与对策[M].北京:中国轻工业出版社,2010:190-191.

3. 情感法理教育法

拿起法律武器讨回尊严，教育男生和他的监护人要学会承担起自己行为的法律责任。待法庭判决后，不需要男生赔偿法庭裁决的名誉损失，但要求男生采取适当的方式，如让他本人或家长通过网络或其他媒体对事件进行说明并向教师道歉，以恢复教师的名誉。

参考文献

[1] 刘济良.德育原理[M].北京:高等教育出版社,2010.

[2] 鲁洁,王逢贤.德育新论[M].南京:江苏教育出版社,2010.

[3] 戚万学,唐汉卫.学校德育原理[M].北京:北京师范大学出版社,2012.

[4] 檀传宝.德育原理[M].北京:北京师范大学出版社,2007.

[5] 张大均.教育心理学[M].北京:人民教育出版社,1999.

[6] 洛克.教育漫话[M].傅任敢,译.北京:教育科学出版社,1999.

[7] 色诺芬.回忆苏格拉底[M].吴永泉,译.上海:商务印书馆,1984.

[8] Durkheim, E. Moral Education [M]. New York: The Free Press, 1961.

[9] 班华.现代德育论[M].合肥:安徽人民出版社,2001.

[10] 檀传宝.学校道德教育原理[M].北京:教育科学出版社,2000.

[11] 余双好.现代德育课程论[M].北京:中国社会科学出版社,2003.

[12] 袁桂林.当代西方道德教育理论[M].福州:福建教育出版社,1995.

[13] 李亦非.三维目标整合教学策略[M].北京:北京师范大学出版社,2011.

[14] 中华人民共和国教育部.义务教育品德与生活课程标准[M].北京:北京师范大学出版社,2012.

[15] 王策三.教学论稿[M].北京:人民教育出版社,1985.

[16] 李秉德.教学论[M].北京:人民教育出版社,1991.

[17] 张骏乐.直面困境的精彩——中小学德育创新101例[M].宁波:宁波出版社,2015.

[18] 王桂艳.德育与班级管理[M].北京:北京师范大学出版社,2015.

[19] 易连云.德育原理[M].武汉:武汉大学出版社,2010.

[20] 刘黔敏.道德人的生成与流变——中国中小学德育课价值取向研究[M].北京:中国社会科学出版社,2014.

[21] 黄济,王策三,石中英等.现代教育论[M].北京:人民教育出版社,2012.

[22] 王豫生.福建省中小学德育工作研究[M].上海:上海人民出版社,2016.

[23] 教育部教师工作司.小学教师专业标准(试行)解读[M].北京:北京师范大学出版社,2013.

[24] 李定仁,徐继存.教学论研究二十年[M].北京:人民教育出版社,2001.

[25] 赵玉如.集体教育[M].北京:教育科学出版社,2011.

［26］胡守棻.德育原理[M].北京:北京师范大学出版社,1989.

［27］胡厚福.德育学原理[M].北京:北京师范大学出版社,1997.

［28］赵汀阳.赵汀阳自选集[M].桂林:广西师范大学出版社,2000.

［29］李季,李楠.小学德育问题与对策[M].北京:中国轻工业出版社,2012.

［30］金一鸣.教育原理[M].合肥:安徽教育出版社,1995.

［31］黄向阳.德育原理[M].上海:华东师范大学出版社,2000.

［32］朱洪秋.中小学德育管理操作实务[M].北京:北京师范大学出版社,2015.

［33］陈桂生.为"德育"正名——关于"德育"概念规范化的思考[J].上海教育科研,1997(7):1-8.

［34］石中英,尚致远.《反杜林论》与当前的道德评价和道德教育本质问题[J].清华大学教育研究,1998(2):87-93.

［35］鲁洁.生活·道德·道德教育[J].教育研究,2006(10):3-7.

［36］鲁洁.试论德育的经济功能[J].教育研究,1992(8):3-7.

［37］鲁洁.试论德育之个体享用性功能[J].教育研究,1994(6):46-47.

［38］鲁洁.试述德育的自然性功能[J].教育研究与实验,1994(2):13-14.

［39］鲁洁.道德教育:一种超越[J].中国教育学刊,1994(6):2-8.

［40］李太平.德育功能·德育价值·德育目的[J].湖北大学学报(哲学社会科学版),1999,26(6):89-92.

［41］檀传宝.德育功能简论[J].中国教育学刊,1999(10):8-12.

［42］杜时忠.当前学校德育面临的十大矛盾[J].当代教育论坛,2004(12):47-50.

［43］杜时忠.当前学校德育的三大认识误区及其超越[J].教育研究,2009(8):78-82.

［44］张志强,成功.中小学德育的历史、现状与趋势[J].当代教育科学,1999(2):8-10.

［45］徐贵权.德育功能与德育价值之关系[J].教育评论,1995(6):15-17.

［46］谢廷平.论德育功能[J].西北工业大学学报(社会科学版),2004(9):64-69.

［47］别祖云.德育功能定位与方法反思[J].湖北社会科学,2000(Z1):54-55.

［48］刘兴家.德育目的简论[J].东北师大学报(哲学社会科学版),1995(2):88-92.

［49］程建平.德育目的与德育目标略论[J].学校党建与思想教育,2001(10):27-19.

［50］程建平.德育目标论[J].中学政治教学参考,2002(3):14-16.

［51］刘玉标,马静.赫伯特·斯宾塞德育目的论[J].思想政治教育研究,2011(10):111-114.

［52］龙泉.徐特立德育目的论——读《徐特立文存》五卷本的启示[J].湖南师范大学社会科学学报,1997(2):118-122.

［53］唐汉卫.道德教育的生活目的论[J].思想理论教育,2005(10):40-43.

［54］戚万学.道德教育的实践目的论[J].山东师大学报(人文社会科学版),2001(1):12-17.

［55］薛晓阳.道德与成长:成长是德育的目的[J].中小学德育,2014(10):1.

[56] 叶澜.教师职业的本质[J].教师之友,2002(2):1.

[57] 魏贤超.整体大德育课程体系初探[J].教育研究,1995(10):48-54.

[58] 叶明非,金明亮.隐性德育课程的构成初探[J].教育探索,2002(10):78-80.

[59] 季诚钧.试论隐性德育课程[J].课程·教材·教法,1997(2):9-13.

[60] 冀学锋.试论高校隐性德育课程设计[J].伦理学研究,2003(2):76-80.

[61] 佘双好.隐性德育课程设计与开发的基本构想[J].当代教育论坛,2003(12):64-67.

[62] 班建武,檀传宝.改革开放30年中小学德育课程的变迁与发展[J].思想理论教育,2008(24):14-19.

[63] 江峰.统编教材《道德与法治》解读——以小学一年级教材为例[J].中国德育,2018(16):25-29.

[64] 王书,贾安东,曾欣然."偶像—榜样"教育的德性心理分析[J].中国青年研究,2006(9):11-14.

[65] 戴锐.榜样教育的有效性与科学化[J].教育研究,2002(8):17-22.

[66] 杜时忠,管贝贝.论德育的过程本质[J].教育科学研究,2013(2):26-29.

[67] 李文政.探究与超越——国外德育模式建构理论及其现代启示[J].继续教育研究,2008(11):89-91.

[68] 安君富.苏霍姆林斯基的"集体"建设观[J].外国教育研究,1995(2):26-28+7.

[69] 檀传宝.谈社区对学校德育的环境作用[J].教育理论与实践,1995(1):41-43.

[70] 李敏,崔露涵.改革开放四十年小学德育课程的嬗变与反思[J].当代教育科学,2019(9):33-39.